U0115974

楚國文化研究叢刊　　　　　　　　劉玉堂◇主編

楚簡册概論

陳　偉○著

昌明文化

楚國文化研究叢刊 A0201002

楚簡冊概論

作　　　者	陳　偉
版權策劃	李　鋒

發 行 人	陳滿銘
總 經 理	梁錦興
總 編 輯	陳滿銘
副總編輯	張晏瑞
編 輯 所	萬卷樓圖書股份有限公司
排　　　版	雙子設計公司
封面設計	雙子設計公司
印　　　刷	維中科技有限公司

出　　　版　昌明文化有限公司
桃園市龜山區中原街 32 號
電話 (02)23216565
發　　　行　萬卷樓圖書股份有限公司
臺北市羅斯福路二段 41 號 6 樓之 3
電話 (02)23216565 傳真 (02)23218698
電郵 SERVICE@WANJUAN.COM.TW
大陸經銷
廈門外圖臺灣書店有限公司
　電郵 JKB188@188.COM

ISBN 978-986-94604-1-5
2019 年 8 月初版三刷
2017 年 8 月初版二刷
2017 年 3 月初版一刷
定價：新臺幣 460 元

如何購買本書：
1. 劃撥購書，請透過以下郵政劃撥帳號：
　帳號：15624015
　戶名：萬卷樓圖書股份有限公司
2. 轉帳購書，請透過以下帳戶
　合作金庫銀行　古亭分行
　戶名：萬卷樓圖書股份有限公司
　帳號：0877717092596
3. 網路購書，請透過萬卷樓網站
　網址 WWW.WANJUAN.COM.TW

大量購書，請直接聯繫我們，將有專人為您
服務。客服：(02)23216565 分機 610

如有缺頁、破損或裝訂錯誤，請寄回更換
版權所有·翻印必究
Copyright©2017 by WanJuanLou Books CO., Ltd.
All Right Reserved　　　　　**Printed in Taiwan**

國家圖書館出版品預行編目資料

楚簡冊概論 / 陳偉著. -- 初版. -- 桃園市：
昌明文化出版；臺北市：萬卷樓發行,
2017.03
　面；　公分. -- (楚國文化研究叢刊；
A0201002)
ISBN 978-986-94604-1-5(平裝)
1.文化史 2.楚國
631.808　　　　　　　　　　　106003973

本著作物經廈門墨客知識產權代理有限公司代理，由湖北教育出版社有限責任公司授
權萬卷樓圖書股份有限公司出版、發行中文繁體字版版權。

目　次

總　序①

　　春秋戰國時期領異標新、驚采絕豔的楚文化，為中華文化的形成與發展完美地奉獻出了自己的珍藏。楚學的使命就是對這一稀世珍藏進行廣泛而深入的挖掘、整理和研究。這是一項異常艱辛而又充滿愉悅的工作，需要眾多的志士仁人協力同心共同完成。

　　楚文化是古老的，它的誕生在三千年以前；但楚學是年輕的，人們有幸對它進行系統的科學研究至今還不過百年光景。

　　楚文化的遺存埋藏在地下達三千年之久，直到20世紀20年代至40年代才被盜墓者「驚起」。當時，在安徽壽縣和湖南長沙出土了大量戰國時期的楚國銅器和漆器，其工藝之精絕，風格之獨特，令史學家和古董商歎為觀止。但這還只是「小荷才露尖尖角」，人們一時還很難捕捉它們的意態風神。從20世紀50年代起，楚文化的遺存在湖南、

---

① 　簡體版由湖北教育出版社於二〇一二年出版。今繁體版於臺灣重新編輯印刷，因考量兩岸學術寫作習慣不同，故在編輯體例上作出些微調整，以符合繁體區的閱讀方式與學術格式。茲向讀者說明如下：

　1.若遇特殊名詞，則改為繁體區習慣用語。如：「釐米」，改為「公釐」。「米」，改為「公尺」。其他以此類推。

　2.本套書各冊之〈總序〉、〈序〉與〈後記〉，皆照錄簡體版之原文。

　3.原書的簡體字，如「杰」、「云」……等，皆改為相應之繁體字。

　4.字體簡繁轉換，造成用字不同，皆以該單位原有繁體之名稱為準。如：「岳麓書社」，改為「嶽麓書社」。

湖北、河南、安徽等地一批又一批地被考古學家喚醒，引起學術界和文藝界一陣又一陣的狂歡。「驚起卻回首」，人們重新審視哲學史上的老莊和文學史上的屈宋，徹然大悟，原來它們也都是楚文化的精華。

楚文化因楚國和楚人而得名，是周代的一種區域文化，集中了東周文化的大半精華。它同東鄰的吳越文化和西鄰的巴蜀文化一起，曾是盛開在長江流域古區域文明的奇葩。與並世共存的先進文化相比，楚文化可以說是後來居上。當楚文化跡象初露之時，它只是糅合了中原文化的末流和楚蠻文化的餘緒，特色不顯，影響不大，幾乎無足稱道。到了西周晚期，它才脫穎而出，令北方有識之士刮目相看。及至春秋中期，它竟突飛猛進，已能與中原文化競趨爭先了。楚文化不僅有爐火純青的青銅冶鑄、巧奪天工的漆木髹飾和精美絕倫的絲織刺繡，而且還有義理精深的老莊哲學、鑠古切今的屈宋辭賦和出神入化的美術樂舞。透過這耀眼的紛華，我們還能領悟到楚人進步的思想精髓和價值追求：「篳路藍縷」的進取精神、「撫夷屬夏」的開放氣度、「鳴將驚人」的創新意識、「和眾安民」的和合理念以及「深固難徙」的愛國情結。它們無疑是楚人留給世人的最寶貴的文化遺產。

為了對楚文化研究成果進行階段性總結和集中展示，20世紀90年代中期，湖北教育出版社推出了由張正明先生主編的大型學術叢書「楚學文庫」（18部），在學術界產生了強烈而持續的影響，「楚學」至此卓然而立，蔚為大觀。

自「楚學文庫」出版至今十數年間，隨著湖北棗陽九連墩大墓、河南新蔡葛陵楚墓、湖北隨州葉家山西周墓群的發掘，尤其是湖北荊門郭店楚簡、上海博物館珍藏的戰國楚竹書和清華大學藏戰國竹簡等出土文獻的陸續問世，以及新的研究方法和新的技術手段的推廣與運用，楚學研究出現了「驚濤拍岸」的高潮，眾多的楚學研究成果如浪花般噴珠濺玉，美不勝收。面對楚學研究的空前盛況，湖北教育出版

社以弘揚學術、嘉惠士林的遠見卓識，約請我主持編纂大型學術叢書「世紀楚學」（12部），這對於全面、系統、深入地探討楚文化的內涵與精蘊，及時展示楚學研究的最新成果，繼承和弘揚楚文化乃至中華文化的優秀傳統，促進社會主義文化強國和中華民族共有精神家園建設，既具有重要的理論意義，又具有重大的實踐價值。

「世紀楚學」選題嚴謹，內容宏富，研究範圍包括楚簡冊、政治、法律、禮儀、思想、學術、文學、地理、農業、水利、交通、飲食、服飾和名物等，大都是楚學研究中十分重要且「楚學文庫」未曾涉及或涉而不深的議題。因此，「世紀楚學」既是對「楚學文庫」的賡續、豐富和完善，又是對「楚學文庫」的延伸、拓展和推進。

之所以將叢書定名為「世紀楚學」，所思者有三：一是現代意義的楚學研究始於20世紀20年代，迄今已近百年；二是本叢書是21世紀推出的第一套大型楚學叢書，帶有鮮明的新世紀的印記；三是「世紀」也可泛指「時代」，意在誠勉本叢書切勿有負時代之厚望。

作為國家出版基金資助專案和湖北省社會公益出版專項資金資助專案，「世紀楚學」致力於從新視角、新構架、新材料、新觀點四個方面，實現楚學研究的新突破、新跨越、新發展，奮力開創楚學研究的新局面！

我忝任主編，限於學識和俗務，時有力不從心之感，幸有張碩、靳強先生襄助，諸事方才就緒，令我心存感念！

任何有益於本叢書的批評和建議，我們都竭誠歡迎！

劉玉堂

2012年2月於東湖之濱

總序

緒　　論

　　楚簡是對戰國時期楚地墓葬中出土簡冊的總稱。這在迄今所見我國古代簡牘資料中，屬於時代最早的發現。楚簡從20世紀50年代起陸續出土，迄今已知出土單位在30處以上，書寫字數在10萬字以上。在這些資料中，行政、司法文書與卜筮、喪葬記錄，是前所未聞的全新發現；思想文化典籍，是在兩千多年後再現的古籍珍本，某些篇章如《金縢》、《緇衣》、《五行》、《老子》、《日書》曾見於傳世典籍或先前出土的秦漢簡帛，但文本存在或多或少的差異；此外的大部分內容則早已失傳。傳世的戰國文獻匱乏，並且往往真偽難辨。這批地下出土原始資料的科學整理和研究，極大地填充史料空白，並可以驗證原來存有爭議的文獻，增添一大筆豐富、可靠的學術資源；必將澄清先秦史上的許多疑難問題，並開闢一些新的研究領域，豐富、更新人們對於戰國時代生活習俗、社會制度、思想文化的認識，更加準確、完整地把握先秦歷史文化的真實面貌及其對秦漢以至後世的影響；同時也可為當代文化建設提供一定的參考、借鑒。對於楚簡的整理、研究，吸引了越來越多的學者參與，成為涉及眾多學科、具有廣泛國際影響的學術領域，也是社會大眾廣泛關注的文化熱點之一。

第一節　楚簡的三個層次

中國古代，在紙張普遍使用之前，竹簡長期是書寫的主要載體。有人推測大概商代已經有了簡書。在西周晚期以後，我們可以看到使用簡冊的可靠資料。《詩經　小雅　出車》，大約是西周晚期的軍旅詩。其中寫道：「王事多難，不遑啟居。豈不懷歸？畏此簡書。」意思是說：國家多難，不能安居，豈不思鄉，只是迫於這份簡書。這裡說到「簡書」，自然是書寫在竹片上的文件。西元前548年，齊國發生內亂，大夫崔杼殺害國君莊公。當時史官很負責，為了記下這件事，前仆後繼。《左傳》襄公二十五年記道：「大史書曰：『崔杼弑其君。』崔子殺之。其弟嗣書，而死者二人。其弟又書，乃舍之。南史氏聞大史盡死，執簡以往。聞既書矣，乃還。」這裡的「簡」，應該是寫在竹簡上的史書或者準備書寫的空白竹簡。直到南北朝時期，紙張應用日廣，竹簡才逐漸淡出人們的生活。

「簡牘」往往連言。《藝文類聚》卷五八引三國吳謝承《後漢書》說：「王充於宅內門戶牆柱，各置筆硯簡牘，見事而作，著《論衡》八十五篇。」晉杜預《〈春秋經傳集解〉序》說：「諸侯亦各有國史，大事書之於策，小事簡牘而已。」一般說來，簡使用狹長形的竹片，牘使用比較寬的木板。就目前的發現看，楚人大概因地利之便，只使用竹簡，而不使用木牘。

楚簡，迄今只有戰國時期的遺物發現，因而又稱為「戰國楚簡」。大致說來，包含有三個層次：第一，楚人寫作的文獻；第二，楚盟國（如曾國）人們寫作的文獻；第三，楚人傳抄的來自別國的文獻。概略地說，楚簡是指戰國時期楚控制地區出土的竹簡。

第二節　簡冊類別

簡牘文獻的分類，通常採用兩分法，即文書和書籍。李零先生的《簡帛古書與學術源流》（生活　讀書　新知三聯書店2004年版）、趙超先生的《簡牘帛書發現與研究》（福建人民出版社2004年版）、張顯成先生的《簡帛文獻學通論》（中華書局2004年版）、駢宇騫及段書安先生的《二十世紀出土簡帛綜述》（文物出版社2006年版），皆是如此。其中趙超先生指出：「為了便於介紹，我們在這裡概括地將古人日常使用的文字材料劃分為兩大類型。而每一大類中又可以劃分出多種具體的門類。第一大類是社會實用性的各種文字材料，統稱為古代文書。裡面又可以根據使用者的身分分為官方文書簿籍與私人檔書信等亞類型，下面包括更為具體的文體類型，如：官府往來文書、詔書、官府簿籍、法律、通行證件、契約、私人書信、名刺、告地狀、遣策、曆書等。第二大類是歷代傳留下來的文獻著作，主要是古人學習、閱讀的文字材料，如《周易》、《詩經》、《孫子》等等。統稱為古代經籍文獻。其中包括經史典籍、字書、醫書、方術書以及實用科技書籍等。」[1]

這種分法大致是合理的。文書一般具有特定的閱讀對象、適用時間，而書籍則沒有這種限制。從這個角度，可以把兩大類文獻基本區分開來。不過，這種劃分也不免粗略，會把差異很大的簡冊混同看待。

具體說到楚簡，可劃分如下：

（一）文書

文書，通常是指現實世界使用的文書。一般再分作兩種，即官文書與私文書或者公務文書與私人文書。

---

[1]　趙超：《簡牘帛書發現與研究》，福建人民出版社2004年版，第107頁。

公務文書目前只在包山簡和葛陵簡中發現。包括行政文書、司法文書和一些簿籍。從運行角度看，這些文書有動態和靜態之別。靜態文書是官府存檔的檔，動態文書則在不同官府之間移送、處理。後者根據官府的級別，又有上行文書與下行文書之分。靜態的存檔文件，有貸金記錄、所囑、疋獄、受幾等；其他基本屬於動態文書。

私人文書，目前發現有訴狀和賵書。前者在江陵磚瓦廠307號墓有出土；後者是親友為喪主贈送財物的記錄，第七章第一節將有討論。

（二）卜筮禱祠記錄

戰國時，人們高度相信鬼神的存在，楚人尤甚。《漢書　地理志》敘述楚地風俗，就說是「信巫鬼，重淫祀」。

卜筮禱祠記錄是事主委託貞人，針對某件事情進行貞卜的記敘。由於卜筮所得的消極結果需要用禱祠來應對，所以通常附帶有禱祠方案，並且偶爾有實際禱祠的記錄。江陵望山一號墓竹簡、江陵天星觀簡的一部分、荊門包山簡中的一部分、新蔡葛陵簡的大部分以及江陵秦家嘴三座墓所出竹簡，即屬此類。這些簡冊，在反映當時楚人宗教儀規的同時，也包含神靈系統、家族制度等方面的資料。

（三）遣策

遣策是喪主為死者提供隨葬品的清單。仰天湖簡、五里牌簡、信陽簡的一部分、望山二號墓簡、包山簡的一部分，均屬此類。古人有「事死如生」的觀念，遣策在反映葬儀的同時，也在較大程度上展示出楚人當時的生活實態。

遣策容易與賵書混淆。第七章第一節對此有專門討論。

如果套用兩分法，卜筮禱祠記錄和遣策應歸入文書之中。在這種情形下，也許我們應該把第一類稱為「世俗文書」，而把第二、第三類稱為「通靈文書」，從而突出彼此的差異。

（四）書籍類

書籍類文獻是楚簡的一個大宗，內容也比較複雜。楚簡古書，

最早見於信陽長臺關一號墓。後來九店楚墓、郭店楚墓有集中發現。上海博物館藏楚竹書、清華大學藏楚竹簡，數量和種類更多。楚人當時寫書、抄書、讀書的風氣，應該相當盛行。儒家、道家著述較為多見，反映民間擇吉習俗的日書也在流行。具體情形，請看第八、第九兩章。

第三節　簡冊形態

這裡介紹楚簡的物質形態，包括單根竹簡和簡的集合。

單支竹簡呈狹長條形。其寬度通常在0.6—1公釐之間，迄今所見最寬的報導見於新蔡葛陵大墓所出的部分簡，有1.2公釐；最窄的見於郭店簡的部分簡，為0.45公釐。厚度通常為0.1—0.15公釐。其出入最大的是在長度方面。目前最長的報導為曾侯乙簡，長達75公釐；最短的見於黃州曹家崗簡，只有12.8公釐。

具體看各個類別。在卜筮禱祠簡中，有完整資料的兩處，一是天星觀簡，長64—71公釐；一是包山簡，長67.1—69.5公釐，二者很接近。同樣是卜筮禱祠類的望山一號墓竹簡，淺原達郎先生推測通長60—70公釐[①]，亦與包山、天星觀簡相當。

喪葬簡呈長短兩類。長者如長臺關簡68.5—69.5公釐，望山二號墓簡63.7—64.1公釐，曾侯乙簡70—75公釐，天星觀簡64—71公釐，包山簡64.8—72.6公釐。如果以69公釐為基點，出入不超過6公釐，可以說是比較接近。短者如仰天湖簡20.2—21.6公釐，楊家灣簡13.5—13.7公釐，曹家崗簡12.8—12.9公釐，出入在10公釐之內。長短兩類喪葬簡，大概與墓主身分以及對應的隨葬品多少相關。

---

① 淺原達郎：〈望山一號墓竹簡的復原〉，載《中國的禮制與禮學》朋友書店2001年版。

文書簡普遍較長。包山只有「貸金」簡中的一組12枚簡（103—114號）長約55公釐，其餘184枚簡均在62—69.5公釐。另外的兩批，即常德德山夕陽坡簡長67.5—68公釐，江陵磚瓦廠307號墓簡長62.4公釐，與包山文書簡的大部分相當。

相形之下，書籍簡的長度似更無定規。目前所見完簡最長者是上海博物館藏《性情論》，長57公釐[①]；最短者則是郭店簡的《語叢二》和《語叢四》，只有15.1—15.2公釐[②]。為了展卷方便，大概是書籍簡不宜做得太長的一個原因。而具體做多長，則似乎有些隨意。同樣是《老子》，甲組32.3公釐，乙組30.6公釐，丙組26.5公釐。同樣是《緇衣》，郭店本長32.5公釐，上博本長54.3公釐。另外還有一篇大致相同的古書，郭店本（名為《性自命出》）長32.5公釐，而上博本（即《性情論》）長57公釐。在郭店竹書《六德》中，《易》與《詩》、《書》、《禮》、《樂》、《春秋》並列，在《語叢一》中也有類似內容，可見《易》在當時已極受尊崇。而在上博簡中，《周易》長44公釐，與《從政》、《昔者君老》、《容成氏》等篇相差無幾。

據漢代人說，當時簡冊長短有定制。在文書方面，《漢書　杜周傳》客有謂周曰：「君為天下決平，不循三尺法。」《後漢書　光武帝紀》注引《漢制度》曰：「帝之下書有四：一曰策書，二曰制書，三曰詔書，四曰誡敕。策書者，編簡也，其制長二尺，短者半之，篆書，起年月日，稱皇帝，以命諸侯王。」在典籍方面，《論衡　謝短篇》云：「二尺四寸，聖人文語……漢事未載於經，名為尺籍短書。」《儀禮　聘禮》引鄭玄《論語序》說：「《易》、《詩》、《書》、《禮》、《樂》、《春秋》，策皆二尺四寸，《孝經》謙，半之，《論語》八寸策者，三分居一，又謙焉。」[③]曾有學者推測：

---

① 《上海博物館藏戰國楚竹書》第4冊《采風曲目》殘片56.1公釐，完整時也當在57公釐左右。
② 清華簡最短的只有10公釐左右，資料待刊。
③ 二尺四寸，原作「尺二寸」，據阮元校改。

「郭店竹簡有經典與傳注之分，簡策長者為經，短者為傳；具體的尺寸雖與兩漢學者所記的簡牘制度略有出入，但以簡策長短區分經、傳的原則是一致的。」[1]結合上博簡已刊佈資料看，這種可能性似難證實。

竹簡的兩端，或者平齊，或者修削成梯形或弧形。修削成梯形或弧形的，只見於書籍簡。猜想是因為書籍需要經常展卷閱讀，作成梯形或弧形比較方便。如果用書囊收納，也不像平齊者那樣容易紮壞書囊。

即使是最長的竹簡，一支所容的字數畢竟有限。當書寫比較長的篇幅時，就需要使用多支簡。《儀禮　聘禮》說：「百名以上書於策，不及百名書於方。」杜預《春秋左氏傳序》說：「大事書之於策，小事簡牘而已。」說的都是這層意思。如果使用多枚竹簡書寫，通常需要用兩道或更多道的繩線將竹簡按順序編連起來。這樣編連起來的多支竹簡，就叫「策」或「冊」。按照《說文解字》的解釋，「冊」就是用繩線把竹簡編連起來的樣子。在文書簡中，包山「受幾」簡有將近60支編成一冊[2]。在喪葬記錄中，曾侯乙墓整理者分類的第一類（Ａ）即記錄車馬和車上的兵器裝備的一種，約有120支簡，原本可能也編在一冊。在書籍簡中，郭店竹書《性自命出》67簡；上海博物館藏楚竹書《周易》殘存58簡，《容成氏》殘存53簡，《曹沬之陳》65簡。這些都屬於長篇。

編在一冊的竹書，有時是單純的一篇，有時有一篇以上。比如上海博物館藏戰國楚竹書第四冊中的《昭王毀室》與《昭王與龔之脽》，第五冊中的《鬼神之明》與《融師有成氏》，第六冊中的《莊

① 周鳳五：〈郭店竹簡的形式特徵及其分類意義〉，載《郭店楚簡國際學術研討會論文集》，湖北人民出版社2000年版。
② 受幾簡整理者認為有61枚，其中3枚當剔出。參看陳偉：《包山楚簡初探》，武漢大學出版社1996年版，第47—49頁。

緒論

王既成》與《申公臣靈王》，都是兩篇抄在一冊。而《子羔》、《孔子詩論》與《魯邦大旱》三篇，長度、形制、字體相同，原先也可能編在一冊①。

編連所用的材料有麻繩和絲線。荀勗〈穆天子傳序〉說汲塚書「皆竹簡素絲編」。《南齊書 文惠太子傳》記載襄陽所出《考工記》則是「竹簡書青絲編」。素絲，即白色絲線。青絲，即黑色絲線。楚簡出土時往往帶有絲線殘痕，郭店簡沒有文字報導，但據目測系白色絲線，長臺關簡則是用黑色絲線。

為了不讓編繩移動，竹簡上通常開有契口。在已有報告中，多稱開在竹簡右側，如仰天湖簡、望山簡、曹家崗簡和上博簡。這大概與簡冊自右而左展開有關。但天星觀簡報道說契口在左側②。契口與編繩的道數相應，或作二道，或作三道。

開兩道契口的，契口到兩端都有一定距離。如楊家灣簡，通長13.5—13.7公釐，上口去頭端4—4.1公釐，下口去尾端3.5—3.6公釐；長臺關喪葬簡通長68.5—69.5公釐，上口去頭端18公釐，下口去尾端15.5公釐；包山簡卜筮禱祠簡通長67.1—69.5公釐，上口去頭端17—20.5公釐，下口去尾端15—17.5公釐；郭店《老子》甲組通長32.3公釐，上口去頭端和下口去尾端均約9.5公釐；《語叢四》長約15公釐，上口去頭端3.7公釐，下口去尾端5公釐。通看這些資料，在兩道編繩的竹簡中，上下契口中間的部分大致相當於上下契口以外部分之和。大概在這種情形下，無論收卷還是展開，編繩上中下三部分的重量比較均衡。

開三道契口的，又分兩種情形。一種上下契口到兩端有一定距離，另一種則與兩端相近。前一種如上博簡《孔子詩論》通長55.5公釐，上下契口去兩端各約8公釐；上博簡《緇衣》通長54.3公釐，上下

① 參看馬承源主編：《上海博物館藏戰國楚竹書》（一），上海古籍出版社2001年版，第121頁；李零：《上博竹簡三篇校讀記》，中國人民大學出版社2007年版，第6頁。

② 湖北省荊州地區博物館：〈江陵天星觀1號楚墓〉，載《考古學報》1982年第1期。

契口去兩端各約9公釐；上博簡《彭祖》通長53公釐，上下契口去兩端各約10公釐。這種簡契口的位置與上述開兩道契口者近似，只是因為中間多一道編繩，上下契口之間的長度比上下契口以外部分之和要明顯大得多。後一種如包山簡喪葬簡的大部分通長64.8—72.6公釐，上口到頭端1.5—1.7公釐，下口到尾端1.6—1.8公釐；郭店《語叢一》通長17.2—17.4公釐，上口去頭端約0.8公釐，下口去尾端約2.3公釐；上博簡《民之父母》通長45.8公釐，上口去頭端約2.2公釐，下口去尾端約2.5公釐；《容成氏》通長44.5公釐，上下口去兩端各約1公釐；《周易》通長44公釐，上下口去兩端各約1.2公釐。這種簡大致以三道編繩將主幹一分為二，而上下契口之外的部分極短。

望山一號墓卜筮禱祠簡的契口道數存有異議。發掘報告稱：「雖然這批竹簡均已殘斷，但從竹簡上殘存的痕跡判斷，每枚竹簡上的小契口都有上、中、下三個，上部的小契口的底邊距頭端一般在17.5—18公釐，下部的小契口的底邊距尾端在16—16.2公釐，中部的小契口大多與上、下兩個小契口等距。」[1]淺原達郎先生比之包山簡中的三道契口者，認為在開有三道契口時，上下契口靠近兩端。因而一號墓簡應與二號墓簡一樣，只有兩道契口[2]。上博簡資料的公佈，使我們得知開三道契口時，上下契口也可以與兩端有較大距離。上揭《彭祖》簡通長53公釐，上下契口去兩端各約10公釐。如果望山一號墓簡長達60多公釐，上下契口達到那樣大的距離似乎也不致全無可能。解決這個問題的方法是進一步目驗實物。

與竹簡類似的還有一些竹質的簽牌。曾侯乙墓出土3枚，包山二號墓出土30枚。這些簽牌的寬度與竹簡相當，長度則只有幾公釐到十幾公釐，在一端開有契口或削成契形，以便插在所標示的物品之上。

① 湖北省文物考古研究所、北京大學中文系：《望山楚簡》，中華書局1995年版，第5頁。
② 淺原達郎：〈望山一號墓竹簡的復原〉，載《中國的禮制與禮學》，朋友書店2001年版。

緒
論

古人把編在一起的竹書稱為「編」。《漢書　張良傳》：「有傾，父亦來，喜曰：『當如是。』出一編書，曰：『讀是則為王者師。』」顏師古注：「編謂聯次之也。聯簡牘以為書，故云一編。」「篇」和「編」的意思本來可能是相同的。後來「篇」主要用於指內容首尾完整的書寫物，所以一編竹書可以包含若干篇。竹書不用時，便收卷起來。這樣，一冊或者一「編」也就是一「卷」。

一般相信，文字或為編繩所壓的簡冊，是在書寫完畢後編綴起來的；編繩上下的文字間距較大，則是先編綴後書寫。然而，就郭店簡所見，這兩種情形有時在一篇中同時出現。例如郭店簡《老子》甲組27號簡在上道編繩處書有「弗」字，而同篇5號、19號簡編繩處則明顯空出；又如《緇衣》28號簡的「懽（勸）」字正寫在上道編繩處，而4號簡的相應位置則明顯空出。有鑑於此，李天虹教授認為：楚簡應是先書寫後編連。契口在書寫時有提示作用。注意到契口時便會留空，若有忽略便可能在契口亦即編繩處寫有文字①。這一推測應可採信。

竹簡的編連和閱讀，都是自右而左，逐次以行。針對信陽長臺關一號墓兩組簡，整理者指出：「根據竹簡出土時的情況觀察，部分竹簡編連是每四根為一束，兩兩相對，字面朝裡。」②劉國勝博士認為：這些簡原本當是編連成冊的。竹簡「兩兩相對，字面朝裡」的情形，很可能是因卷狀簡冊在遭受擠壓後，上下兩部分的簡疊攏在一起造成的（卷成圓筒狀的簡冊上半部分簡有字一面朝下，下半部簡有字一面朝上）。這一現象在墓葬竹簡的發掘清理時經常見到③。這種分析更為近理。

---

① 李天虹：《郭店竹簡〈性自命出〉研究》，湖北教育出版社2002年版，第6—8頁。

② 河南省文物研究所：《信陽楚墓》，文物出版社1986年版，第68頁。

③ 劉國勝：《楚喪葬簡牘集釋》，科學出版社2011年版，第2頁。

第四節　書寫與格式

竹簡一般以竹黃為書寫面，有時也在竹青一面書寫。而僅有一見的包山竹牘，則以竹青面為主。用於書寫的毛筆在長沙左家公山15號墓（新編號185）、信陽一號墓、九店13號墓、包山二號墓等處均有出土，墨在九店56號墓中也與竹簡相伴而出。書寫是一種富有個性化的行為，但又受到當時習慣、風尚的影響，從而呈現出某些規律性或者說格式。

（一）天頭、地腳

天頭、地腳是指竹簡上下端留有的不書寫的空白。其有無，與契口或編繩的位置密切相關。楚簡中，凡開二道契口者，概無天頭、地腳，而是從開端一直寫到末尾。而在三道契口的簡中，如果上下契口去兩端有較大距離，一般也不留天頭、地腳；只是那些上下契口與兩端非常接近者，才在契口之外留下空白而不去書寫。

目前所見明顯留有天頭、地腳的例子，主要見於上海博物館竹書，如《民之父母》、《從政》、《昔者君老》、《容成氏》、《周易》、《仲弓》、《亙先》。由此反觀先前發表的資料，包山喪葬簡的一部分（265—277號簡）、郭店簡《語叢一》亦應歸於此類[①]。郭店《語叢二》、《語叢三》的上下契口去兩端極為促狹，字的距離又大，所以天頭、地腳不明顯。

上博簡《孔子詩論》屬於三道契口中上下契口去兩端距離較大者，在29枚簡中，有6枚（2—7號簡）在上下契口以外未見文字，因而引起關注。從上文可知，契口位置作如此情形者，並沒有留天頭、地腳的習慣。有學者觀察，這些留白的部分經過人為修削[②]。可見這是一

---

① 包山簡的報告已指出這一點。參看湖北省荊沙鐵路考古隊：《包山楚墓》，文物出版社1991年版，第267頁。

② 彭浩：〈《詩論》留白與古書的抄寫格式〉，「新出楚簡與儒學思想國際學術研討會」論文，清華大學2002年3月。

種非常特殊的情形，目前還無法猜測其意義。

（二）書寫間隔

書寫間隔是指簡文書寫中，在不同意群之間留有的空白。這在各類簡冊中都有出現。

我們先看包山文書簡。在《受幾》、《疋獄》等類簡中，一般在各條簡文之末的簽署與正文之間會有一個距離。如20號簡正文之後約空20公釐，寫有「秀免」；21號簡正文之後約空8公釐，寫有「正旦塙戠之」；80號簡正文之後約空5公釐寫有「湝其戠之」，又後約空2公釐寫有「秀履為李」。這些當是為了突顯事情處置者而有意留出空白的。此外，13號簡正文之後書有「大邑痎內氏等（志）」、18號簡正文之後書有「中舒許適出之」，大概也出於同樣考慮。

文書簡中另外一些書寫間隔，大概是針對某種補充性記錄。如105—114號簡在記述各地官員貸金之事後，空出幾公釐之後再寫「過期不賽金」。153號簡在記述帝苴之田四至後，留空之後說：「其邑：箭一邑、妥一邑、並一邑、古一邑、餘為一邑、隼一邑。凡之六邑。」156號簡在前一條記錄之後空約6公釐寫道：「左尹冠以其不得執之尻，弗能詣」；又空約6公釐寫道：「夏夕癸丑，子陵尹屬之。」

137號簡背面的情形有所不同。這枚簡頂格書寫「以致命於子左尹」7字，空出2.5公釐之後接著寫致命的內容。這也許出於某種行款的需要。

在包山卜筮禱祠簡中，間隔書寫的大約都是補充性文辭。204號簡在主體部分下空出約5.5公釐之後書云：「應會占之曰吉。至九月喜爵立。」又空出約6公釐之後寫道：「凡此敝也，既盡逡。」211號簡在主體部分後空出約20公釐書云：「三歲無咎，有大喜，邦知之。」215號簡在主體部分後空出約6公釐後寫道：「太、侯土、司命、司禍、大水、二天子、危山皆既成。」又空出約18公釐寫道：「期中有喜。」值得注意的是，類似內容也有不加間隔，而與主體部分連書的例證。

如200號簡「占之吉」以後的文句、208號簡「占之曰吉」以後的文句。可見一些補充性說明，是否施加間隔，帶有很大的隨意性。

對於典籍簡，可依郭店《老子》甲組為例。這裡書寫間隔出現了兩次，即18號簡中的一次和35號簡中的一次。這兩處間隔，比照今本，都位於兩章之間，並且也都有通常表示分章的墨塊。這樣的間隔當然可以與分章相關聯。問題在於，《老子》甲組中還有多處標有分章墨塊、並且在今本中分章處理的地方，卻沒有這種間隔。而另有五處在墨塊或墨鉤之後簡身完全留白不書。我們恐怕很難認為這兩處書寫間隔在上下簡文區隔上的意義，強於那些連書寫者，而弱於那些簡尾留白者。這也反映出是否施加間隔的隨意性。

（三）補寫與改寫

補寫是在文本寫好後，補入脫漏的內容。一般是在脫漏處以小字插入。郭店簡《老子》甲組37號簡「生於有，生於亡」中的「亡」字，《五行》4號簡「德四行和謂之善」中的「之」字，同篇44號簡「謂之尊賢」中的「之」字，《成之聞之》18號簡「反此道也」中的「也」字；上博簡《緇衣》11號簡「未見聖如其弗克」中的「其」字，同篇13號簡「慈以愛之」中的「以」字，《周易》54號簡「其躬亡咎」中的「咎」字，《彭祖》4號簡「夫子之德登矣」中的「之」字，《競公虐》2號簡的「亡」字；《吳命》8號簡的「左右」，大抵都屬於這種情形。此外，包山44號簡中的「十月」二字合文，60號簡的「十月辛未」中的「辛」字，201號簡「尚毋又（有）咎」中的「又」字，207號簡「說之」中的「之」字，從位置或大小看，大概也均是補寫之字。上揭上博簡《緇衣》11號簡中的「其」字寫在「如」字右下，《競公虐》2號簡的「亡」字寫在「吾」字右下，其後均加二點，是為了避免誤會而添加的合文符號。

有時因為要補的字數較多，正面容納不下，只好寫在背面的相應位置。郭店《緇衣》40反寫有「苟有言，必聞其聲」七字，最上一

緒論

字「苟」，對應於正面「人苟有行，必見其成」的「人」、「苟」二字之間。對比上博竹書和今本《緇衣》，可知背面七字應插於正面的「人」、「苟」二字間。《語叢四》27號簡背面上端「亡及也已」四字，是接著27號簡正面文字書寫的。而在這枚簡背面下端，又較密集地書有「內之又內之，至之又至之」10字。推求文義，這兩句話當插於正面「視朝而入」與「之至而」之中。其中正面「之至而」中的「之」或者背面的最後一個「之」字為衍文①。上博竹書《鬼神之明》2號簡正面「亂邦家」之下，有一「┃」標記，背面對應處開始書寫「是以桀折於鬲山，受首於岐社」。

削刀是簡冊行用時代的常用文具，用來把寫錯的地方削去。信陽長臺關第2組簡，報告說：「有的簡上有刀削痕，如標本2—028，中間削去幾個字，有的削去三、四字，有的削去下半簡。」②郭店《五行》10號簡是一枚整簡。這枚簡的書寫風格與11號簡上段殘片上的相同，而與包括11號簡中下段殘片的其他部分有異。造成這種情形的原因，可能是10號簡和11號簡上段寫錯，曾經刪削改寫。10號簡可能換簡重抄，也可能刪削再寫；11號簡則只將上段刪削再寫。上博簡《性情論》的整理者指出：「滿簡書寫，一般每簡約三十六字，第一簡及第四十簡、第四十一簡則每簡約四十六字之多，在同篇中，行款字數上下如此大是少見的，顯然是兩次抄寫而成。」③也屬於和《五行》10號簡類似情形。

（四）識別字號

識別字號，或者稱「標點符號」。為了與現代標點相區別，稱為「識別字號」比較穩妥。作為文本中文字的輔助標記，識別字號在楚

---

① 荊門市博物館：《郭店楚墓竹簡》，文物出版社1998年版，第219頁注釋26裘錫圭先生按語。

② 河南省文物研究所：《信陽楚墓》，文物出版社1986年版，第68頁。

③ 馬承源主編：《上海博物館藏戰國楚竹書（一）》，上海古籍出版社2001年版，第219頁。

簡中使用比較頻繁，意義也比較複雜。在單篇範圍內，陳偉對包山簡中的識別字號，彭浩先生對郭店竹書《老子》的斷句與分章符號都有過討論[1]。林素清先生則對楚簡符號作有全面的整理[2]。

以下分三點討論識別字號的形態和用途。

1. 句讀符

句讀是古人對閱讀中停頓的處理及其相應的標記。《禮記　學記》說：「一年，視離經辨志。」鄭玄注：「離經，斷句絕也。」即離析文句，在應該中斷的地方中斷下來。楚簡中標示句讀的符號有以下三種：

甲、點狀符號（寫作平或斜的小點，即「－」或「、」）

這種符號出現頻率較高，通常標在簡書中間或末尾，作為斷讀的標記。如包山120號簡寫道：

周客監固蹠楚之歲享月乙卯之日下蔡蕁里人余猏告下蔡□執事人易城公瞿睪－猏言謂邾拳竊馬於下蔡而償之於易城－又殺下蔡人余睪－小人命為晢以傳之－易城公瞿睪命悆邾解句傳邾拳得之－

郭店簡《語叢四》寫道：

言以殆－情以舊－非言不雛非德亡復－言而苟牆有耳－往言傷人來言傷己－

乙、塊狀符號（■）

---

① 陳偉：《包山楚簡初探》，武漢大學出版社1996年版，第22—28頁；彭浩：《郭店楚簡〈老子〉校讀》，湖北人民出版社2000年版，第4—7頁。
② 林素清：〈簡牘符號試論——從楚簡上的符號談起〉，載《簡帛研究彙刊（第一屆簡帛學術討論會論文集）》第1輯，中國文化大學史學系2003年刊佈。

這種符號通常用作提示分章（看下文），但有時也表示句讀。如老子甲組1—2號簡寫道：

絕知棄辯民利百倍■絕巧棄利盜賊亡有■絕偽棄慮民復季子■三言以為史不足或令之或乎屬■視素保樸少私寡欲■

除了最後一個符號可以同時看作分章號外，其他皆標示斷讀。

在這些標有句讀符號的地方，都可以斷讀。雖然從今天的閱讀習慣看，有的句子還可作進一步離析。值得注意的是，應該斷讀而不標句讀符號的情形相當普遍。在《老子》甲組中，後文改以點狀符號作句讀標識，但出現頻率卻低得多。在包山文書簡126—127號簡中和上博簡《周易》中，則通篇無句讀符。

2．重合符

重合符指重文、合文符號，寫作二短畫（＝）或一短畫（－）。這種符號在西周、春秋時已普遍使用 ①，楚簡延續了這一傳統。

甲、重文

在表示重文的場合，需要將所標誌的文字重複讀，即讀兩遍。具體說來又有以下一些情形：

一字重複。如郭店簡書《性自命出》34、35號簡「喜斯慆－斯奮－斯詠－斯猷－斯舞－喜之終也」；《太一生水》1號簡「太一生水＝反薄太一是以成天＝反薄太一是以成地」。這兩句當分別讀作：「喜斯慆，慆斯奮，奮斯詠，詠斯猷，猷斯舞，喜之終也。」「太一生水，水反薄太一，是以成天。天反薄太一，是以成地。」

二字重複。《太一生水》2號簡寫道：「是以成神＝明＝複相薄也是以成陰＝陽＝複相薄也是以成四＝時＝」。當讀作：「是以成神

_____

① 管錫華：《中國古代標點符號發展史》，巴蜀書社2002年版，第40—43頁。

明。神明複相薄也，是以成陰陽。陰陽複相薄也，是以成四時。四時……」

多字重複。包山文書類15－16號簡寫道：「僕以告君＝王＝屬僕於子＝左＝尹＝屬之新造卜尹丹命為僕至典。」前一處是二字重文，後一處是三字重文。郭店簡有更多的重文出現在一起，如《五行》20－21號簡寫道：「不＝智＝不＝仁＝不＝安＝不＝樂＝亡德」，應讀作：「不智不仁，不仁不安，不安不樂，不樂亡德。」

乙、合文

在表示合文的場合，需要將合寫在一起的字分別讀出來。寫成合文的通常是數量詞、與「之」字相連的詞以及一些習慣語，如「二十」、「三十」、「之歲」、「之月」、「之日」、「之所」以及「大夫」、「君子」、「小人」、「日月」、「孔子」、「社稷」等等[①]。只用一個短畫作合文符號的，例如郭店《尊德義》25號簡中的「小人」，《性自命出》20號簡中的「君子」，《六德》4號簡的「土地」。

作為特殊情形，有時也可見完全省去合文符的例子。如包山3號簡中的「一夫」，郭店《忠信之道》5號簡中的「君子」。大概因為這是人們比較熟悉的辭例，即使不標合文符，也不會引起誤解。

重文或是合文，有時不好判斷。比如上海博物館藏戰國楚竹書第八冊《顏淵問於孔子》9號簡的「能＝」，整理者看作重文，我們懷疑是「以能」的合文[②]。

3. 篇章符

篇章符標於一章一篇的末尾，指示篇章的結束。使用的符號有以下三種：

---

① 李守奎：《楚文字編》，華東師範大學出版社2003年版，第865－877頁。
② 〈《顏淵問於孔子》內事、內教二章校讀〉，武漢大學簡帛網2011年7月22日。

緒論

甲、鉤狀符號（✓）

用在一篇的最後，表明本篇文字至此結束。例如郭店簡《成之聞之》40號簡、《六德》49號簡、上博簡《性情論》40號簡、《民之父母》14號簡、《昔者君老》4號簡、《彭祖》8號簡。《互先》13號簡簡文最末的符號不規範，應該也可歸入這一類。

在郭店簡《老子》甲組和《性自命出》二篇中，鉤狀符號均出現二次。因而引起應分作二篇的動議①。

乙、塊狀符號（■）

塊狀符號多用作分章，也用於分篇。

在郭店竹書《老子》三組、《緇衣》、《五行》等篇中，這種分章符號有普遍使用。其中最典型的例子，應該說是《緇衣》。文中寫有23個墨塊，其內容基本與今本分章相符，而篇末書有提示語「二十又三」，即統計該篇共計23章。我們不妨猜想，這些分章符在統計章數時，也是很有用的。曾侯乙墓竹簡往往在一輛車相關記載的後面施加這種符號，與典籍簡中的分章符意義類似。

在塊狀符號中，上博簡《周易》中的情形顯得很奇特。據介紹，這裡用到的塊狀符號由紅黑兩種顏色組成，分純紅、純黑與紅、黑套色共六種。其位置則在每卦首簡的卦名之下及末簡末字下。整理者對這些符號的意義作有頗為深奧的闡發，認為紅色方塊意味陽盛；盛極必反，紅陽中產生黑陰（紅匚內書小黑塊）：黑色方塊意味黑陰盛極；黑陰中生出紅陽（黑匚內書小紅塊），等等②。我們知道，在長沙子彈庫楚帛書中，採用以紅色填實的黑框作為分章符③。彼此對

① 林素清：〈簡牘符號試論——從楚簡上的符號談起〉，載《簡帛研究彙刊（第一屆簡帛學術討論會論文集）》第1輯，中國文化大學史學系2003年刊佈。
② 馬承源主編：《上海博物館藏戰國楚竹書（三）》，上海古籍出版社2003年版，第251—260頁。
③ 蔡季襄：《晚周繒書考證》，藝文印書館1972年版。

照，可見楚地使用這種紅黑套色的塊狀符號也許帶有某種神秘色彩，但其基本功用大概仍然與黑色塊狀符號相當。

在郭店竹書《緇衣》中，最後一章的末尾亦即篇末也採用塊狀符號。在這種場合，這個符號兼有章、篇之末的雙重標誌。實際上，塊狀符號用作篇末標誌的並不鮮見。郭店《老子》丙組、《太一生水》、《魯穆公問子思》、《窮達以時》等篇的篇末都書有這一符號，用作一篇結束的標記。

丙、條狀符號（一）

這種符號與塊狀符號相似，只是窄一些，呈狹長條形。條狀符號常用於篇末，作為一篇結束的標記。例如郭店簡《唐虞之道》29號簡、上博簡《緇衣》24號簡。這種符號也用於分章，比較確切的例證是上博簡《性情論》21、31、35號簡各有一個這樣的符號，39號簡有兩個這樣的符號，這些應該都是表示分章。

在有些場合，條狀符號表示分章抑或分篇，不大容易判斷。郭店簡《六德》26、33號簡各有一個條狀符號。裘錫圭先生將26號簡符號前的幾個字解釋為篇題[1]，這意味著將這處符號看作分篇標記。但也有學者指出，這些實應是分章符號[2]。上博竹書《孔子詩論》1號簡中的條狀符號，整理者認為「是文章分篇的隔離記號，或者是大段落的隔離記號」[3]。也有學者懷疑是分章符[4]。

丁、點狀符號（一）

在上博簡《緇衣》中，分章是由通常表示句讀的點狀符號標誌的。通篇中，點狀符號只用於重文、合文和分章的場合，而在一般句

---

[1] 荊門市博物館：《郭店楚墓竹簡》，文物出版社1998年版，第189頁注釋15。
[2] 周鳳五：〈郭店竹簡形式特徵及其分類意義〉，載《郭店楚簡國際學術研討會論文集》，湖北人民出版社2000年版。
[3] 馬承源主編：《上海博物館藏戰國楚竹書（一）》，上海古籍出版社2003年版，第123頁。
[4] 劉信芳：《孔子詩論述學》，安徽大學出版社2003年版，第102頁。

讀處並無施加，所以各章之間，判然有別，不致產生誤解 ①。

與上述情形不同，有的竹書完全不帶分章符。郭店簡《忠信之道》以「如此也」（9號簡）三字終篇，隨後是大半段空白簡，卻未書任何符號。《語叢四》終篇在27號簡背面上部，也是沒有任何符號。

4. 提示符

在一般意義上，所有的識別字號都是提示符。這裡所說的提示符，是指上述三類內容之外的識別字號。

甲、提示人名和地名（一）

在包山文書簡中，一些人名之後往往施以點狀符號，用來提示人名。以下是91號簡的文字：

九月戊申之日佫大列六令周殺之人周雁訟付舉之關人周瑤周敓−謂葬於其土−瑤−敓−與雁−成唯周鯀之妻葬焉−

這裡「周敓」、「其土」和「葬焉」之後的點狀符號，是前面說過的句讀標識。而「瑤」、「敓」、「雁」三字後的點狀符號，則屬於人名標識（瑤、敓、雁即前文說到的周瑤、周敓和周雁），不能斷讀。大概是因為這裡略去三人的姓，而直書其名，故加標識，以免誤解。

類似情形在包山文書簡中還有：

隨得−受幾（24號簡）
登敓−以廷（38號簡）
宋勃−以廷（51號簡）

---

① 這是採用整理者的意見，見《上海博物館藏戰國楚竹書（一）》171頁。李零先生說「此本不分章」，即否認點狀符號乃是分章符。見〈上海楚簡校讀記（之二）：《緇衣》〉，載《上海館藏戰國楚竹書研究》，上海書店出版社2002年版。

得之於擂-之室（92號簡）

右司馬適-命左令歔-定之（152號簡）

這種符號偶爾也用於地名之下，作為地名的標識。如以下二簡所記：

纍月辛酉之日滕敓之米邑人走仿訟走仿呂□以其敓涼汸-與爾澤-之故-（100號簡）

甲辰之日小人之州人君夫人之敀愴-之㥚一夫逸趣至州巷（141—142號簡）

「涼汸」、「爾澤」和「敀愴」之後的點狀符號，皆不當斷讀，而是地名標識。

乙、提示缺字（－）

郭店簡《老子》甲組8號簡「其事好還」脫寫一「還」字，乙組6號簡「是謂寵辱若驚」脫寫一「若」字。這兩個脫字處都書有點狀符號，裘錫圭先生指出：「也許是校讀者所加，表示此處抄脫一字。」[1]《語叢四》27號簡「視朝而內」下的點狀符號大概也表示脫字，背面下端十字則是對脫字的補充[2]。

丙、提示分欄（－）

在分欄處，通常書有條狀符號，作為分欄的標誌。在本章第二節提到的分欄之處，大都用這種符號區別上下欄。

丁、提示一類記載

在曾侯乙墓竹簡中，有一種扁圓或圓形符號，大多用於一段記載

---

[1] 荊門市博物館：《郭店楚墓竹簡》，文物出版社1998年版，第119頁注釋7。

[2] 林素清先生認為這處符號是「用來表示脫文補正」，見所撰〈簡文符號試論——從楚簡上的符號談起〉。

緒論

某車文字的開始部分。其位置不固定，有的寫在馭者名字下面，如127號簡「裘定●馭左殿」；有的寫在馭者名字中間，如22號簡「裘●定所馭左殿」；有的寫在馭者官名中間，如18號簡「中●獸令糠所馭少廣」；有的寫在馭者官名之前，如57號簡「●新官令敔馭公左口」；有的寫在車名之前，如1號簡「右令建所乘●大旆」；有的寫在車名中間，如50號簡「新●安車」，等等 ①。

　　戊、提示統計語

　　在曾侯乙墓竹簡中，在一類記載之後，常常出現統計語，對所記物品加以統計 ②。這些統計語前，一般都書有塊狀符號。如：

■二乘路車（116號簡）

■凡廣車十乘又二乘……（120號簡）

■大凡四十乘又三乘。（121號簡）

■大凡六十又四真。（140號簡）

■凡大官之馬十乘。（159號簡）

　　在閱讀簡冊時，最應該注意的是甲、乙、丁三種。即提示人名、地名和提示一類記載的符號往往不在句末，不能因而斷讀；提示缺字的符號則需要仔細甄別、推敲。

　　比較西周、春秋時的金文，戰國楚簡的識別字號已很豐富，各種符號的形態和使用場所也多少有某些規律可尋，為閱讀、理解提供了一定的便利。不過，當時的符號系統還很不成熟。這主要表現為三點：（1）在某種場合是否使用符號未有定規。（2）一種符號

---

① 湖北省博物館：《曾侯乙墓》，文物出版社1989年版，第453頁。

② 這種語句，整理者稱為「小結」，見《曾侯乙墓》453頁。林清源先生稱為「統計語」，見所撰〈曾侯乙墓簡的標題語、提示語和統計語〉，「紀念甲骨文發現百周年文字學研究會」論文，靜宜大學1999年12月。

往往兼有幾種功能。（3）一種功能往往兼用幾種符號。在閱讀簡冊時，必須充分考慮到種種複雜因素，推敲各種符號的確切含義，正確理解。

（五）分欄與表格

分欄書寫，即將竹簡在縱向分出不同的部分，文字書寫及閱讀均在各欄中自右向左進行。這種情形在包山簡、九店簡以及郭店簡中均有發現。分欄處通常用墨線隔開。

包山簡116—119號四簡，都是記載某地某某官員為某地貸款的記錄。在中間加橫線斷開，分成上下兩欄書寫。如116、117號簡分別寫：

鄸莫囂邵步、左司馬旅殹為鄸貸戉異之金七益。|且陵工尹□、□尹䵣為且陵貸貸戉異之金三益間益。116

羕陵工尹快、喬尹□為羕陵貸戉異之金三十益二益。|株陽莫囂壽君、安陵公□為株陽貸戉異之金五益。117

在這種情形，應該先從右至左讀上欄，再從右至左讀下欄。原釋文一支一支讀，並以此安排相關的105—114號簡（鄸、且陵、羕陵、株陽），恐不確。

九店簡在13—24號、25—36號和37—40號簡中均有分欄現象。13—24號簡分作上、下兩欄，上欄依次記述十二個月中哪一天為建日、哪一天為陷日等。下欄分別記述建日、陷日等十二種日辰的宜忌。37—40號簡記作：

【凡春三月】，甲、乙、丙、丁不吉，壬、癸吉，庚、辛成日。|凡五子，不可以作大事，不城，必毀，其身又大咎；□ 37

【凡夏三月】，丙、丁、庚、辛不吉，甲、乙吉，壬、癸成日。|

其身，長子受其咎。凡五卯，不可以作大事，帝以命 38

　　凡秋三月，庚、辛、壬、癸不吉，丙、丁吉，甲、乙成日。|益濟禹之火。午不可以樹木。凡五亥，不可以畜六牲 39

　　凡冬三月，壬、癸、甲、乙不吉，庚、辛吉，丙、丁成日。|擾。帝之所以戮六擾之日。 40

　　與此相關，41—42號簡上通欄書寫成日、不吉日和吉日的宜忌，顯然與37—40號簡上欄連讀，構成一篇。而37—40號簡的下欄文字另成一篇。

　　在郭店竹書《語叢三》中，也存在分欄寫法。其中64—65號簡分別寫作：

亡意亡固　　　亡物不物 64

亡我亡必　　|　皆至焉 65

　　64號簡「亡固」之下，現已不見分隔符號，但與下面文字距離較大。《論語　子罕》說：「子絕四：毋意，毋必，毋固，毋我。」簡書所見應即此語。可知二簡皆分欄，應分別連讀。

　　上述分欄現象又可細分為兩種，一種是比較完整的分欄，如包山116—119號簡和郭店《語叢三》64—65號簡。一種是不完整的分欄，如九店37—42號簡。37—40號簡下欄的文字，似具有補白的性質，閱讀時需要格外注意。

　　表格可以看作是一種特殊的分欄。見於九店日書25—36號簡。全文分上下兩大欄，上欄中又分出十二個小欄，書有十二個循環寫出的地支名；下欄則是以在「是謂」二字後，開列「結日」、「陽日」、「交日」等十二日名，再下則是這些日名的宜忌。對照內容類似的睡虎地秦簡日書甲種《除》篇，可知在竹書右側應有一簡自上而下記載

楚月名。其閱讀、使用當是先查看月名，再向左查看地支，然後下轉看相應的日名和宜忌。如「荊夷寅，是謂結日……」；「夏夷辰，是謂陽日……」。

（六）篇題與提示語

篇題是一件文檔的題目。楚簡冊文書類、喪葬類和典籍類中，都有篇題的發現。

在包山文書簡中，第33號簡背面書有「受幾」二字，是所有「受幾」類簡的篇題；第84號簡背面書有「疋獄」二字，是所有「疋獄」類簡的篇題。包山文書簡還有兩枚簡在正面僅書二三字。如1號簡書「集著」二字，14號簡書「集著言」三字。整理者也視為篇題，問題應該不大。不過，由於缺乏必要的關聯，與兩處篇題相應的簡書頗不易確定。

喪葬類簡的篇題，只見有曾侯乙墓竹簡一處。即1號簡背面所書「右令建馭大旆」。

上海博物館藏竹書，有的帶有篇題。比如第二冊中的「子羔」與「容成氏」，第三冊中的「中弓」與「互先」，第四冊中的「內禮」與「曹沫之陳」，第五冊的「競建內之」與「鮑叔牙與隰朋之諫」[①]，第六冊的「競公瘧」與「莊王既成」，第七冊的「凡物流形」與「吳命」，第八冊的「命」和「王居」。

清華竹書的情形也相類似。在第一輯九篇中，即有「耆夜」、「周武王有疾周公所自以代王之志」（此篇即傳世本《金縢》）和「祭公之顧命」。

郭店竹書沒有如上博竹書、清華竹書那樣明確的篇題。其中《五

---

① 這兩個篇題頗費解。整理者分別作為兩篇的篇題處理。陳劍先生指出所分二篇實為一篇（〈談談《上博（五）》的竹簡分篇、拼合與編聯問題〉，武漢大學簡帛網2006年2月19日）。這兩個篇題也許存在層次上的差別。

行》篇1號簡開頭二字「五行」，有學者認為是篇題①。馬王堆帛書《五行》沒有這二字。說是篇題並非完全無據。但竹書中這二字與正文連書，彼此無任何分別，是否篇題還難以斷定。

李零先生指出：「簡文篇題有首題和尾題，上博楚簡，首題多在正數第二簡的簡背，尾題多在倒數第二簡的簡背。」②後來他又進一步說：「古書的篇題，從出土發現看，多在卷首第二簡或第三簡，或卷尾第二簡或第三簡。前者是從後往前卷，把卷首露在外面，卷尾收在裏面；後者是從前往後卷，把卷首收在裡面，卷尾露在外面。」③曾侯乙墓竹簡的篇題寫在首枚簡的背面。在上博簡的篇題中，《亙先》篇題書於該篇第3號簡背面（共存13簡）；「容成氏」三字書於該篇第53號簡的背面，作為整理者，李零先生估計這「是在倒數第二、三簡的背面」④。對於《容成氏》而言，由於竹書敘三代事已到武王滅商，這一猜測應大致可從。然而，上博簡另外兩個篇題的情形卻比較複雜。「子羔」二字，依原釋文順序，書於該篇5號簡背面（共存14簡）。李零先生定此簡為順數第3號⑤，林志鵬先生定此簡在倒數第3號⑥。由於本篇竹簡殘得比較厲害，一時還不好確定。「中弓」二字，依原釋文順序，書於16號簡的背面（共存28簡）。而在陳劍先生和黃人二、林志鵬先生所作的調整本中，此簡改置於倒數第3號⑦。同

① 龐朴先生說竹書「自名曰《五行》」，〈竹帛《五行》篇比較〉，載《中國哲學》第20輯，遼寧教育出版社1999年版。劉信芳先生更直稱五行為「篇題」，見《簡帛五行解詁》，藝文印書館2000年版，第5頁。
② 李零：〈參加「新出簡帛國際學術研討會」的幾點感想〉，簡帛研究網2000年11月16日。
③ 李零：〈上博楚簡校讀記（之一）——《子羔》篇「孔子詩論」部分〉，簡帛研究網2002年1月4日。
④ 馬承源主編：《上海博物館藏戰國楚竹書（二）》，上海古籍出版社2002年版，第293頁。
⑤ 李零：〈上博楚簡校讀記（之一）——《子羔》篇「孔子詩論」部分〉，簡帛研究網2002年1月4日。
⑥ 林志鵬：〈戰國楚竹書《子羔》篇講疏〉，2004年4月12日列印稿。
⑦ 陳劍：〈上博竹書《仲弓》篇新編釋文（稿）〉，簡帛研究網2004年4月19日；黃人二、林志鵬：〈上博藏簡第三冊仲弓試探〉，簡帛研究網2004年4月23日。

樣由於竹書殘缺，這種調整也缺乏堅確的證據。上博竹書的「鮑叔牙與隰朋之諫」單獨寫在一枚簡的正面，清華竹書的「祭公之顧命」寫在最後一枚簡（21號）正面的下部，屬於更為特別的情形。

包山簡「受幾」、「疋獄」兩種的篇題位置也很令人費解。按日期推測，書有「受幾」篇名的33號簡在「受幾」類中排序第15號，書有「疋獄」篇名的84號簡在「疋獄」類中排序第6號。即它們既不是當篇的開頭幾枚，也不是當篇的最後幾枚，與我們從常識角度理解的篇題位置並不相符。

綜上所述，在楚簡中篇題或有或無，似無定規；其位置大多在篇頭幾枚或最後幾枚的背面，但也有例外的情形。

關於出土文獻篇題的來由，李零先生指出：「其題篇方式也有兩種，一種是拈篇首之語，一種是撮內容大義，前者更普遍。」[1] 這大致可以信從。上博簡中的「亙先」，是取當篇起首二字。「中弓」，是取當篇首句的5、6二字。「容成氏」，大概是取當篇已經缺失的首簡開始三個字[2]。「子羔」之名的由來想必也不會例外。至於包山簡中兩個篇名，「受幾」取自「受幾」類簡中的兩個關鍵字，「疋獄」，則當是對疋獄類簡文主旨的概括[3]。只是曾侯乙墓竹簡的篇題所拈取的，並不是開頭交待背景的那句話，而是其後正文的首句，即「右令建所乘大旆」。其中第五個字，也改用了一個近義詞。

在喪葬簡冊中，還比較多地使用提示語。比如包山267號簡說：「大司馬悼滑救郙之歲享月丁亥之日，左尹葬，甬（用）車」。其後記載具體車輛的情形。這是全部用車的引導語，甚至可能是全部簡冊的引導語。又255號簡「食室之食」，259號簡「相徙之器所以行」，

① 李零：〈上博簡校讀記（之一）──《子羔》篇「孔子詩論」部分〉，簡帛研究網2002年1月4日。
② 馬承源主編：《上海博物館藏戰國楚竹書（二）》，上海古籍出版社2002年版，第249頁。
③ 陳偉：《包山楚簡初探》，武漢大學出版社1996年版，第44─45頁。

緒
論

265號簡「大卯（庖）之金器」，則是分場所、用途記載隨葬品。類似情形在信陽、望山簡中亦可看到。如信陽2-012「集胝（廚）之器」，2-018「樂人之器」；望山二號墓1號簡「☑周之歲八月辛□之日，車與器之典」。

在一篇或一章之末，有時使用帶統計性質的歸納語。郭店竹書《緇衣》最後一簡，寫有全篇章數之和：「二十又三。」曾侯乙墓竹簡第一類簡之末（121號）寫有用車的匯總：「大凡四十乘又三乘。至紫（此）。」第二類簡之末（140、141號）寫有甲冑的匯總：「大凡六十真又四真。」「大凡八十馬甲又六馬之甲。」

第一章　發現與研究

　　我國近代意義上的簡牘發現，是20世紀初年的事情。1901年1月22日，英籍匈牙利人斯坦因（Marc Aurel Stein）一行，從一位村民手中發現書有文字的木牘。他雇這位村民作嚮導，1月29日到達尼雅遺址，稍後發現40多枚漢文簡牘和500多枚佉盧文木牘[①]。同年3月，瑞典人斯文赫定（Sven Hedin）在尼雅東面羅布泊北岸的古樓蘭遺址，發現120多枚漢文簡牘和大批佉盧文木簡。1926年，北平中國學術協會與斯文赫定共同組成西北科學考察團，赴蒙、甘、新、寧考察，陸續得到大批簡牘。1930年，中國考古學家黃文弼在羅布淖爾（羅布泊）的默得沙爾等地，發現簡牘數十枚；瑞典團員貝格曼在額濟納河流域古居延舊地發掘出近萬枚漢簡，以「居延漢簡」而聞名。1944年、1945年，夏鼐、閻文儒在敦煌、武威一帶發現漢簡數十枚。

　　上述發現的地區，集中在我國西北地區，年代則屬於漢晉之世。作為楚國故地的戰國簡，這時還只存在於人們的記憶當中。《南齊書　文惠太子傳》記載：「時襄陽有盜發古塚者，相傳云是楚王塚，大獲寶物玉屐、玉屏風、竹簡書、青絲編。簡廣數分，長二尺，皮節

[①] 佉盧文是古代印度的一種文字，早先通行於古代印度西北部及阿富汗地區，西元前後幾十年內，流行於東西土耳其斯坦，西元3世紀後半葉，成為和闐、鄯善（樓蘭）地區的流行文字。

如新。盜以把火自照，後人有得十餘簡，以示撫軍王僧虔，僧虔云是科斗書《考工記》，《周官》所闕文也。是時州遣按驗，頗得遺物，故有同異之論。」「科斗書」大致是指戰國文字，襄陽在春秋、戰國時屬楚國國境。因而這是有記錄的發現最早的楚簡。然而科學意義上的楚簡發現，則是20世紀下半葉以後的事情。只是其後層出不窮，給人以後來居上之感。以下按湖南、湖北、河南的順序介紹，最後是在文物市場購藏的楚簡。

第一節　湖南省境的發現

一、長沙五里牌406號墓竹簡

這是通過考古發掘得到的第一批楚簡。五里牌墓地位於湖南省長沙市東北，靠近長沙火車站。1951年10月至1953年3月，中國科學院考古研究所到長沙工作。1952年1月，在五里牌清理406號戰國楚墓[①]。這是一座開有一條墓道的長方形豎穴土坑墓，先前已被盜。發掘時墓葬封土、墓坑及墓道已遭破壞。朝向東偏北5度。墓坑底部長4.8公尺、寬3.75公尺，殘深7.5公尺。葬具為二槨二棺，槨室有積水，內棺中墓主屍骨尚存。

竹簡放在北槨室，共37枚，出土時均已殘斷。出竹簡的地方有竹笥殘片，推想竹簡原本放在竹笥中。竹簡寬度都在0.7公釐左右，殘簡最長的13.2公釐，最短的2公釐。文字寫在竹黃一面，字數1—6字不等。字跡漫漶不清，可辨認者為器物名、數字和放置地點，大抵屬喪葬記錄。該墓其他地方還有文字。在槨板上，刻有「自」、「自上

---

① 該墓發掘的具體時間，據史樹青：《長沙仰天湖出土楚簡研究》，群聯出版社1955版，第18頁。葉恭綽先生在該書序言中，也說這批簡出於1952年。

一」、「右」、「自右」等字。在有的木俑胸前，也書有一二字，應是其名字 ①。

夏鼐先生在一份簡報中，披露了竹簡出土的消息，並刊出一枚竹簡的照片 ②。中國科學院考古研究所編著的《長沙發掘報告》刊載有21枚簡的照片和全部簡的摹本。商承祚先生《戰國楚竹簡彙編》（齊魯書社1995年版）刊有37枚竹簡的照片和摹本，並拼接成18枚。關於竹簡的數量，夏鼐先生和商承祚先生都說是37枚，《長沙發掘報告》則說是38枚。《楚地出土戰國簡冊〔十四種〕》刊有陳松長先生所作釋文和注釋 ③。

二、長沙仰天湖25號墓竹簡

仰天湖在湘江東岸，長沙市勞動路南側。墓葬由湖南省文物管理委員會文物工作隊於1953年7月發掘，編號為53長仰M25（新編號為M167）。先前曾被盜。朝向東偏南10，有一條墓道，墓坑底部長4.40—4.58公尺、寬3.16—3.46公尺，殘深3.98公尺。葬具亦為二槨二棺，槨室中積有泥水。

竹簡出於北槨室，共42枚。其中完整的有19枚，長約22公釐，寬1.2公釐，厚0.12公釐④。字大而清晰，書寫在竹黃一面。背面竹青未削去。簡的右側有兩個契口，相距8—9公釐。內容為喪葬記錄。

《文物參考資料》1954年第3期刊載〈長沙仰天湖戰國墓發現大批竹簡及彩繪木俑、雕刻花板〉一文，稱發現竹簡40枚，並附有這些

---

① 中國科學院考古研究所：《長沙發掘報告》，科學出版社1957年版，第19、54—60頁。

② 夏鼐：〈長沙近郊古墓發掘記略〉，載《科學通報》三卷七期，《文物參考資料》，1952年第2期轉載。

③ 陳偉主編：《楚地出土戰國簡冊〔十四種〕》，經濟科學出版社2010年二印本，第467—468頁。

④ 對竹簡長寬報導不一。此據〈長沙仰天湖戰國墓發現大批竹簡及彩繪木俑、雕刻花板〉（《文物參考資料》1954年第3期）、〈長沙仰天湖第25號木槨墓〉（《考古學報》1957年第2期）。《長沙楚墓》所載略小於此，疑有縮水的因素。

簡的照片。羅福頤先生隨即對其中的一些文字作有摹寫 ①。1955年，史樹青先生出版《長沙仰天湖出土楚簡研究》（群聯出版社），則說有43枚簡，並刊載全部照片和摹本。史先生為全部竹簡編上號。其中1—40號對應於《文物參考資料》上刊載之簡的順序。其後三簡則為前者所無。同一年，饒宗頤先生亦發表羅福頤所作、陳仁濤修訂的40枚簡摹本 ②。《考古學報》1957年第1期發表由吳銘生、戴亞東執筆的〈長沙出土的三座大型木槨墓〉稱竹簡42枚，附有二枚比較清晰的照片。《考古學報》同年第2期發表戴亞東的〈長沙仰天湖第25號木槨墓〉，複稱竹簡43枚。發表40枚比較清晰的照片，並移用史樹青先生所作的編號。編者附志云：「關於竹簡的片數，與史書所錄不符。我們曾函詢湖南文管會，據復：『……此次所寄竹簡照片，係經用草酸整理後所攝的，故字跡較為清楚。至比史書所缺之簡，因其腐蝕利害，觸手即破，經草酸處理亦字跡不辨，故未重攝。』其所補來的第10簡，因版已制就，未便添入，只好附於文末。」這解釋了照片效果較好的原因。稍早42枚一說，或許是失計10號簡的緣故。1962年，郭若愚先生依據《考古學報》1957年第2期所用的照片，作出摹本。將原28、37號簡合為一枚，共得39枚。由於依據的底本較好，摹本的精確度也有了提高。摹本首刊於《上海博物館集刊》第3期（上海古籍出版社1986年版）。後收入《戰國楚簡文字編》（上海書畫出版社1994年版）。關於竹簡數量，郭氏交待說：「計43片。其中三片因腐蝕厲害，故未攝影發表。」商承祚先生《戰國楚竹簡彙編》錄有41

---

① 羅福頤：〈談長沙出土的戰國竹簡〉，載《文物參考資料》1954年第9期。

② 〈戰國楚簡箋證〉，《金匱論古綜合刊》第一期，香港亞洲石印局1957年版。此書未標出印行年月。徵引時或標為1955年。〈戰國楚簡箋證〉文末陳跋云：「乙未（1955年）秋陳仁濤識。」可見饒氏此文成於此前。陳跋後饒宗頤先生「追記」說：「本文校印將竣，獲見史樹青《長沙仰天湖出土簡研究》專著，嗣又讀李學勤〈談近年發現的幾種戰國文字資料〉一文。」顯示實際印行當在李文刊出（《文物參考資料》1956年第1期）之後。今從鄭煒明《饒宗頤教授論文目錄初編》（鄭煒明編：《論饒宗頤》，香港三聯書店1995年版，第497頁。）所記。

枚竹簡的照片和43枚的摹本，重新編號，並作有分組（照片缺39、43號二簡）。2000年出版的《長沙楚墓》，以更清晰的品質發表全部照片，但圖版較實物有縮小。同時轉錄郭若愚所作摹本，並列出新作編號與郭氏、《文物參考資料》（亦即史氏、饒氏）所作的編號對照表。《楚地出土戰國簡冊〔十四種〕》刊有陳松長先生所作釋文和注釋[①]。

三、長沙楊家灣6號墓竹簡

楊家灣墓地位於湘江東岸，長沙市北（伍家嶺西南今市糧食倉庫院內）。1954年由湖南省文物管理委員會文物工作隊發掘，編號為54長楊M6（新編號為M569）。朝向東偏南10，有一條墓道，墓坑底部長約3.7公尺，寬2.64—2.83公尺，殘深4.62公尺。葬具為一槨一棺，棺槨間分出三個邊廂。墓主是一位30歲上下的女性。

在南邊廂中，有一件較大的髹漆圓盒。盒中放有小漆盒，銅鏡和竹簡。竹簡共72枚。長13.5—13.7公釐，寬6公釐。能看出文字的有50枚。簡上多僅書一字，只有4枚簡書有二字。大都寫在竹黃一面，30號簡則在兩面都寫有字。在左側上端4—4.1公釐、下端3.5—3.6公釐處，開有兩道契口。最初的報告稱，竹簡「似乎是用兩條綢帶編成為一冊，……外面用綢子包裹著，出土時因綢帶腐朽，已散亂。」[②]《文物參考資料》1954年第12期刊載〈長沙楊家灣6號墓清理簡報〉，對墓葬情況進行了詳細報導，並刊出一版6枚簡的照片。《考古學報》1957年第1期〈長沙出土的三座大型木槨墓〉，亦載有兩枚竹簡的照片。商承祚《戰國楚竹簡彙編》首次發表字跡比較清楚的37枚竹簡的照片，並作有摹本。《長沙楚墓》發表的照片較為清晰，其中大部分有字部位還附有放大照。不過，

① 陳偉主編：《楚地出土戰國簡冊〔十四種〕》，經濟科學出版社2010年二印本，第469—474頁。

② 湖南省文物管理委員會：〈長沙楊家灣六號墓清理簡報〉，載《文物參考資料》1954年第12期。

第一章　發現與研究

這些照片未編號，與同書迻錄的商氏摹本順序亦不對應。照片數量共41幅，但不知其中是否包含同一簡的正反兩面的照片。

這些竹簡的內容，頗費琢磨。第16號簡書有「□女」二字，商承祚先生考釋說：「在隨葬品中有女木俑五十件，分立、坐兩種。……此謂『□女』，殆為某種專職女俑的名稱。」又第34號簡書寫「妁」一字，商先生云：「妁為一種女奴之稱……此外第二十簡亦是從女旁的字，右不知所從，當與專職女俑名有關。」[1]實際上，幾份報告都稱墓中所出50件木俑兼有男女。在長沙五里牌406號墓中，所出木俑的襟部書有名字。聯繫到商先生的分析，似可懷疑這批竹簡（至少是其中大部）為記敘木俑名字的清單。也屬於喪葬記錄一類[2]。《楚地出土戰國簡冊〔十四種〕》刊有陳松長先生所作釋文和注釋[3]。

四、臨澧九里一號墓

墓地位於湖南省臨澧縣北九里鄉茶場，北臨涔水，南約10公里有澧水。1980年，湖南省博物館發掘黃家山大墓，編號80臨　九M1。墓葬規模大，墓口長34.5公尺，寬32.8公尺，從封土頂端至墓底近20公尺。葬具為二槨三棺。出土竹簡百餘支，均殘斷。資料待發表[4]。

五、常德夕陽坡二號墓竹簡

湖南常德德山夕陽坡二號墓，1983年冬發掘。葬具為一槨一棺，分棺室、頭廂和邊廂。出土竹簡兩枚。一枚簡首稍損壞，長67.5公釐，書有32字。一枚完整，長68公釐，書有22字。二簡似可連讀，記述「偌赴尹邵逯以王命賜舒方御歲惛」。

---

① 商承祚：《戰國楚竹簡彙編》，齊魯書社1995年版，第272—273頁。
② 在江陵鳳凰山八號、九號漢墓所出竹簡中，有記列奴婢俑名字的內容（李均明、何雙全：《散見簡牘合輯》，文物出版社1990年版，第57—59、64—65頁。）可參照。
③ 陳偉主編：《楚地出土戰國簡冊〔十四種〕》，經濟科學出版社2010年二印本，第475—476頁。
④ 楚文化研究會：《楚文化考古大事記》，文物出版社1984年版，第124頁。「九里」誤作「九澧」。

墓葬情況和竹簡內容最初由楊啟乾先生撰文介紹並討論①。1998年，劉彬徽先生發表竹簡摹本，並在楊氏的基礎上再加考釋②。2000年，高至喜先生主編的《楚文物圖典》刊有竹簡照片的縮小圖版，極不清晰③。《楚地出土戰國簡冊〔十四種〕》刊有陳松長先生的釋文、注釋④。

六、慈利石板村36號墓竹簡

1987年5、6月間，湖南省文物考古研究所與慈利縣文物保護管理研究所在慈利城關石板村發掘了一批戰國、西漢墓。墓地在慈利縣城東3.5公里，西去戰國時期的白公城遺址1.5公里，澧水在西北約3公里環繞而過。36號墓是規模最大的一座戰國墓。有一條墓道，朝向東偏南15度。墓底長3.6公尺，寬2.02公尺，深5.34公尺⑤。葬具為一槨一棺，槨室分作頭廂（東）、邊廂（北）和棺室（南）。發掘時，棺內進水深30公釐。

竹簡出於頭廂北側，壓在漆樽與陶壺之間，樽底粘附有裝竹簡的竹笥殘片。竹簡整束被壓成彎曲狀，簡束內及其周圍浸滿淤泥，大部分粘連在一起，嚴重斷裂、錯位。共出殘簡4371枚，其中簡首817枚，首尾難辨者27枚，原簡可能有1000枚左右。竹簡厚0.1—0.2公釐，寬0.4—0.7公釐，現存最長者36公釐，短者不足1公釐，推測整簡長約46公釐。字數約21000個。內容為古書，已知有《國語　吳語》、《逸周書　大武》、《管子》、《甯越子》等。文字書寫風格不同，應非出

① 楊啟乾：〈常德市德山夕陽坡二號楚墓竹簡初探〉，載《楚史與楚文化研究》，《求索》增刊，1987年。
② 紀念徐中舒先生誕辰暨中國古文字學國際學術討論會（四川成都）論文；後收入氏撰《早期文明與楚文化研究》，嶽麓書社2001年版。
③ 高至喜主編：《楚文物圖典》，湖北教育出版社2000年版，第433頁。
④ 陳偉主編：《楚地出土戰國簡冊〔十四種〕》，經濟科學出版社2010年二印本，第477—478頁。
⑤ 目前公佈的墓葬方向、墓坑規模、竹簡寬度等資料，前後不一。此據湖南省文物考古研究所等：〈湖南慈利縣戰國墓〉，載《考古學報》1995年第2期。

自一人之手。

《文物》1990年第10期刊載兩家發掘單位合署的〈湖南慈利石板村36號戰國墓發掘簡報〉，介紹了竹簡的大致內容，並附有一版不夠清楚的竹簡照片。《考古學報》1995年第2期，發表兩家發掘單位合署的〈湖南慈利縣戰國墓〉一文，附有9枚竹簡比較清晰的照片。其後，在湖南省文物考古研究所編著的《湖南考古漫步》中，又公佈了6枚竹簡的照片①。2000年8月在北京大學召開的「新出簡帛國際學術研討會」上，張春龍先生提交〈慈利楚簡概述〉一文，對〈湖南慈利縣戰國墓〉與《湖南考古漫步》中的15枚簡作有釋文和考釋②。

應該提到的是，在龍山里耶一號古井第5層，出土有十數枚具有戰國時楚國文字特點的竹簡，其下均是秦時木質簡牘。整理者認為：「未敢遽定為楚國時物。秦簡中最晚的為二世二年，極可能秦政權在湘西的崩潰即在這一年，此時去楚未遠，仍有熟悉楚字書寫的人著意為之。」③

第二節　湖北省境的發現

一、江陵望山一號墓竹簡

望山墓地在湖北省江陵縣裁縫鄉境內，東南去荊州城約18公里，去紀南城約7公里。1965年10月至次年元月，漳河水利工程總部文物考古工作隊發掘包括望山一、二號墓在內的一批墓葬。一號墓方向東偏南10度，有一條墓道。墓坑底部長6.5公尺，寬4.2公尺，深8.4公尺。葬具為一槨二棺，槨室分頭廂、邊廂、棺室三部分。槨內有積水。墓主

① 湖南省文物考古研究所：《湖南考古漫步》，湖南美術出版社1999年版，第52頁。
② 張春龍：〈慈利楚簡概述〉，載《新出簡帛研究》，文物出版社2004年版。
③ 湖南省文物考古研究所：《里耶發掘報告》，嶽麓書社2006年版，第180頁。

為25—30歲的男性。

竹簡出於邊廂（南室）東部。由於積水的浮動和器物的疊壓，出土時均已殘斷，散存於破碎器物的殘渣中，出土時呈深褐色。殘簡多為10公釐上下，最長的39.5公釐[1]，最短的1公釐，寬1公釐左右，厚約0.1公釐。經拼接，竹簡總數約207枚，最長的為52.1公釐。有報導指出：從殘存的痕跡判斷，竹簡有三道契口。上面一道距頭端約17.5—18公釐，下面一道距尾端約16—16.2公釐，中間一道與上下二道等距。出土時有的契口上還帶有絲線[2]。由於這種契口格局與楚簡常見者不符，因而有學者對此表示懷疑，認為實只有上下二道。復原的完整長度則當在60—70公釐之間[3]。竹簡内容是卜筮禱祠記錄。從竹簡得知，墓主為楚悼王曾孫，大約生活在楚懷王前期。

《文物》1965年第5期發表湖北省文化局文物工作隊〈湖北江陵三座楚墓出土大批重要文物〉一文，刊有部分竹簡的照片和摹本[4]。1995年，商承祚先生《戰國楚竹簡彙編》刊載有竹簡的絕大部分照片和摹本。據云：「第一批清理出的殘簡，有照片的四百二十支，後又陸續清理出殘簡十三支，有照片的七支，合編四百三十三號。據簡文文例，字體風格及編組跡象等情況，加以綴合拼復，編為一百六十七號，簡首二十三，簡足二十六。」其綴合或有不確，使用時需注意[5]。同年，湖北省文物考古研究所與北京大學中文系在中華書局出版《望

① 這是簡報和正式報告給出的資料。商承祚先生指出最長一簡為42.5公釐（《戰國楚竹簡彙編》第223頁）。依報告圖版，所指似是9號簡。

② 湖北省文物考古研究所：《江陵望山沙塚楚墓》，文物出版社1996年版，第109頁；湖北省文物考古研究所、北京大學中文系：《望山楚簡》，中華書局1995年版，第5頁。

③ 淺原達郎：《望山一號墓竹簡的復原》。整理者所說拼接後最長的52.1公釐，當是指1號簡（由出土號293、86、323、45、18五段拼成）。此簡下部「悼固」二字之間，有一道墨蹟，疑是下面一道編痕。其上約44.7公釐，加上編繩以下16.5公釐，得61.2公釐。商承祚先生說：「第七二號簡為整簡，長六十公釐，書四十字。」（《戰國楚竹簡彙編》第223頁）從文例看，這一綴合是有問題的。淺原氏業已指出。

④ 據《望山楚簡》譚維四先生序，摹本系羅福頤先生所作。

⑤ 參看前揭淺原氏文。

山楚簡》，刊有全部竹簡的照片、摹本、釋文和考釋①。其中竹簡的綴合和研究是由朱德熙、裘錫圭、李家浩先生完成的。與商氏的工作相比，朱德熙諸氏的綴合更為審慎，但其中仍有進一步推敲的餘地②。次年，湖北省文物考古研究所在文物出版社出版《江陵望山沙塚楚墓》，基本包括上書摹本之外的内容③。《楚地出土戰國簡冊〔十四種〕》刊有許道勝教授所作釋文和注釋④。

二、江陵望山二號墓竹簡

墓葬在望山一號墓之北100餘公尺處，發掘時間同上。朝向東偏南4度。有一條墓道。墓坑底部長5.75公尺，寬3.3公尺，深6.69公尺。葬具為一槨三棺，槨室分頭廂（東）、邊廂（南）和棺室。曾被盜。墓主是一位50歲以上的女性。

竹簡出於邊廂上層。出土時已散亂、殘斷，有些斷片掉落到邊廂底部。經拼接共有66枚，其中完整的5枚，其餘有簡首的13枚，有簡足的6枚。5枚整簡長63.7—64.1公釐，寬6—7公釐，厚0.1—0.16公釐。竹黃右側有兩道三角形契口，上部契口離頂端約17—17.5公釐，下部契口離底端約14.8—15公釐。出土時契口上附有絲線。文字書寫於竹黃一面。内容是喪葬記錄。

竹簡資料的著錄情形與望山一號墓竹簡相同。商承祚氏《戰國楚竹簡彙編》有67個編號，除最後一號為空白簡外，其他編序也與朱德

---

① 其凡例云：「初稿完成後，曾根據原簡對釋文進行了核對，有些圖版竹簡照片不清楚的字，釋文是根據原簡釋寫的。圖版竹簡照片是由尺寸不同的兩套照片湊成的，與竹簡摹本長短不一致，因此作了一些技術上的處理。」這段話寫在1、2號墓釋文與注釋之前，應兼指二墓所出竹簡的情形。

② 第55號簡由出土號為116、312、386、258四段綴合而成。其中第258號可能屬誤綴。參看陳偉：〈望山楚簡所見的卜筮與禱祠〉，載《江漢考古》1997年第2期。又上揭淺原氏文指出還有8枚簡應兩兩綴合，即40與54、41與47、64與65、39與62。

③ 將二書粗略比較，前者「補正」第六條為後者所無。

④ 陳偉主編：《楚地出土戰國簡冊〔十四種〕》，經濟科學出版社2010年二印本，第270—286頁。

熙諸氏不同。《楚地出土戰國簡冊〔十四種〕》刊有許道勝教授所作釋文和注釋[①]。

三、江陵藤店一號墓竹簡

墓葬位於湖北省原江陵縣藤店公社藤店大隊，東南去紀南城約9公里，去荊州城約23公里，東北至紀山寺約4公里。1973年3月由荊州地區博物館發掘。墓葬朝向90　，有一條墓道。墓坑底部長4.85公尺，寬3.05公尺，殘深6.6公尺。葬具用一槨二棺，分出頭廂（東）、邊廂（南）和棺室。槨室有積水。出土文物中有「越王州句劍」。

竹簡放在邊廂西部，均殘斷散落。共24枚，47字。殘片最長18公釐，寬0.9公釐。字數最多的有7字。簡報刊有7枚竹簡的照片，極不清晰[②]。內容為遣策。

四、江陵天星觀一號墓竹簡

墓葬位於湖北省原江陵縣觀音墦公社五山大隊境內，東臨長湖，西去紀南城約30公里。清代曾在墓葬封土上建有名為「天星觀」的道觀，因而得名。1978年1—3月，荊州地區博物館發掘。朝向南偏西5　，有一條墓道。墓坑底部長13.1公尺，寬10.6公尺，深12.2公尺。葬具為一槨三棺，分出7室，即南東室、南西室、東南室、東北室、北室、西室和中室（棺室）。7室中有6室曾被盜，只有北室倖免。墓主是一位楚國的封君——邸陽君番乘。他祭祀「番先」而不是楚先公先王，是一位異姓貴族。

竹簡出於西室。一部分夾在漆皮中，壓在兵器杆下，被盜墓者踩斷。一部分放在竹笥內，保存較好。整簡70餘枚，其餘殘斷，共約4500字。文字一般書於竹黃一面，不留天頭。整簡長64—71公釐，寬0.5—0.8公釐。簡的左側上下各有一個三角形契口。竹簡內容有兩種，

---

① 陳偉主編：《楚地出土戰國簡冊〔十四種〕》，經濟科學出版社2010年二印本，第287—300頁。
② 荊州地區博物館：〈湖北江陵藤店一號墓發掘簡報〉，載《文物》1973年第9期。

第一章　發現與研究

即喪葬記錄與卜筮禱祠記錄。從披露的資料看，卜筮禱祠簡保存較好，似當是出於竹笥的那一部分。

墓葬清理後不久，出土竹簡的情形即見於報導[①]。《考古學報》1982年第1期，刊發湖北省荊州博物館〈江陵天星觀一號楚墓〉，對竹簡作有簡單介紹，附有兩枚竹簡的照片（喪葬與卜筮禱祠記錄各一）。其後，王明欽先生在其學位論文中，錄有161枚卜筮禱祠簡的摹本[②]。黃錫全先生在其著作中錄有3枚完整的卜筮禱祠簡的照片和釋文[③]。滕壬生先生在《楚系簡帛文字編》中在相關字頭下引述字形和辭例，並公佈了4枚卜筮禱祠簡的照片[④]。晏昌貴先生對滕先生引述的辭例輯錄、校理，從而得以知其大概[⑤]。

五、隨州曾侯乙墓竹簡

曾侯乙墓位於湖北省隨州市西北郊擂鼓墩附近的東團坡上，水在其東南不遠處匯入溳水。編號為擂鼓墩一號墓。當地駐軍建房時發現，1978年5、6月，隨縣擂鼓墩古墓考古發掘隊進行發掘。墓坑鑿在岩石上，平面呈不規則多邊形。發現時墓口東西最長處21公尺，南北最寬處16.5公尺。槨室分為4部分，即北室、東室（棺室）、中室和西室，墓主用棺有內外二重，頭向南。從隨葬器物上的銘刻看，墓主是附屬於楚的小國曾國的國君——曾侯乙。

竹簡出於北室，與兵器、皮甲等放在一起，共240枚。因編繩朽斷，墓內積水，出土時已散亂，絕大部分在北室西北部成兩堆上下疊壓著，另有少部分漂落在北室中間偏西處。竹簡保存基本完好，斷簡

① 荊州地區博物館：〈江陵天星觀一號楚墓出土大批楚簡〉，載《光明日報》1978年7月23日。
② 王明欽：《湖北江陵天星觀楚簡的初步研究》，北京大學碩士學位論文，1989年5月，導師高明教授。
③ 黃錫全：《湖北出土商周文字輯證》，武漢大學出版社1992年版，圖版一七九。
④ 滕壬生：《楚系簡帛文字編》，湖北教育出版社1995年版，第1171—1175頁。
⑤ 晏昌貴〈天星觀「卜筮祭禱」簡釋文輯校〉，載《楚地簡帛思想研究（二）》，湖北教育出版社2005年版；修訂稿刊於簡帛網2005年11月2日。

多可拼接，整理時編為215個號。整簡長度一般為70—75公釐，寬1公釐左右。從編痕判斷，編繩有上下兩道。除1號簡兩面書寫外，皆寫於竹黃一面。書寫從頂端開始，不留天頭。字數最多的一簡書有62字。共計6000多字。內容為喪葬記錄。同墓還出有3枚寫有文字的竹簽①。在一些銅器和石磬上，也有較多的文字資料。

《文物》1979年第7期，發表隨縣擂鼓墩一號墓考古發掘隊〈湖北隨縣曾侯乙墓發掘簡報〉，刊有一幅竹簡的照片。1989年，文物出版社出版湖北省博物館編《曾侯乙墓》一書，刊載有全部竹簡及竹簽的照片。照片品質不夠好，圖版欠清晰②。1997年，臺灣藝文印書館出版由張光裕、滕壬生、黃錫全先生主編的《曾侯乙墓竹簡文字編》，附有黃有志先生據原簡照片所作的摹本和釋文③。《楚地出土戰國簡冊〔十四種〕》刊有蕭聖中博士所作釋文和注釋④。

六、江陵九店56號墓竹簡

九店墓地位於紀南城東北約1.2公里處，南去荊州城約8.5公里，原屬九店公社雨臺大隊，現屬紀南鄉雨臺村。1978年江陵九店公社磚瓦廠（現名紀南第二磚瓦廠）取土發現墓葬，1981年5月至1989年底，湖北省博物館江陵工作站進行發掘，共清理東周墓596座，56號、411號、621號三墓出有竹簡⑤。56號墓是在1982年1月清理的⑥。朝向東偏南14　，墓坑底部長2.5公尺，寬0.76—0.85公尺，殘深1.18公尺。葬具僅

① 有一枚簽牌是蕭聖中博士在作楚簡攻關專案拍照時發現。
② 編號為「1背」的1號簡背面未見文字，形制亦與「1正」有異，據說並不是1號簡背面的照片。又聞照片是用紅外膠卷和普通相機拍成，效果不佳。
③ 摹本亦缺1號簡背面。
④ 陳偉主編：《楚地出土戰國簡冊〔十四種〕》，經濟科學出版社2010年二印本，第340—373頁。
⑤ 令人關心的是，《江陵九店東周墓》所述出簡之墓尚有411號，但未公佈照片和釋文。而在《九店楚簡》中，只說56、621二墓出有竹簡。
⑥ 56號墓清理時間，看李家浩：〈對李零先生考釋楚國文字「娩」、「就」二字 的有關問題的幾點說明〉，簡帛研究網2002年5月14日。

使用一棺，但製作用工和用材的厚度在同類墓中均為上乘。墓坑的頭端（東）和北側各鑿有一個壁龕，高度與棺口相當。龕內放置隨葬品，竹簡與文具、兵器一起放在北龕中，繫成捲入葬，內裹墨水匣和削刀。

竹簡共205枚，完整和較完整的35枚。整簡長46.6—48.2公釐，寬0.6—0.8公釐，厚0.1—0.12公釐，有編痕三道。文字寫在竹黃一面，頂格書寫，不留天頭。字數約2700個。內容可分為15組，第1組所記似與農產品有關，其他均為日書。按照李家浩先生的意見，分「建除」、「叢辰」、「成日、吉日和不吉日宜忌」、「五子、五卯和五亥日禁忌」、「告武夷」、「相宅」、「占出入盜疾」、「太歲」、「十二月宿位」、「往亡」、「移徙」、「裁衣」、「生、亡日」等13篇。

1995年，科學出版社出版由湖北省文物考古研究所編著的《江陵九店東周墓》一書，公佈了全部竹簡的照片和李家浩先生所作釋文。經綴合，竹簡共158個號。2000年，湖北省文物考古研究所與北京大學中文系合編的《九店楚簡》由中華書局出版，再次發表全部照片和李家浩先生所作的釋文、考釋。由於編連的改進，竹簡共146個號。簡號及各號中分合，與《江陵九店東周墓》所錄往往有異。《九店楚簡》「凡例」指出：「五六號墓圖版竹簡照片是按實物原大拍攝的，但9號、11號、44號、52號等竹簡照片因故是用小照片補配的，所以跟其他竹簡大小不統一。」「釋文初稿是在竹簡清理時根據原簡寫的，後來又根據照片和原簡作了修訂，有些圖版竹簡照片不清楚的字，釋文是根據原簡釋出的。」這些說明，對先前公佈的照片圖版，想必也是適用的。大概是因為製版的原因，前者的版面顏色較深；後者較淺，字跡顯得清晰一些。《楚地出土戰國簡冊〔十四種〕》刊有李家浩、白于藍先生修訂的釋文和注釋[1]。

---

① 陳偉主編：《楚地出土戰國簡冊〔十四種〕》，經濟科學出版社2010年二印本，第301—333頁。

七、九店621號墓竹簡

墓葬朝向南偏西19　。墓坑底部長3.86公尺，寬1.9公尺，深3.24公尺。葬具為一槨一棺。隨葬品放在棺槨間的南端及東西兩側，竹簡即與兵器等置於南側。

竹簡共127枚，均殘斷。字跡比較清楚的34枚，不清楚的54枚，無字的39枚。最長的22.2公釐，寬0.6—0.7公釐，厚0.1—0.13公釐。有編痕。內容為書籍。

竹簡資料的刊佈過程與九店56號墓相同。《江陵九店東周墓》中的釋文由彭浩先生所作，《九店楚簡》中的由李家浩先生所作。《楚地出土戰國簡冊〔十四種〕》刊有李家浩、白于藍先生修訂的釋文和注釋[①]。

八、江陵秦家嘴1、13、99號墓竹簡

1986年5月至1987年6月，荊沙鐵路考古隊在紀南城東側、江陵廟湖魚場所轄的秦家咀發掘楚墓105座。在1、13、99號墓中出有竹簡41枚。這三墓都是有墓道的一槨一棺墓。

1號墓的竹簡出於邊廂的底層，其上是垮塌的分板和車馬器。竹簡均殘斷，共7枚，有「祈福於王父」等字樣。應是卜筮禱祠記錄。

13號墓槨室內積有淤泥，竹簡出於邊廂近頭廂一端的底層。簡上堆積著淤泥。簡均殘斷，共18枚。有「占之曰吉」等字樣。內容應與1號墓所出相同。

99號墓槨室內盛滿清水，竹簡分兩處放置。一部分在邊廂後端的底層，一處散在棺室後端。均殘斷，共16枚。內容兼有卜筮禱祠記錄與喪葬記錄。

荊沙鐵路考古隊〈江陵秦家咀楚墓發掘簡報〉（《江漢考古》

---

① 陳偉主編：《楚地出土戰國簡冊〔十四種〕》，經濟科學出版社2010年二印本，第334—337頁。

1988年第2期）對墓葬和竹簡的出土情形作有一些介紹。滕壬生先生在《楚系簡帛文字編》中相應字頭下，錄有這三墓所出竹簡的簡文字形和辭例。晏昌貴先生對滕先生引述的辭例輯錄、校理，從而得以知其大概[①]。

九、荊門包山二號墓竹簡

包山墓地位於湖北省荊門市十里鋪鎮王場村的包山崗地，北去十里鋪鎮約3公里，南去紀南城約16公里。1986年11月至1987年1月發掘。二號墓朝向為東偏南3　　，有一條墓道。填土中有盜洞，但未進入槨室。墓坑底部長7.8公尺，寬6.85公尺。葬具為二槨三棺，分五個槨室：東室、南室、西室、北室和中室（棺室）。發掘前鑽探時，墓內有甲烷氣體外溢。槨室內積水深1.54公尺。水的pH值東室為7，其他各室為6，即中性偏酸。

出土竹簡408枚，其中有字簡278枚，12400多字；竹牘一枚，154字。竹簡內容分為三類，即文書、卜筮禱祠記錄和喪葬記錄。北室288枚，分兩束交疊放置於中部近北牆處。其中一束231枚（含空白簡35枚）為文書簡，位置稍偏東；一束57枚（含3枚空白簡），為卜筮禱祠記錄。西室135枚，放在位於南端的兩件銅盤之上，除一枚背部寫有文字外，餘皆空白。這一枚有字簡編號為278，內容似亦為文書。喪葬類竹簡分別出於六處。東室三處，共8枚（251—258號簡），記敘「食室」所放器皿和食物。南室二處，共17枚。其中15枚（含空白簡4枚）放在西南部355號車壁皮飾之上，編號為267—277，主要記敘「用車」。2枚（265—266號簡）出於東部底層，所記則是放在東室的「大兆（庖）之金器」、「木器」。西室一處6枚（259—264號簡），置於北端底部，記敘「相徙之器」。竹牘出於南室381號馬甲之中。

---

①　晏昌貴：〈秦家嘴「卜筮祭禱」簡釋文輯校〉，載《湖北大學學報》2005年第1期。

書寫文書和卜筮禱祠記錄的竹簡，製作較為細緻，喪葬記錄簡則相對粗糙。竹簡厚0.1—0.15公釐。文書簡長度多在64—69.5公釐之間 [1]，但記錄「貸金」的103—119號簡則只有55公釐左右。文書簡寬度為0.6—1.1公釐。卜筮禱祠簡長度大致有三種，一種在67.1—67.8公釐之間，一種在68.1—68.5公釐之間，一種在69.1—69.5公釐之間；寬度基本在0.7—0.95公釐之間。喪葬記錄簡長度大致有二種：出於東室記述「食室」器皿和食物的竹簡長度為64.8—68公釐，出於南室、記述「用車」與「大卯（庖）」之器的兩組簡長度則在72.3—72.6公釐。出於西室、記述「相徙之器」的一組簡殘斷，原簡長度不明。竹黃一側的邊緣，大部分刻有契口。文書簡與卜筮禱祠簡的契口作上下二道，上口至頂端為17—20.6公釐，下口至底端為15—17.5公釐。喪葬類簡契口的情形不大一致。南室所出二組13枚有字簡，均作上中下三道。上口至頂端1.5—1.7公釐，下口至底端1.6—1.8公釐，中口大約在正中。其他喪葬類簡，只有255號簡有契口的報導，開二道契口，上口至頂端20.2公釐，下口至底端19.2公釐。文字主要書於竹黃一面，少數簡的竹青一面也書有文字。南室所出二組簡在簡首和簡尾分別留有1.5—1.7公釐、1.6—1.8公釐的空白，其他簡均頂格書寫，不留天頭、地腳。少數簡背面有刻刀割出的斜線，或墨筆畫出的墨線，相鄰的簡有的可據此依次編連，有的則互不相關。這些線道可能是在編連之前做的某種記號。

竹牘的規格未見報道，就圖版量度，長約48.5公釐，寬約2公釐。是取竹筒的大約半個剖面做成，竹青一面削出三個平面，自上而下寫滿三行字，未盡部分轉到背面書寫。這種形式其實更像是觚 [2]。

根據卜筮禱祠簡記載，可知墓主叫昭佗，為昭王后嗣，在楚懷王

---

[1] 報告稱62—69.5公釐，前一個數值似有誤。

[2] 《急就篇》卷一：「急就奇觚與眾異。」顏師古注：「觚者，學書之牘，或以記事，削木為之，蓋簡之屬也……其形或六面，或八面，皆可書。觚者，棱也，以有棱角，故謂之觚。」

前期擔任左尹。生前曾處理司法、行政事務，留下一些檔案，在患病期間多次貞問致病的鬼祟以及解除的儀式，在西元前316年（懷王十三年）不治身亡。

包山二號墓的資料，最先見載於《江漢考古》1987年第2期所刊荊沙鐵路考古隊〈荊門市包山大塚出土一批重要文物〉一文，介紹了竹簡的基本情況，並發表兩枚卜筮禱祠簡的局部照片。1988年，《文物》第5期發表包山墓地竹簡整理小組所撰〈包山二號墓竹簡概述〉，對竹簡作有比較全面的介紹，並刊發文書簡兩枚。1991年，文物出版社同時出版由湖北省荊沙鐵路考古隊編撰的《包山楚墓》和《包山楚簡》，二書都載有全部竹簡照片的圖版、釋文與考釋以及字表。其中圖版部分，大概是由於印刷中技術原因，同一枚簡的對比度、清晰度或有不同，可對照著看。竹簡的釋文、考釋由劉彬徽、彭浩、胡雅麗、劉祖信四人分工負責，釋文由劉彬徽先生通筆，考釋由彭浩先生定稿。《楚地出土戰國簡冊〔十四種〕》刊有陳偉和胡雅麗研究員、劉國勝博士所作的釋文、注釋①。

十、江陵磚瓦廠370號墓竹簡

1992年，荊州博物館考古工作隊在荊州城西1.5公里處的江陵磚瓦廠，清理一座楚墓，編號為370。出土殘斷的竹簡6枚。其中4枚書有文字，其長度分別為62.4、61.1、45.5、17.4公釐，前二枚似為整簡。內容為司法文書。

資料最先見於滕壬生先生《楚系簡帛文字編》相關字頭下的引述，而序言介紹竹簡的性質是「卜筮祭禱記錄」。陳偉對這些辭例進行綴連，大致復原出4條簡文，指出其性質實為司法文書②。後滕壬生、黃錫全先生合撰《江陵磚瓦廠M370楚墓竹簡》，發表竹簡摹本與

---

① 陳偉主編：《楚地出土戰國簡冊〔十四種〕》，經濟科學出版社2010年二印本，第1—137頁。

② 〈楚國第二批司法簡芻議〉，載《簡帛研究》第3輯，廣西教育出版社1998年版。

釋文，亦稱簡文內容屬司法文書類[1]。

十一、黃州曹家崗五號墓竹簡

曹家崗墓地在黃岡市黃州區禹王辦事處汪家沖村，地當黃州市東北，北去禹王城1公里，黃州至團風公路在其西側通過。1992年12月至次年4月，黃岡市博物館會同黃州區博物館，發掘9座楚墓。五號墓有一條墓道，朝向東偏北12。墓底長4.16公尺，寬3.44公尺，殘深6.56公尺。葬具為一槨三棺，槨室分作頭廂（東）、邊廂（南）和棺室（北）。槨室積滿清水。墓主為女性。

邊廂隨葬品中有一竹笥，出於鼎、盒、壺等青銅器的夾縫處，笥內盛有竹簡7枚。竹簡製作較粗糙。長12.8—12.9公釐，寬0.7—0.75公釐，厚0.15公釐。簡的近兩端處的右側有一三角形契口。有的契口處可見橫向絲織物朽痕，寬0.1公釐，當為編痕。字數少者2字，多者10字，共40字，均在竹黃一面，頂格書寫。是記錄隨葬品的清單。

《考古學報》2000年第2期，刊載由上述二發掘單位合署的報告〈湖北黃岡兩座中型楚墓〉。錄有全部竹簡的照片和釋文。《楚地出土戰國簡冊〔十四種〕》刊有劉國勝博士所作釋文和注釋[2]。

十二、湖北荊門郭店一號墓竹簡

郭店墓地位於湖北省荊門市沙洋區四方鄉郭店村一組，南去紀南城約9公里，207國道在其東側約1公里處通過。1993年8月與10月，郭店一號墓（俗稱塌塚子）一再被盜。10月中下旬，荊門市博物館進行搶救性清理。墓葬朝向東偏南10度，有一條墓道。墓底長3.4公尺，寬2公尺，深7.44公尺。葬具為一槨一棺，槨室分作頭廂（東）、邊廂（南）

---

① 李學勤、謝桂華主編：《簡帛研究二〇〇一》，廣西師範大學出版社2001年版。不過，滕壬生先生《楚系簡帛文字編》湖北教育出版社2008年增訂本「前言」仍稱是「卜筮禱祠記錄」。疑是沿前而誤。
② 陳偉主編：《楚地出土戰國簡冊〔十四種〕》，經濟科學出版社2010年二印本，第338—339頁。

和棺室（北）。墓中出土一件帶有刻銘的漆耳杯，發掘者釋為「東宮之不（杯）」。李學勤先生改釋為「東宮之帀（師）」，以為墓主曾任楚太子的師傅[①]。

　　竹簡804枚，出於頭廂。因編繩朽爛，散亂無序。其中有字簡731枚。內容均為古書。竹簡長度有多種規格，最長的一種為32.5公釐左右，其次有30.6公釐、28.1—28.3公釐、26.4—26.5公釐、17.5公釐左右，最短的一種只有15.1—15.2公釐。同一種書採用同一長度的竹簡，不同的書竹簡長度或有不同。兩端有的書作平頭，有的則削成梯形。寬度在0.45—0.65公釐之間。竹簡上都有契口。長度為17.5公釐左右的竹書以及長度為15.1—15.2公釐的竹書中的一種，有上中下三道契口，其中上下二道接近邊緣。其他竹書的契口均為上下二道，契口至兩端有一定距離。在出土後一段時間內，在有的契口處仍見有白色編繩的殘存。

　　《文物》1997年第7期，湖北省荊門市博物館發表墓葬報告〈荊門郭店一號楚墓〉，介紹了竹簡概況，刊出一版比較模糊的竹簡照片。1998年，文物出版社出版荊門市博物館編著《郭店楚墓竹簡》一書，公佈了730枚竹簡的照片圖版和釋文、注釋。參加釋文工作的有彭浩、劉祖信、王傳富。竹書的綴連和注釋由彭浩、劉祖信承擔。全書的編寫工作由彭浩負責。裘錫圭先生對書稿進行了審訂，綴合了一些殘簡，對多篇簡文的排序和部分簡文的分篇進行了調整，對釋文和注釋也提出意見。裘先生的意見以「裘按」的形式收在注釋中。根據整理者的處理，郭店竹書分為《老子》甲乙丙三組、《太一生水》、《緇衣》、《魯穆公問子思》、《窮達以時》、《五行》、《唐虞之道》、《忠信之道》、《成之聞之》、《尊德義》、《性自命出》、

①　李學勤：〈荊門郭店楚簡中的〈子思子〉〉，載《中國哲學》第20輯（《郭店楚簡研究》），遼寧教育出版社1999年版。

《六德》、《語叢一》—《語叢四》，共有18篇簡書。其中《老子》和《太一生水》為道家文獻，《語叢四》帶有縱橫家色彩，其他各篇為儒家文獻。

由於採用八開本，即使是最長的竹簡，也能完整地以原大刊印。同年稍後，科學出版社出版崔仁義先生《荊門郭店楚簡〈老子〉研究》，將《郭店楚墓竹書》中的《太一生水》和《老子》丙組合為一種，收有相當於上書前四篇的竹簡照片，亦作有釋文和考釋。與上書相比，其圖版似更清晰。在此之後，還有幾起小的發現。一是1999年10月，出席武漢大學主辦的郭店楚簡國際學術研討會的學者前往荊門市博物館參觀，在觀摩竹簡實物時，發現《五行》36號簡背面有一「解」字。此簡正面對應之字較怪，帛書《五行》則作「懈」。此字的發現有助於正面簡文的理解①。二是荊門市博物館在對竹簡進行養護時，發現一枚先前公佈時遺漏的簡。竹簡長17.7公釐，寬0.5公釐，兩端平齊，三道編繩，上書九字：「從所少好，與所少樂，損。」這與《語叢三》9—16號簡內容相關，應補入②。三是在《成之聞之》、《尊德義》幾支簡的背面發現有幾個數字③。《楚地出土戰國簡冊〔十四種〕》刊有李天虹、彭浩、劉祖信、龍永芳先生修訂的釋文、注釋④。

十三、其他幾批待發表楚簡

目前已知待發表的楚簡還有如下幾批：（1）1990年至1992年，荊州博物館在宜黃公路仙（桃）江（陵）段作考古發掘，在紀南城與郢城之間的雞公山清理一批楚墓。其中48號墓出有喪葬類竹

① 李零：《郭店楚簡校讀記》，北京大學出版社2002年版，第83頁。
② 龍永芳：〈郭店遺簡〉，載《中國文物報》2002年5月3日。
③ 劉祖信、鮑雲豐：〈郭店楚簡背面記數文字考〉，載《新出楚簡國際學術研討會會議論文集（郭店 其他簡卷）》，武漢大學2006年6月。
④ 陳偉主編：《楚地出土戰國簡冊〔十四種〕》，經濟科學出版社2010年二印本，第138—269頁。

簡[1]。（2）1992年，在湖北老河口市兩座楚墓中發現有喪葬類竹簡，為喪葬記錄[2]。（3）1993年，湖北江陵范家坡27號墓出土竹簡1枚，為卜筮禱祠記錄[3]。（4）2009年，武漢市文物考古研究所在江夏縣兩座楚墓中發現竹簡，內容有卜筮禱祠記錄和遺冊。（5）2010年，湖北省文物考古研究所在沙洋嚴倉獾子塚發掘一座大型楚墓，出土竹簡數百枚，內容有文書、卜筮禱祠記錄和喪葬記錄。從卜筮簡可知，墓主是曾見於包山二號墓竹簡的大司馬悼滑。

第三節　河南省境的發現

一、信陽長臺關一號墓竹簡

長臺關墓地位於河南省信陽市北20公里的長臺關西北小劉莊後的土崗之上、淮河西岸，京廣鐵路在其東面通過。1956年春，農民打井時發現墓葬，取出一些器物。次年3月，河南省文化局文物工作隊會同地方政府著手發掘，5月結束。墓葬朝向東偏南12度，有一條墓道。墓坑底部長9.7公尺，寬7.35—7.6公尺，深約10公尺。採用二槨三棺，分作7個槨室，即前室（東）、左側室（西北）、左後室（北）、右側室（南）、右後室（西南）、後室（西）、棺室（中）。

竹簡有二組。第1組出於前室靠近墓道處，119枚。由於農民打井時踐踏，已全部殘損。殘存最長者33公釐，寬約0.7—0.8公釐，厚0.1—0.15公釐。據編痕推算，原長約45公釐，約書30字。兩端和中間有三道黃色絲線編連。字寫在竹黃一面，上下約留1公釐空白。內容為古代書籍。

---

① 　張緒求：〈宜黃公路仙江段考古發掘工作取得重大收穫〉，載《江漢考古》1992年第3期。
② 　陳振裕：〈湖北楚簡概述〉，載《簡帛研究》第1輯，法律出版社1993年版。
③ 　滕壬生：《楚系簡帛文字編　序言》，湖北教育出版社1995年版，第9頁。

第2組出於左後室，29枚。保存較完整。簡的兩端折裂較多，相應的文字也較模糊。長68.5—69.5公釐，寬0.5—0.9公釐，厚0.1—0.15公釐。據清理者觀察，簡的上下分別捆編有0.4公釐寬的黑色絲帶。上面一道距頭端18公釐，下面一道距尾端15.5公釐。在簡的背面往往削有一契口。頂格書寫，字數最多的一簡有48字，最少的為16字。有的簡上有削痕。如2-028，中間即削去幾個字。內容為喪葬記錄。

《文物參考資料》1957年第9期刊載河南省文化局文物工作隊第一隊〈我國考古史上的空前發現、信陽長臺關發掘一座戰國大墓〉一文，發表了竹簡照片。1959年，河南省文化局文物工作隊所編《河南信陽楚墓出土文物圖錄》由河南人民出版社出版，也刊載有這些竹簡的照片。1986年，河南省文物研究所在文物出版社出版《信陽楚墓》，公佈了這批竹簡較為清楚的照片。因版面長度的關係，長簡分剪作二至四段。同書還刊有劉雨先生所作的釋文與考釋。1994年，郭若愚先生《戰國楚簡文字編》刊出第2組竹簡摹本，係以《文物參考資料》所用底片的放大照片為准①。商承祚先生1995年出版的《戰國楚簡彙編》，含有全部竹簡的照片和摹本。因採用八開本的篇幅，只有第二組中的竹簡需要截為兩段。《楚地出土戰國簡冊〔十四種〕》刊有劉國勝博士所作釋文和注釋②。

二、新蔡平輿君墓竹簡

墓葬位於河南駐馬店市新蔡縣李橋鎮葛陵村東北，東南去縣城25公里，西南緊鄰葛陵故城。曾多次遭到盜掘。1994年5月，河南省文物考古研究所等單位聯合進行發掘，墓葬編號94XGM1001。墓葬朝向東偏南13　，有一條墓道。墓坑底部長13.4公尺，寬11.7公尺，深9.6公尺。葬具二槨二棺，槨室分作5部分，即棺室和東南西北四

① 郭若愚：《戰國楚簡文字編》，上海書畫出版社1994年版，第61頁。
② 陳偉主編：《楚地出土戰國簡冊〔十四種〕》，經濟科學出版社2010年二印本，第374—393頁。

第一章　發現與研究

室。據兵器銘文和竹簡記載，墓主為楚封君坪夜（平輿）君成，也是楚昭王之後，與包山二號墓的墓主昭佗出於一系。據考證，平輿君成是楚昭王之孫，下葬年代在悼王元年（前401年）到悼王七年（前395年）之間①。

竹簡出於南室東南部，已被盜擾，散亂殘斷。出土時總計1500多枚。竹簡寬度一般為0.8公釐，窄者0.6公釐，寬者1.2公釐，復原長度最長的約55公釐。文字多書於竹黃一面，少數書於竹青一面。絕大多數單面書寫，極少數背面有字。內容主要有三類：卜筮禱祠記錄、祝冊和記載祭禱的簿籍。

《文物》2002年第8期，發表河南省文物考古研究所、河南省駐馬店市文化局、新蔡縣文物保護管理所合署的〈河南新蔡平夜君墓的發掘〉，介紹了墓葬和竹簡的情形，並附有一版10枚竹簡的照片和其中部分簡的釋文、考釋。2003年，大象出版社出版河南省文物考古研究所編撰的《新蔡葛陵楚墓》，公佈了全部竹簡圖版和賈連敏先生撰寫的釋文。《楚地出土戰國簡冊〔十四種〕》刊有彭浩、賈連敏先生所作的釋文、注釋②。宋華強先生《新蔡葛陵楚簡初探》則作有分類釋文。

三、信陽長臺關七號墓竹簡

2002年末，河南省文物考古研究所與信陽市文物部門，對瀕臨破壞的長臺關七號墓進行搶救發掘。該墓有一條墓道，方向100 。墓室殘存上口長13.6公尺、寬12.35公尺，自上口至墓底最深處約5公尺，原有深度應在10公尺以上。葬具為三槨二棺。外槨室分為七個單元。除右側室和左右後室保存完好外，其他槨室均遭盜擾。出土各類器物700

---

① 宋華強：《新蔡葛陵楚簡初探》，武漢大學出版社2010年版，第121—135頁。
② 陳偉主編：《楚地出土戰國簡冊〔十四種〕》，經濟科學出版社2010年二印本，第394—466頁。

多件。左側室出土一組竹簡。詳情待報導 [1]。

第四節　由古物市場購藏的簡冊

一、香港中文大學購藏竹書

1989至1994年間，香港中文大學文物館收購入藏戰國至東晉簡牘7批240枚。其中戰國楚簡10片，內容是古書，有的與上海博物館藏戰國楚竹書有關。如1號簡與《緇衣》9號簡綴合，2號簡與《周易》連讀，3號簡與《子羔》12號簡綴合 [2]。這顯示香港中大收藏的這些楚簡與上海博物館收藏的楚簡出自同一來源 [3]。

饒宗頤先生所撰《緇衣零簡》，較早刊載了1號簡的放大照片，並作有釋文和研究 [4]。內容為《周易》的2號簡，饒先生亦有論文談到 [5]。1999年，陳松長先生應邀前往整理，編著的《香港中文大學文物館藏簡牘》於2001年由香港中文大學文物館刊佈，刊載了10枚楚簡的原大彩色照片和釋文、考釋。

二、上海博物館藏楚竹書

1994年，香港古玩市場出現一些楚簡。上海博物館通過香港中文大學張光裕教授，於當年5月和年底，購入1200餘枚。這些竹簡約35000字，包含的古書百種左右。與郭店竹書類似，各種竹書的長度亦往往不同。最短的23.8公釐，最長的57.2公釐。寬度約0.6公釐，厚度0.1—

① 陳彥堂、左超、劉維：〈河南信陽長臺關七號楚墓發掘簡報〉，載《文物》2004年第3期。
② 馬承源主編：《上海博物館藏戰國楚竹書（一）》，正文第189頁、前言第2頁；陳劍：〈上博簡《子羔》、《從政》篇的拼合與編連問題小議〉，簡帛研究網2003年1月8日。
③ 據上海博物館相應竹簡購買時間推測，香港中文大學文物館購入這批楚簡亦當在1994年。
④ 饒宗頤：〈緇衣零簡〉，載《學術集林》，上海遠東出版社1996年版。
⑤ 見陳松長《香港中文大學文物館藏簡牘》（《香港中文大學文物館藏品專刊之七》2001年刊佈）引述（第12頁）。

第一章　發現與研究

0.14公釐。編繩有的為兩道，有的為三道，長的竹簡多數三道。簡的右側開有契口，殘留的絲質編繩，有的已嵌入竹肉。文字用墨書寫，《周易》中的符號有的用朱書。這批竹簡的出土地點，傳聞是在湖北。購得時，多數竹簡和泥水膠合在一起，推測也應是出自墓葬。

竹簡的初步整理為李零教授所作。後來的整理工作，上海博物館有馬承源、陳佩芬、濮茅左、李朝遠、周亞、馬今洪諸氏參加，館外的有張光裕、李零、曹錦炎教授參加，馬承源先生主編。1997年，上海博物館書法館陳列10枚竹簡，內容涉及五篇竹書[①]。2000年8月在北京大學召開的「新出簡帛國際學術研討會」上，上海博物館展示了《孔子詩論》、《緇衣》、《性情論》三篇較長竹書的照片，馬承源先生等對內容作介紹。2001年底，《上海博物館藏戰國楚竹書》第一冊問世，以後隔一年或兩年出版一冊，至今已出版8冊。第一冊內容即在北大會議上展示的三篇。以後各冊篇目為：第二冊《民之父母》、《子羔》、《魯邦大旱》、《從政》、《昔者君老》、《容成氏》[②]；第三冊《周易》、《中弓》、《恆先》、《彭祖》；第四冊《采風曲目》、《逸詩》、《昭王毀室》、《昭王與龔之脽》、《簡大王泊旱》、《內禮》、《相邦之道》、《曹沫之陳》；第五冊《競建內之》、《鮑叔牙與隰朋之諫》、《季康子問於孔子》、《姑成家父》、《君子為禮》、《弟子問》、《三德》、《鬼神之明》、《融師有成氏》[③]；第六冊《競公瘧》、《孔子見季桓子》、《莊王既成》、《申公臣靈王》、《平王問鄭壽》、《平王與王子木》、《慎

①　廖名春云，這10簡為《武王踐阼》、《孔子閒居》、《周易》、《季桓子》、《緇衣》各2枚（廖氏撰《新出楚簡試論》，臺灣古籍出版有限公司2001年版，第259、271頁）。其中《孔子閒居》即《上海博物館藏戰國楚竹書（二）》中公佈的《民之父母》。

②　《從政》整理者分甲乙篇，陳劍先生指出實為一篇。見陳氏撰〈上博簡《子羔》、《從政》篇的拼合與編連問題小議〉，載簡帛研究網2003年1月8日；後刊於《文物》2003年第5期。

③　《競建內之》、《鮑叔牙與隰朋之諫》實為一篇，看陳劍〈談談《上博（五）》的竹簡分篇、拼合與編聯問題〉，載武漢大學簡帛網2006年2月19日。

子曰恭儉》、《用曰》、《天子建州》（甲乙本）；第七冊《武王踐阼》、《鄭子家喪》（甲乙本）、《君人者何必安哉》（甲乙本）、《凡物流形》（甲乙本）、《吳命》；第八冊《子道餓》、《顏淵問於孔子》、《成王既邦》、《命》、《王居》、《志書乃言》、《李頌》、《蘭賦》、《有皇將起》、《鶹鷅》[①]。

　　《上海博物館藏戰國楚竹書》刊佈的竹簡照片有三種，一種是按編連順序排列的彩色縮小版，一種是每簡放大3.65倍的彩版，一種是原大的黑白圖版。雖然加大了製作成本，但便於利用。

　　在這1200餘枚之外，上海博物館後來還購進一批戰國竹簡。其中據云有楚文字的字書[②]。

三、清華大學購藏楚竹書

　　清華大學戰國竹書，是2008年7月入藏的。共2388枚。這個數字包括殘斷簡，但由於整簡的比例很大，估計原有整簡約在1700枚至1800枚左右。最長的簡有46公釐，最短的10公釐左右。簡上的墨書文字出於不同書手，風格不盡一致，大多精整清晰。有少數簡上還有紅色的格線。

　　經初步整理，估計包含63篇文獻，內容包括尚書類文獻、紀年類文獻和其他一些史籍。計畫分15輯出版。其中第一輯已於2010年底由中西書局出版，包含《尹至》、《尹誥》、《程寤》、《保訓》、《耆夜》、《金縢》、《皇門》、《祭公》、《楚居》九篇。第二輯收錄《系年》138支簡，體例近似西晉初年發現的《竹書紀年》，所記

---

① 《志書乃言》除第8簡當編入第六冊《平王與王子木》之後外，其他皆當屬《王居》。參看復旦吉大古文字專業研究生聯合讀書會：〈上博八《王居》、《志書乃言》校讀〉，載復旦大學出土文獻與古文字研究中心網站2011年7月17日；沈培：〈《上博（六）》和《上博（八）》竹簡相互編聯之一例〉，載復旦大學出土文獻與古文字研究中心網站2011年7月17日；陳偉：〈上博楚竹書《王居》新編釋文〉，載武漢大學簡帛網2011年7月20日。

② 朱淵清：〈馬承源先生談上博簡〉，載《上博館藏戰國楚竹書研究》，上海書店出版社2002年版。

事件上起西周初年，下至戰國中期。寫作時間大約在楚肅王或者楚宣王時。據介紹，全篇分為23章，第一章講周衰的原因；第二章講幽王滅亡，平王東遷，鄭國的興起；第三章講秦國的興起；第四章講衛國的興起和遷徙；第五章講楚文王的興起。從第六章以下詳細敘述了晉楚等國的關係。簡文很多地方可以與古籍對照，其春秋部分與古代文獻最接近的是《左傳》。出版時間預定在2011年底 ①。

第五節　研究歷程

與竹簡的出土、刊佈相關聯，楚簡的研究大致可分為三個階段。1952—1980年為第一階段，1981—1997年為第二階段，此後為第三階段。

一、第一階段

這一階段共發現10批竹簡，分別出自長沙五里牌406號墓、仰天湖25號墓、楊家灣六號墓、信陽長臺關一號墓、江陵望山一號、二號墓、藤店一號墓、天星觀一號墓、隨州曾侯乙墓、臨澧九里一號墓。在內容上，五里牌簡、仰天湖簡、楊家灣簡、長臺關第二組簡、望山二號墓簡、天星觀簡的一部分，大致均為與喪葬有關的記錄。乃是這一時期出土竹簡的主體。其中字數較多的批次，如望山二號墓簡、天星觀簡、曾侯乙簡在這一期間尚未正式刊佈。望山一號墓簡、天星觀墓簡含有卜筮禱祠記錄，也沒有發表。長臺關一號墓還首次出有典籍簡。至於藤店一號墓和九里一號墓所出，迄今尚未刊佈。

與此相應，在1980年以前，楚簡研究實際上主要集中在20世紀50年代出土的幾批喪葬記錄簡以及信陽長臺關一號墓所出的竹書之上。

---

①　孫飛燕：〈清華大學舉行「清華簡國際學術研討會」〉，載《光明日報》2011年7月18日。

1952—1954年在長沙出土的三批資料，使人們目睹先秦竹簡的實物，一時引起轟動。其中仰天湖25號墓所出，保存較好，字跡較清楚，1954年又在北京「全國基本建設工程中出土文物展覽會」上陳列，成為關注的焦點。葉恭綽先生曾與馬衡、于省吾、麥華三先生往復討論。饒宗頤先生在1955年所撰的《戰國楚簡箋證》中寫道：「去年夏，余在日本，與東友初見之，訝為有宋以來言古文字者所未睹，相與嗟歎。」1957年信陽長臺關一號墓發掘，為喪葬記錄簡增添了一批有份量的資料；首次出土的竹書，雖然嚴重殘斷，也頗具價值。這些理所當然地引起學者的重視。處在整理之中的望山簡和曾侯乙簡，也有一些討論。

宋代以來，我國金石學持續發展。尤其是20世紀30、40年代安徽壽縣李三孤堆楚銅器群和長沙子彈庫楚帛書的發現，為楚簡文字的釋讀作了鋪墊。所以當五里牌簡發現後，即能順利讀出「金戈八」、「鼎八」等字[1]。不過，楚簡文字與金文相比，書寫上自有特點，富於變化，字形也豐富得多，釋讀過程不乏艱辛。

在仰天湖簡的討論中，羅福頤先生最先以清單的方式，釋出一、二、五、又、之、堝、新、竺、純、綃、絵、縞、縺等字[2]。稍後，史樹青、楊宗榮先生指出羅釋的一些不足，將其釋為「在」、「卒」的二字改釋為「一十」的合文及「衣」字；又新釋出箕、皆、羽、繡等字，並將「絵」正確地讀為「錦」[3]。在史樹青先生隨後出版的專著《長沙仰天湖出土楚簡研究》中，對簡文考釋又有更多的創獲。史先生未釋或誤釋的一些字，李學勤先生作有補正，如中、君、何、

① 夏鼐：〈長沙近郊古墓發掘記略〉，載《科學通報》三卷七期；《文物參考資料》1952年第2期轉載。
② 羅福頤：〈談長沙出土的戰國竹簡〉，載《文物參考資料》1954年第9期。
③ 史樹青、楊宗榮：〈讀一九五四年第九期「文參」筆記〉，載《文物參考資料》1954年第12期。文中「合文」誤作「重文」，「繡」字的簡號亦誤。史樹青《長沙仰天湖出土楚簡研究》已作更正。

馬、公、皿、樧、膩（藏）等①。饒宗頤先生釋出席、纓等字②。第12號簡第7字、即最後一字，李學勤先生釋為「中」。朱德熙、裘錫圭先生進一步證成其說，複將同簡第3字釋為「於」，第5字釋為「箪」，使得這枚簡上的文字得以通讀③。

對於隨州曾侯乙墓竹簡，裘錫圭先生指出：「在進行初步整理的過程裡，我們已經感到有不少古文字方面的問題可以依靠這批資料得到解決。」在裘先生所舉的實例中，有戟（從「羊」從「戈」或「金」）、坪、紃等字，均與簡文有關④。

中山大學的學者在對楚簡資料的系統整理中，力圖概括出楚簡文字的總體特色。指出：「由於是手寫體，文字的起筆與收筆極明顯，筆劃多彎鉤，一般都是起筆較粗重，收筆較尖細。」在結構上，有加筆、減筆的現象。前者如天、下、其、丙、辰，後者如貞字。還以馬、四、也、之、玉、環諸字為例，說明一字異形的情形⑤。在馬國權先生的一篇論文中，更指出楚簡文字的幾個特點：同字異構，形符、聲符和偏旁位置不固定，假借現象普遍⑥。

在性質方面，五里牌406號墓竹簡出土後，夏鼐先生隨即指出：「文字多不可識。但其中亦有可識的如『金戈八』及『鼎八』之類，大概是記錄殉葬物的品名和件數。」⑦葉恭綽、李學勤先生更徑稱之

① 李學勤：〈談近年新發現的幾種戰國文字資料〉，載《文物參考資料》1956年第1期。

② 饒宗頤：〈戰國楚簡箋證〉，載《金匱論古綜合刊》第1期，香港亞洲石印局1957年版，第62、72頁。饒先生在追記中寫道：「簡11『石（從竹）』字，予釋席，李（學勤）以為『笥』，謂盛衣器之笥，說較勝。」這顯示出對楚簡文字認識過程的曲折。

③ 朱德熙、裘錫圭：〈戰國文字研究（六種）〉，載《考古學報》1972年第1期；收入《朱德熙古文字論集》，中華書局1995年版。

④ 裘錫圭：〈談談隨縣曾侯乙墓的文字資料〉，載《文物》1979年第7期。

⑤ 中文系古文字研究室楚簡整理小組：〈戰國楚竹簡概述〉，載《中山大學學報》1978年第4期。

⑥ 馬國權：〈戰國楚竹簡文字略說〉，載《古文字研究》第3輯，中華書局1980年版。

⑦ 夏鼐：〈長沙近郊古墓發掘記略〉，載《科學通報》1952年第7期。

為「遣策」①。對於仰天湖簡，史樹青先生指出：「我們可以把這批竹簡叫作『遣冊』，就是生人贈送死者的物品清單。」②有了先前的討論，信陽簡第2組以及望山二號墓竹簡的性質，在最初的簡報中即被指明為「記載隨葬品的清單」或「遣策」③。曾侯乙墓竹簡則被看作是「主要記載用於葬儀的車馬兵甲」④。

關於信陽竹書，簡報稱：「內容可能是與墓主有關的記載。」⑤李學勤先生則通過對簡文的釋讀指明：「它應當是一篇屬於儒家的論述政治道德的文章。這是我國近代以來第一次發現真正的戰國竹書。」⑥

關於一號墓出土的卜筮祭禱記錄，中山大學古文字研究室楚簡整理小組率先指出：「其主要內容似可以說是悼固的家臣為悼固的各種疾病向先君先王及神祇祝禱，或為其他的事貞問占卜的記錄。」⑦朱德熙、裘錫圭、李家浩先生也認為：「經過對這組竹書進行斷簡綴合與考釋研究，簡文的主要內容是為墓主悼固筮占和祭祀的記錄。」⑧

① 史樹青：《長沙仰天湖出土楚簡研究》「葉恭綽序」；李學勤：〈戰國題銘概述（下）〉，載《文物》1959年第9期。
② 史樹青：《長沙仰天湖出土楚簡研究》，群聯出版社1955年版，第38頁。稍早，史樹青、楊宗榮：〈讀一九五四年第九期「文參」筆記〉已初步談到這一觀點。
③ 河南省文化局文物工作一隊：〈我國考古史上的空前發現——信陽長臺關發掘一座戰國大墓〉，載《文物參考資料》1957年第9期；湖北省文化局文物工作隊：〈湖北江陵三座楚墓出土大批重要文物〉，載《文物》1965年第5期。
④ 隨縣擂鼓墩一號墓考古發掘隊：〈湖北隨縣曾侯乙墓發掘簡報〉，載《文物》1979年第7期；參看同期裘錫圭：〈談談隨縣曾侯乙墓的文字資料〉。
⑤ 河南省文化局文物工作一隊：〈我國考古史上的空前發現——信陽長臺關發掘一座戰國大墓〉，載《文物參考資料》1957年第9期。
⑥ 李學勤：〈信陽楚墓中發現最早的戰國竹書〉，載《光明日報》1957年11月27日。
⑦ 〈江陵昭固墓若干問題的探討〉，載《中山大學學報》1977年第2期。
⑧ 陳振裕：〈望山一號墓的年代與墓主〉（《中國考古學會第一次年會論文集（1979）》），文物出版社1980年版）引述。

二、第二階段

在本階段以及前一階段清理的竹簡資料陸續刊佈，人們能夠研讀的楚簡數量、種類大為擴充。前一階段所得的楚簡，信陽一號墓、望山二墓、曾侯乙墓竹簡已完整發表，天星觀一號墓竹簡也有披露。本階段新獲竹簡，整理、公佈的週期明顯縮短。包山簡1986年底至1987年初發掘，1991年即全部刊佈。九店簡的資料的公佈也比較及時。

在古文字學領域，戰國文字越來越受到關注，楚簡文字則是其大宗。在包山簡刊佈的次年，即1992年於南京召開的中國古文字研究會第九屆學術討論會上，討論這批竹簡的論文竟有十多篇。圍繞楚簡的簡牘學研究、歷史學研究亦已興起。在刊物、學會發表論文激增的同時，在大陸、香港和臺灣也有多位研究生的學位論文以楚簡為題。此外，還出現了多部字表或文字編。

由於資料激增，同批材料內部與不同材料之間能夠進行更多的比勘印證，文字的辨識變得相對容易一些。包山的文書簡和九店日書，與先前發現的喪葬、卜筮祭禱簡相比，具有更豐富的語義和較顯露的語境。這為從辭例角度把握文字提供了更好的條件。因而這一階段又認出大批新字。

在曾侯乙墓竹簡方面，裘錫圭、李家浩先生所作的釋文，釋出旆、輨、弦、轙、箸、圓、絀、翠、殿、廣、甲、因、旌、升等字①。在包山簡方面，劉彬徽、彭浩等先生所作釋文，釋出典、斷、隋、過、蔆、卒、脩、蒜等字②。在望山簡方面，朱德熙、裘錫圭、李家浩先生所作的釋文釋出速、備、間、巢等字③。

① 裘錫圭、李家浩：〈曾侯乙墓竹簡釋文與考釋〉，載《曾侯乙墓》上，文物出版社1989年版。
② 湖北省荊沙鐵路考古隊：《包山楚簡》，文物出版社1991年版。
③ 湖北省文物考古研究所、北京大學中文系：《望山楚簡》，中華書局1995年版。包山簡中的「速」字，曾憲通、周鳳五亦另行釋出，分別見所撰〈包山卜筮簡考釋（七篇）〉，載《第二屆國際中國古文字學研討會論文集》，香港中文大學中國語言及文學系1993年刊佈；〈包山楚簡文字初考〉，載《王叔岷先生八十壽慶論文集》，臺北大安出版社1993年版。

這一時期，學者間的切磋和互動活躍，促成了一些問題的解決。先前饒宗頤先生釋出的「席」字，得到郭若愚先生的重申和朱德熙、裘錫圭、李家浩先生的贊同，遂為定讞[①]。朱、裘、李三氏區分楚文字中的悼（惡）、昭（邵）二姓用字，為包山簡整理者引述、印證，已成公論[②]。望山二號墓1號簡最後一字，朱、裘、李三氏原釋為「箄」，此字亦見於包山簡，其釋文釋為「典」。望山二號墓竹簡釋文與考釋「補正」特引述此說，顯示出重視的態度[③]。

對於包山簡的討論尤其踴躍，在原釋文的基礎上，又認出一批疑難字。如李、求、鳴、澤、僉、割、及、海、率、鹿、蜜、軒以及思、史、枳、鳧（從艸）、蔽等字[④]。

在單字研究的基礎上，對楚簡文字的整體認識亦有較大進展。在對所謂楚系文字的討論中，楚簡文字因數量大、變化多而為重點[⑤]。

由於本階段發表的資料有的保存較好、內容較豐富，並且得到前一階段研究的支撐，簡牘學方面的問題得到比較普遍的關注，如編連、分篇與篇題、識別字號、分欄書寫等。

這一階段刊佈的資料，整理者大多盡可能予以綴合、編連和分

① 郭若愚：〈長沙仰天湖戰國竹簡文字的摹寫和考釋〉，載《上海博物館集刊》第3期，上海古籍出版社1986年版；湖北省文物考古研究所、北京大學中文系：《望山楚簡》，中華書局1995年版，第122頁考釋69。

② 湖北省荊沙鐵路考古隊：《包山楚簡》，文物出版社1991年版，第57頁考釋451。

③ 湖北省文物考古研究所、北京大學中文系：《望山楚簡》，中華書局1995年版，第130頁補正1。

④ 「思」見李零〈包山楚簡研究（占卜類）〉，載《中國典籍與文化論叢》第1輯，中華書局1993年版。此前，李學勤先生已指出此字應讀為「思」或「斯」，見所撰〈竹簡卜辭與商周甲骨〉，載《鄭州大學學報》1989年第2期。「史」見張桂光〈楚簡文字考釋二則〉，載《江漢考古》1994年第3期。「枳」、「鳧（從艸）」二字見李家浩〈信陽楚簡中的「柿枳」〉，載《簡帛研究》第2輯，法律出版社1996年版。「蔽」見李家浩〈包山楚簡「蔽」字及其相關之字〉，載《第三屆國際中國古文字學研討會論文集》，香港中文大學中國文化研究所、中國語言及文學系，1997年。其他諸字由何琳儀、湯余惠、劉釗、李天虹諸氏釋出，參看袁國華〈《包山楚簡》文字諸家考釋異同一覽表〉，載《中國文字》新二十期，藝文印書館1995年版。

⑤ 參看何琳儀：《戰國文字通論》，中華書局1989年版，第135—154頁；黃錫全：〈楚系文字略論〉，載《華夏考古》1990年第3期，收入《古文字論集》，藝文印書館1999年版。

第一章　發現與研究

類。對曾侯乙墓竹簡，整理者「對殘斷的竹簡儘量加以拼接，並依據簡文內容給全部竹簡排定次序」，而且按內容分為四類。其中1號簡的背面有「右令建馭大旆」6字。整理者指出：「此為1號簡背面文字。古代簡冊收卷起來之後，往往在露在外面的首簡簡背寫上標題。此簡正面有『右令建所乘大旆』語，所以就以『右令建馭大旆』為標題，這跟古書篇名多取篇首文字的情況相似。」① 對包山簡，整理者按內容分作文書、卜筮祭禱記錄、遣策三大類。在每一大類中，又儘量分出小類或小組，對相連諸簡予以編綴。在文書簡中，有4個篇題，即「集著」、「集著言」、「受幾」、「疋獄」。整理者基於對內容的理解，將一些簡書歸攏各篇之下。其他諸簡也都往往組成冊書。如記載貸金的103—119號簡為一組，記載郑拳竊馬、殺人案的120—123號簡為一組；記載舒慶訟案的131—139號簡為一組；記載「所屬於」左尹諸屬吏的7組簡（162—196號簡）前後相屬。卜筮祭禱記錄共54枚簡，分作26組。遣策簡27枚，分作四大組。望山簡殘斷嚴重，整理者仍根據可能，指出一些簡之間的連接。《江陵九店東周墓》第四章第三節「竹簡」部分介紹56號墓竹簡說：竹簡分兩個部分，自1號簡至12號簡，與農作物有關；自13號簡至124號簡，記數術方面的內容，又分7類：（1）13號簡至24號簡，分上下兩欄書寫，記楚建除家言；（2）25號簡至36號簡，也是建除家言；（3）37號簡至42號簡，記每季三個月哪些天干是不吉日，哪些天干是吉日……（4）43號、44號簡記對武夷的一種巫術活動；（5）45號簡至59號簡，屬於相宅之書；（6）60號至94號簡，與雲夢秦簡《日書》乙種158號至180號簡內容基本相同。（7）95號簡以後為殘簡 ②。書後附錄二僅給出逐條迻錄的釋文。與上

① 裘錫圭、李家浩：〈曾侯乙墓竹簡釋文與考釋〉，載《曾侯乙墓》上，文物出版社1989年版，第487、501頁。

② 湖北省文物考古研究所：《江陵九店東周墓》，科學出版社1995年版，第339—340頁。42號簡原誤作40。

述說明比照，可見釋文中實際體現出分篇、編連和分欄的安排。

簡文中的書寫特徵和識別字號也受到關注。曾侯乙墓竹簡的標識，裘錫圭、李家浩先生分作兩類，一是提示段落起訖的符號，一是起句讀作用的符號。對於段落之間的留白，整理者亦有正確的理解 [①]。對於包山簡，整理者指出：「同一簡中為了區別不同的內容，往往留有一段空隙。有的在一段文字中間有墨書的符號，如『、』、『－』、『＝』，前者是分句號，一般標於人名與人名、地名與地名或其他需要相互區別的名、物之間；後者為重文、或合文符號，一般用於名詞或數詞之後；橫線是分段符號，一段用於一段文字的開頭部分。」

在資料刊佈之後，這些問題得到進一步討論。在包山簡方面，陳偉發現原視為一組的131—139號簡實包含3組8份檔，其中132—135號簡為一組，131、136、137號簡為一組，138、139號簡為一組，各組的正面和反面書有相關的兩三份檔 [②]。這使得包山文書簡中篇幅最大的一份案卷內部的時間脈絡與事件發展的線索更為清晰。李家浩先生調整了喪葬簡中幾枚記車簡的順序，以267、268、272號簡為一組，271、276、269、270號簡為一組。經此訂正，記正車的一組內容與1號牘比較一致，而原記正車的一組簡中重複出現「面」的問題也得到解決 [③]。在九店簡方面，陳偉認為37—40號簡下欄所書另為一篇，應與37—40號簡上欄及41、42號簡所書一篇相區別 [④]。對早先發表的仰天湖簡，郭若愚先生作有細緻的復原工作。郭氏自述云：「竹簡自上至下在7公釐及16

① 裘錫圭、李家浩：〈曾侯乙墓竹簡釋文與考釋〉，載《曾侯乙墓》上，文物出版社1989年版，第487頁。
② 陳偉：《包山楚簡初探》，武漢大學出版社1996年版，第47—49、31—33頁。
③ 李家浩：〈包山楚簡中的旌旆及其他〉，載《第二屆國際中國古文字學研討會論文集續編》，香港中文大學中國語言及文學系1995年刊佈。
④ 陳偉：〈九店楚日書校讀及其相關問題〉，《人文論叢》1998年卷，武漢大學出版社1998年版。

公簪右側，分別有缺刻兩處，乃所以編結絲條者。茲以其缺刻定其編定部位，再以其記載內容，歸聚一類，其可綴合者一例，摹成寫本39片，並其編條形制，逐簡重新編號，以見其全貌。」① 將契口、文字內容等因素綜合考慮，不僅努力恢復竹簡在卷冊中的關聯，還試圖確定竹簡殘片在編中的上下位置。

對包山簡中有些人名、地名之下的識別字號，陳偉分析說：這種符號起標誌人名、地名的作用，而不是將並列的二者區分開來②。

文書簡首見於包山二號墓。其屬性及其反映的歷史問題，成為這一階段後半期研究的特色。整理者認為：這些文書簡「是若干獨立的事件或案件的記錄，都是各地官員向中央政府呈報的檔」。對這些文書反映的司法制度、政區結構、地名、官職等，也作有分析③。李學勤先生指出151—152號簡表明，戰國中期楚國實行一夫百畝的授田制度，土地可以繼承和買賣④。羅運環先生認為簡書所見的州是一種特別的民戶編制，其前冠以人名和官名的是一種食稅州⑤。何浩、徐少華、顏世鉉等先生對簡書所見地名作有考訂⑥。周鳳五先生從「余罴命案文書」（120—123號簡）這一個案、劉

① 郭若愚：〈長沙仰天湖戰國竹簡文字的摹寫和考釋〉，載《上海博物館集刊》第3期，上海古籍出版社1986年版。
② 陳偉：《包山楚簡初探》，武漢大學出版社1996年版，第23—26頁。
③ 湖北省荊沙鐵路考古隊：《包山楚簡》，文物出版社1991年版，第9—12頁；彭浩：〈包山楚簡反映的楚國法律與司法制度〉，載《包山楚墓》，文物出版社1991年版。
④ 李學勤：〈包山楚簡中的土地買賣〉，載《中國文物報》1992年3月22日。
⑤ 羅運環：〈論包山簡中的楚國州制〉，載《江漢考古》1991年第3期。
⑥ 劉彬徽、何浩：〈論包山楚簡中幾處楚郢地名〉，載《包山楚墓》；何浩、劉彬徽：〈包山楚簡「封君」釋地〉，載《包山楚墓》；何浩：〈楚國封君封邑地望續考〉，載《江漢考古》1991年第4期；徐少華：〈包山楚簡釋地八則〉，載《中國歷史地理論叢》1996年第4期；又〈包山楚簡釋地五則〉，載《江漢考古》1996年第4期；又〈包山楚簡釋地十則〉，載《文物》1996年第12期；又〈包山楚簡地名數則考釋〉，載《武漢大學學報》1997年第4期；顏世鉉：《包山楚簡地名研究》，臺灣大學中國文學研究所1997年碩士學位論文。

信芳先生從簡書使用的術語，探討了司法制度的一些問題①。劉信芳、文炳淳先生詳細論列了官府與職官②。李零、黃盛璋先生對文書簡各種類型以及一些相關問題作有討論③。陳偉認為包山文書簡大多為左尹官署所書，如「疋獄」簡、「受幾」簡、「所屬」簡（即162—196號簡）均出自左尹輔佐和屬吏。對這些文書的性質以及簡書所體現的政治、司法制度的理解，也與整理者持有或多或少的差異④。

陳偉還在包山簡之外，發現楚國司法文書的存在。這就是江陵磚瓦廠370號墓竹簡。當時這批資料尚未完整披露。陳偉綴合滕壬生《楚系簡帛文字編》中引述的辭例，與包山文書簡相比照，發現這是幾份訴狀⑤。

卜筮祭禱類簡的正式發表是這一階段的事情。先前發掘的天星觀簡有了進一步披露，望山簡的資料全部刊佈；而在1987年初出土的包山簡後來居上，先於望山簡刊載。在迄今發表的卜筮祭禱記錄中，包山簡是最為完整的一批。這為竹簡整理帶來了便利，進而也為其他同類簡的整理、研究提供了可靠的借鑒。彭浩先生在指出包山卜筮簡的編連規律後特別提到：「其他楚墓的這類簡如果數量較多，也大致

① 周鳳五：〈《舍睪命案文書》箋釋——包山楚簡司法文書研究之一〉，載臺灣大學《文史哲學報》第41期，1994年版；劉信芳：〈包山楚簡司法術語考釋〉，載《簡帛研究》第2輯，法律出版社1996年版。
② 劉信芳：〈《包山楚簡》職官與官府通考〉，載《故宮學術季刊》第十五卷第一、二期，1998年；文炳淳：《包山楚簡所見楚官制研究》，臺灣大學中國文學研究所1997年碩士學位論文。
③ 李零：〈包山楚簡研究（文書類）〉，載《王玉哲先生八十壽辰紀念文集》，南開大學出版社1994年版（收入《李零自選集》，廣西師範大學出版社1998年版）；黃盛璋：〈包山楚簡中若干重要制度發複與爭論未決諸關鍵字解難、決疑〉，載《湖南考古輯刊》第6輯，1994年版。
④ 陳偉：《包山楚簡初探》，武漢大學出版社1996年版，第21—149頁。
⑤ 陳偉：〈楚國第二批司法簡芻議〉，載《簡帛研究》第3輯，廣西教育出版社1998年版。

第一章　發現與研究

是按照上述方法編連的。」①李零先生也指出：包山簡「在類型上，它頗具代表性，可以覆蓋楚簡的大部分內容，令研究者隅反而知其他」②。

天星觀一號墓發掘報告稱，所出竹簡的一部分為「卜筮記錄」，其中大多數是為墓主卜筮的記錄，少部分是關於祭祀的內容。並將卜筮分作三類：（1）為墓主貞問「侍王」是否順利；（2）貞問憂患、疾病的吉凶；（3）貞問遷居新室是否「長居之」，等等。卜筮之辭的格式被分為兩種：一種先記年月日，再記卜人所用占卜工具和所問事項及占卜結果；一種不記年月日，只記占卜人名、占卜工具及驗辭。報告將禱告對象分為祖先和鬼神兩種，並特別提到卦畫的存在③。

李學勤先生在1983年出版的《東周與秦代文明》設有「簡牘」一章，在戰國楚簡方面將當時已知的9批材料分為三類：書籍、祭禱記錄和遣策。所謂祭禱記錄，就是指望山一號墓竹簡和天星觀簡的一部分④。

在起初的簡報中，包山卜筮祭禱記錄被稱為「占禱簡」⑤。後改稱為「卜筮祭禱記錄」。整理者認為：這54枚簡可分為26組，各組簡按貞問或祭禱的時間順序排列，每組記一事，多則四、五簡，少則一簡，內容皆是為墓主貞問吉凶祝福，請求鬼神與先人賜福、保佑。可分為卜筮與祭禱兩類。整理者進一步指出：「卜筮簡一般包括前辭、命辭、占辭、禱辭和第二次占辭等部分。」祭禱簡「數量少得多，體例也很簡單，一般分作前辭和禱辭兩部分」⑥。彭浩先生具體解釋了

①　彭浩：〈包山二號楚墓卜筮和祭禱竹簡的初步研究〉，載《包山楚墓》，文物出版社1991年版，第556頁。
②　李零：〈包山楚簡研究（占卜類）〉，載《中國典籍與文化論叢》第1輯，中華書局1993年版，第426頁。
③　湖北省荊州地區博物館：〈江陵天星觀1號楚墓〉，載《考古學報》1982年第1期。
④　李學勤：《東周與秦代文明》，文物出版社1984年版，第338—340頁。
⑤　荊沙鐵路考古隊：〈荊門市包山大塚出土一批重要文物〉，載《江漢考古》1987年第2期。
⑥　湖北省荊沙鐵路考古隊：《包山楚簡》，文物出版社1991年版，第12頁。

對卜筮祭禱簡的這些分析，並圍繞卜筮、祭禱提出一些饒有興趣的命題加以探討①。

在包山簡卜筮簡初步披露後，李學勤先生即敏感地將其與其他零星資料相聯繫，探討用語，並與商周卜辭相對照②。

李零先生對包山簡卜筮類作有全面討論，認為這些內容不同於一般的占卜記錄，是以求問病情為主，屬於古人所說的「卜瘳」。相關禱祠是預卜中事，最好叫「占卜簡」。他將楚簡的占卜之辭分為「初占」和「習占」兩種。初占格式分析為第一次占卜（包括前辭、命辭、占辭）和第二次占卜（亦包括命辭、占辭）。第一次占卜主要是卜躬身或病瘳，第二次占卜是問「夺」，實行祠、禳以除病。習占則以「　　習之」開始，省略了前辭。他還具體討論了相關術語，將原讀為「鬼攻」之「鬼」的字改釋為「思」，看作表示願望語氣的詞③。李零還將祠禱的鬼神分為祭禱對象和禳除對象兩種，前者進一步劃分為天神、地祇、祖考和重要親戚三類，後者則是一些鬼怪妖祥④。

陳偉將包山卜筮簡分作「歲貞」和「疾病貞」兩類，從而使各次貞事，均呈現奇數次貞問。對禱祠中的神祇系統和享祭制度，他發現一些名稱不同的神靈實為一事，各種神祇享祭的變化具有對應的關係⑤。

李家浩先生在考釋楚簡「蔽」字的同時，著重討論了包山卜筮記錄與「敓辭」有關的部分。進一步證明「敓」即《周禮　春官　大祝》「六祈」中的「說」；將「興敓」之「興」讀為「與」，訓為

① 彭浩：〈包山二號楚墓卜筮和祭禱竹簡的初步研究〉，載《包山楚墓》，文物出版社1991年版。
② 李學勤：〈竹簡卜辭與商周甲骨〉，載《鄭州大學學報》1989年第2期。
③ 李零：〈包山楚簡研究（占卜類）〉，載《中國典籍與文化論叢》第1輯，中華書局1993年版。
④ 李零：〈考古發現與神話傳說〉，載《學人》，江蘇文藝出版社1994年版。
⑤ 陳偉：《包山楚簡初探》，武漢大學出版社1996年版，第150—180頁。

第
一
章

發
現
與
研
究

「從」；把「迻故蔽」的「蔽」讀為「畢」，認為「故蔽」猶「故志」、「故記」①。

朱德熙、裘錫圭、李家浩先生針對望山一號墓竹簡指出：這批竹簡包含多次占卜的記錄。其格式通常先記筮問的日期，接著記某人以某種占卜工具「為悼固貞」；「貞」字以下是記所問事項之辭，即所謂命辭；其後是根據筮的結果判斷吉凶之辭，可以稱為占辭；絕大多數占辭指出墓主仍然有禍祟，應該採取哪些措施加以禳除②。考慮到望山一號墓竹簡的殘損程度及其主要整理工作在包山之前，這些論斷極其珍貴。

在喪葬記錄方面，天星觀一號墓報告將遣策分為兩部分，一部分是為墓主助喪者的名字、官職和所贈的物品，另一部分「似為記錄邸陽君送喪時所用的車輛、所載的儀仗、兵器、甲冑、飾件等」③。信陽長臺關一號墓報告說：遣策「是記載隨葬品的名稱和數量的清單，並且對於衣物往往有所描述」④。曾侯乙墓的報告，對竹簡作有比較深入的分析：「竹簡詳細記載了用於葬儀的車馬兵甲。1號簡說：『大莫敖陽象適豬之春，八月庚申，甲冑執事人書入車。』開宗明義地指出了這批竹簡的性質，它是……由管理人馬甲冑和車馬器的辦事人員對所納之車作的記錄。或可稱為『入車籍』，即用於葬儀的車輛登記簿。」竹簡被具體分為三種：（1）1號簡至121號簡主要記車馬和車上的兵器裝備；（2）122號簡至141號簡主要記車上配備的人馬兩種甲冑；（3）142號簡至209號簡主要記駕車的馬。並聯繫《周禮》有關記載認為：辦理王的喪事時，要陳列大批車馬兵器，用來護送靈柩

---

① 李家浩：〈包山楚簡「蔽」字及其相關之字〉，載《第三屆國際中國古文字學研討會論文集》，香港中文大學中國語言及文學系1997年刊佈。

② 湖北省文物考古研究所、北京大學中文系：《望山楚簡》，中華書局1995年版，第134—135頁。

③ 湖北省荊州地區博物館：〈江陵天星觀1號楚墓〉，載《考古學報》1982年第1期。

④ 河南省文物研究所：《信陽楚墓》，文物出版社1986年版，第68頁。

入葬，並將一部分車馬從葬①。包山楚墓的最初報導即將喪葬類簡稱為「遣策」②。隨後的簡報於喪葬記錄指出：墓中出有遣策，散放於槨室各箱，與各箱器物相應；遣策將頭箱稱為「食室」，將足箱稱為「箱尾」；竹牘所記一輛車為他人所「受」（授）。簡報也具體考釋了部分物品③。在正式報告中，整理者進一步指出：「遣策簡共27枚，分四組與葬器放置一起，所記均為隨葬物品。」對所記物品作有詳細說明④。作為報告的附錄之一，胡雅麗先生在詳論所記器名與實物的對應之外，也對書寫規律作有歸納，特別指出遣策是按所載器物的性質暨實用功能分類書寫，每類器物的首簡抬頭先注明所載物品的性質，然後按質料、用途、組合關係依次入策⑤。在《望山楚簡》與《江陵望山沙塚楚墓》中，均稱望山二號墓竹簡稱為「遣策」亦即「隨葬器物的清單」。陳振裕先生特別交待了望山2號簡竹簡的編序，說：「現經研究，將『……周之歲八月辛□□□車輿器之笲』列為首簡，其後編入幾枚記車輿器的簡，再後為記銅、陶、漆、木、竹和絲織物等器物與數量的簡。」文中隨後概括了楚墓遣策的幾種情形，表明這種編排是得到曾侯乙墓、包山二號墓、信陽長臺關一號墓所出竹簡的提示⑥。

　　包山簡刊佈後，李家浩先生對226號簡中的木器、記車簡中的旌旆作有細緻的考察，並與隨葬器物一一比對⑦。陳偉將267號簡「甬

①　湖北省博物館：《曾侯乙墓》，文物出版社1989年版，第452—457頁。
②　荊沙鐵路考古隊：〈荊門市包山大塚出土一批重要文物〉，載《江漢考古》1987年第2期。
③　包山墓地竹簡整理小組：〈包山二號墓竹簡概述〉，載《文物》1988年第5期。
④　湖北省荊沙鐵路考古隊：《包山楚墓》文物出版社1991年版，第275—277頁。
⑤　胡雅麗：〈包山二號楚墓遣策初步研究〉，載《包山楚墓》，文物出版社1991年版。
⑥　湖北省文物考古研究所、北京大學中文系：《望山楚簡》，中華書局1995年版，第7—10頁；
　　湖北省文物考古研究所：《江陵望山沙塚楚墓》文物出版社1996年版，第161—163頁。
⑦　李家浩：〈包山二二六號簡所記木器研究〉，載《國學研究》第二卷，北京大學出版社1994年版；〈包山楚簡中的旌旆及其他〉，載《第二屆國際中國古文字學研討會論文集續編》，香港中文大學中國語言及文學系1995年刊佈。

車」讀為「用車」，並與上文斷讀，認為這是對所有記車簡的統攝之辭；又分辨「遣策」與「賵方」，認為竹簡與所謂竹牘所記「正車」大致為一事①。李學勤、彭浩、劉信芳先生等則對喪葬簡作有綜合性討論②。

秦代日書先前在湖北雲夢睡虎地和甘肅天水放馬灘墓葬中有集中出土。還在討論秦簡日書時，人們即對楚日書有所猜測。九店楚日書的資料，自然引人關注。《江陵九店東周墓》出版後，多位學者為之撰文。饒宗頤、徐在國、李守奎、陳松長先生對文字或詞語作出考釋③。劉樂賢、劉信芳先生則分章作有全面討論④。

對於早先出土的信陽竹書，李學勤先生提出學派屬性的新說。先前，中山大學古文字研究室楚簡整理小組發現《太平御覽》卷八○二中的一段《墨子》佚文：「周公見申徒狄曰：『賤人強氣則罰至』」，內容語氣與竹書如出一轍⑤。李家浩先生又釋出簡文「易」字，讀為「狄」⑥。李學勤先生稱「中山大學學者論文取得一項突破性的收穫……為解開竹書性質之謎提供了鑰匙」。他指出簡文「賤人」、「尚賢」習見於《墨子》，而先前被指為儒家術語的一些詞，

① 陳偉：《包山楚簡初探》，武漢大學出版社1996年版，第182—192頁。
② 李學勤：《東周與秦代文明》，文物出版社1984年版，第340—342頁；彭浩：〈戰國時期的遣策〉，載《簡帛研究》第2輯，法律出版社1996年版；劉信芳：〈楚簡器物釋名〉，載《中國文字》新廿二、廿三期，藝文印書館1997年版。
③ 饒宗頤：〈說九店楚簡之武夷（君）與複山〉，載《文物》1997年第6期；徐在國：〈楚簡文字拾零〉，載《江漢考古》1997年第2期；李守奎：〈江陵九店56號墓竹簡考釋四則〉，載《江漢考古》，1997年第4期；陳松長：〈九店楚簡釋讀劄記〉，載《第三屆國際中國古文字學研討會論文集》，香港中文大學中國語言及文學系1997年刊佈。
④ 劉樂賢：〈九店竹簡日書研究〉，載《華學》第2輯，中山大學出版社1996年版；劉信芳：〈九店楚簡日書與秦簡日書比較研究〉，載《第三屆國際中國古文字學研討會論文集》，香港中文大學中國文化研究所、中國語言及文學系1997年刊佈。
⑤ 中山大學古文字研究室楚簡整理小組：〈一篇浸透著奴隸主思想的反面教材——談信陽長臺關出土的竹書〉，載《文物》1976年第6期。
⑥ 李家浩：〈從曾姬無恤壺銘文談楚滅曾的年代〉，載《文史》第33輯，中華書局1990年版。

其實都見於《墨子》，因而推斷竹書為墨子佚篇[1]。

在曆法方面，曾憲通先生率先對楚月名的來由及其與秦月名的對應關係加以探討，並將望山一號墓竹簡「𦵸問王於栽郢之歲」推定為楚頃襄王十四年（前285）[2]。稍後，平勢隆郎先生就此提出自己的意見[3]。王勝利先生亦就楚曆的建正問題發表過多篇論文[4]。包山簡、九店簡有更多並且具備一些內在聯繫的資料，使討論更為深入。王紅星、劉彬徽二氏認為，包山竹簡反映的楚曆歲首應為冬夕，即通常所說的建丑[5]。陳偉從包山簡有關聯的資料著手，推斷楚歲首為荆夷，即通常所說的建寅。又利用九店簡資料，進一步證明這一點[6]。劉樂賢、邴尚白先生也認為荆夷是歲首[7]。包山簡中記列許贏之歲八、九月的日辰較多。劉信芳先生利用這一條件，推算出當年九月的朔日，並據以復原出全部七年的朔閏表[8]。

三、第三階段

1998年5月，《郭店楚墓竹簡》一書由文物出版社出版。1994年，

① 李學勤：〈長臺關竹簡中的《墨子》佚篇〉，載《徐中舒先生九十壽辰紀念文集》，巴蜀書社1990年版；收入《簡帛佚籍與學術史》（臺灣時報文化出版企業有限公司1994年版）時增加了李家浩釋「易」的內容。
② 曾憲通：〈楚月名初探——兼談昭固墓竹簡的年代問題〉，載《古文字研究》第5輯，中華書局1981年版。
③ 平勢隆郎：〈楚曆小考——對《楚月名初探》的管見〉，載《中山大學學報》1981年第2期。
④ 王勝利：〈《雲夢秦簡日書初探》商榷〉，載《江漢論壇》1987年第11期；〈關於楚國曆法的建正問題〉，載《中國史研究》1988年第2期；〈再談楚國曆法的建正問題〉，載《文物》1990年第3期。
⑤ 王紅星：〈包山簡牘所反映的楚國曆法問題〉，載《包山楚墓》，文物出版社1991年版；劉彬徽：〈從包山楚簡紀時材料論及楚國紀年與楚曆〉，載《包山楚墓》，文物出版社1991年版。
⑥ 陳偉：〈新發表楚簡資料所見的紀時制度〉，載《第三屆國際中國古文字研討會論文集》，香港中文大學中國文化研究所1997年刊佈。
⑦ 劉樂賢：〈九店楚簡日書補釋〉，載《簡帛研究》第3輯，廣西教育出版社1998年版；邴尚白：〈楚曆問題綜論〉，載《古文字與古文獻》（試刊號），楚文化研究會1999年刊佈。邴文原是臺灣暨南國際大學中文系碩士論文《楚國卜筮祭禱簡研究》（1999年）的附錄。
⑧ 劉信芳：〈戰國楚曆譜復原研究〉，載《考古》1997年第11期。

上海博物館從香港古玩市場購回的楚竹書，從2001年底開始，大致每年出一冊，至今已出版8冊。清華大學2008年購得的竹書，也在2010年底刊出第一冊。這些資料的公佈，使得對相關古書的文本解讀和內涵探討，成為楚簡研究的主旋律。對楚文字的認識也取得重大進展。在研究形式上，各種形式的研討會、講讀班頻繁舉行。龐樸先生創辦的簡帛研究網以及相繼開辦的武漢大學簡帛網、復旦大學出土文獻與古文字研究中心網站，使得成果發表、討論的速度、效率大大提高。每有一批新資料公佈，網站上都湧現一些文章，以致或有「忽如一夜春風來，千樹萬樹梨花開」的感慨[①]。

在戰國楚文字的認識過程中，學者付出了艱辛的勞動。在不斷有所發明的同時，也留下許多未知和不確定的問題。這很大一部分原因是由於資料不足。郭店竹書、上博竹書和清華竹書，往往可直接或間接與傳世古書的文句比照或者由上下文推求辭義，從而帶來文字辨識的突破。

楚文字中有一個從「羽」從「能」的字，首見於《鄂君啟節》，古文字學家進行過多種猜測。郭店簡《五行》有「淑人君子，其義罷也」一句，是引述《詩經　曹風　鳲鳩》。在今本《詩經》和馬王堆帛書本《五行》的引述中，這個字都寫作「一」。整理者因而將「罷」讀為「一」。從「來」從「子」的字，鄭剛先生早在1988年即釋為「李」，學者或未敢放心相信。《容成氏》29號簡說「乃立咎陶以為李」，「李」字正是這種寫法，鄭氏的推測因而得以證實[②]。郭店《語叢一》103號簡說：「禮不同不奉（豐）不殺」。「殺」字形似從

---

①　劉信芳：〈關於上博藏楚簡的幾點討論意見〉，載簡帛研究網2002年2月13日。

②　參看鄭剛〈戰國文字中的「陵」和「李」〉，載《楚簡道家文獻辨證》，汕頭大學出版社2004年版，第61—75頁。關於這個字的討論，參看李零：《郭店楚簡校讀記》，北京大學出版社2002年版，第196—197頁。李氏在談到對鄭剛之說的猶疑態度後說：「只是最近，我們從新的材料（尚未公佈）再次見到這個字，才終於肯定鄭說確無可易。」從李氏在整理《容成氏》的注釋文字看，可知他當時說的「新的材料」就是指這篇竹書。

「方」從「蟲」，原釋文作「蚄」，讀為「妨」。陳偉發現這句簡文即是《禮記　禮器》所記孔子語，並引述《說文》古文等資料，將此字改釋為「殺」①。郭店《六德》中有一個字幾次與「弟」字同時出現。如27—28號簡說：「疏衰齊牡麻絰，為昆弟也，為妻亦然。」②李家浩先生以《汗簡》、《古文四聲韻》所引古文「昆」、「混」之形加以比照，證明這個字「顯然就是古文『昆』」③。郭店竹書《語叢一》31號簡+97號簡說：「禮因人之情而為之節文者也。」「文」字先前不識。當二簡連讀並在《禮記　坊記》等古書中找到近似文句之後，始知此字當讀為「文」④。在清華簡方面，李學勤先生曾舉例說：「傳世本《金縢》『予沖人』的『沖』字，簡文作『沓』，從『沈』聲。『沈』是定母侵部字，『沖』則屬定母冬部，侵冬兩部關係密切，故相通用，這是前此難於想到的。」⑤

在文本復原中，編連與分篇牽涉面寬，往往對文本面貌影響更大。1988年，郭店簡刊佈伊始，李家浩先生即指出第20號殘簡應綴合於《老子》乙組10號簡之後，相關文字讀作「遲（夷）道女（如）繢」⑥。龐朴先生與廖名春先生指出《語叢一》的兩組簡編連不當，應改為77、82、79號簡接續，並在其上與第8號殘簡連讀，與《禮記　表記》中的一段話略合⑦。陳偉發現《語叢一》31、97號簡應該連讀作「禮因人之情而為之節文者也」，從而與《禮記　坊記》中的

① 陳偉：〈郭店楚簡別釋〉，載《江漢考古》1998年第4期。
② 荊門市博物館：《郭店楚墓竹簡》，文物出版社1998年版，第189頁注釋17。
③ 李家浩：〈楚墓竹簡中的「昆」字處及從「昆」之字〉，載《中國文字》新廿五期，藝文印書館1999年版。
④ 李天虹：〈釋楚簡文字「廈」〉，載《華學》第4輯，紫禁城出版社2000年版。
⑤ 李學勤：〈清華簡九篇綜述〉，載《文物》2010年第5期。
⑥ 李家浩：〈關於郭店《老子》乙組一支殘簡的拼讀〉，載《中國文物報》，1998年10月28日。
⑦ 龐樸：〈初讀郭店楚簡〉，載《歷史研究》1998年第4期；廖名春：〈郭店楚簡儒家著作考〉，載《孔子研究》1998年第3期。第8號殘簡連讀，為廖名春先生指出。

第一章　發現與研究

文句關聯①。

上海博物館藏戰國楚竹書有些篇的綴合、編連問題也引人入勝。陳劍先生在對第二冊《子羔》的討論中，將原11號簡上下段折開，中間插入10號簡；又把香港中文大學文物館藏楚簡第3號接在12號簡之上。沈培先生指出，第八冊《志書乃言》8號簡應接在第六冊《平王與王子木》4號簡之後，讀作：「王子不得君楚邦，又不得臣楚邦。」②可並稱神來之筆。

文本形態、性質及其學派歸屬，是典籍簡常有的話題。

《老子》既有傳世本，又有馬王堆漢墓所出帛書本，討論比較熱烈。郭店竹書《老子》的內容只有今本總量的三分之一，這是當時《老子》的全部還是部分？崔仁義、尹振環先生認為是當時的全部，王博、裘錫圭、彭浩、丁四新諸氏則認為只是其部分，其中王博、裘錫圭先生以為竹書《老子》是對當時流傳本的某種摘抄③。邢文、龐朴先生分析了竹書《五行》與帛書《五行》文本的兩處不同，認為帛書作者對竹書本作有改編④。作為文本集合的形態，李學勤、廖名春先生指出在郭店竹書中，有「六經」並稱的證據⑤。在上博竹書中，《孔子詩論》一篇論詩者和作者的討論最為激烈。馬承源、濮茅左先生從字形、辭例、語氣等角度，證實了講授者即是孔子⑥。其具體作者，李學

---

① 陳偉：〈《語叢》一、三中有關禮的幾條簡文〉，載《郭店楚簡國際學術研討會論文集》，湖北人民出版社2000年版。

② 沈培：〈《上博（六）》和《上博（八）》竹簡相互編聯之一例〉，載復旦大學出土文獻與古文字研究中心網站2011年7月17日。

③ 寧鎮疆：〈《老子》「早期傳本」結構及其流變研究〉，華東師範大學2002年博士學位論文，第25—31頁。

④ 邢文：〈楚簡《五行》試論〉，載《文物》1998年第10期；龐樸：〈竹帛《五行》篇比較〉，載《中國哲學》第20輯，遼寧教育出版社1999年版。

⑤ 李學勤：〈郭店楚簡與儒家經籍〉，載《中國哲學》第20輯，遼寧教育出版社1999年版；廖名春：〈論六經並稱的時代兼及疑古說的方法論問題〉，載《孔子研究》2000年第1期。

⑥ 馬承源：〈《詩論》講授者為孔子之說不可移〉；濮茅左：〈關於上海戰國竹簡中「孔子」的認定〉，並載《中華文史論叢》2001年第3期。

勤、江林昌先生認為是子夏①；廖名春先生認為是子羔②；陳立先生則說是孔門再傳弟子之記載，至於究竟為哪位弟子所為，則難以明確斷定③。對於清華竹書尚書類文獻，學者的估計出入較大。如《金縢》，李學勤先生認為清華簡本與傳世本應分屬不同的傳流系統④；馮時先生則認為不應是《金縢》舊典，更接近於《史記　魯世家》的引述，可能與儒家書教有關⑤。

　　郭店竹書公佈伊始，龐朴、杜維明先生即敏感地以「孔孟之間」概括其中儒家文獻的歷史地位⑥。在具體篇章上，李學勤先生認為《緇衣》、《五行》、《六德》、《成之聞之》、《性自命出》、《尊德義》與子思有或多或少的關聯⑦。葉國良先生進一步認為：在這六篇外，還有《魯穆公問子思》、《唐虞之道》、《窮達以時》、《忠信之道》共十篇都可以列入曾子、子思之學⑧。李澤厚先生則指出：「竹簡明確認為『仁內義外』，與告子同，與孟子反。因之斷定竹簡屬『思孟學派』，似嫌匆忙，未必準確。」⑨郭齊勇先生提出：不把郭店竹書儒家文獻作為某一學派的資料，而是視作孔子、七十子及其後學的部分言論與論文的彙編、集合，亦即某一時段（孔子與孟子之

① 李學勤：〈《詩論》的體裁和作者〉；江林昌：〈上博竹簡《詩論》的作者及其與今傳本《毛詩》序的關係〉，並載《上博館藏戰國楚竹書研究》，上海書店出版社2002年版。
② 廖名春：〈上博《詩論》簡的作者和作年〉，載簡帛研究網2002年1月17日。
③ 陳立：〈《孔子詩論》的作者與時代〉，載《上海館藏戰國楚竹書研究》，上海書店出版社2002年版。
④ 李學勤：〈清華簡九篇綜述〉，載《文物》2010年第5期。
⑤ 馮時：〈清華《金縢》書文本性質考述〉，載《〈清華大學藏戰國竹書（壹）〉國際學術研討會會議論文集》，清華大學出土文獻研究與保護中心2011年。
⑥ 龐朴：〈孔孟之間——郭店楚簡的思想史地位〉，載《中國社會科學》1998年第5期；杜維明：〈郭店楚簡與先秦儒道思想的重新定位〉，載《中國哲學》第20輯，遼寧教育出版社1999年版。
⑦ 李學勤：〈先秦儒家著作的重大發現〉，載《中國哲學》第20輯，遼寧教育出版社1999年版。
⑧ 葉國良：〈郭店儒家著作的學術譜系問題〉，載《中國哲學》第24輯，遼寧教育出版社2002年版。
⑨ 李澤厚：〈初讀郭店竹簡印象記要〉，載《中國哲學》第21輯，遼寧教育出版社2000年版。

間）的思想史料來處理①。

郭店竹書《老子》思想上的一個特點，就是沒有後世傳本那麼強烈的反儒學色彩。甲組開頭三句說：「絕知棄辯，民利百倍。絕巧棄利，盜賊亡有。絕偽棄慮，民複季子。」②比較後世傳本的「絕聖棄知」、「絕仁棄義」，差別重大。龐樸先生指出：「如果這裡不是抄寫上有誤，那就是一個搖撼我們傳統知識的大資訊。」③陳鼓應先生更推測說：「今本《老子》之所以強烈批評仁義，主要是針對仁義道德已經變成統治階層的工具。對於仁義道德淪為形式上及工具化的傾向，莊子學派的反應尤為敏銳。但這種情況在年代更早的簡本《老子》中卻無反映。」④與這一解釋不同的是，周鳳五先生猜想郭店《老子》乃鄒齊儒者的版本，是「儒家化」了的道家經典⑤。

由於資料積累和學術推進，這一階段出現較多集成性質的成果。例如邴尚白先生對卜筮禱祠簡的梳理⑥，劉國勝博士和田河博士對喪葬記錄的考察⑦，馮勝君先生對郭店和上博抄本中齊系文字風格的辨析⑧，朱曉雪博士對包山文書簡、卜筮簡的集釋⑨，等等。陳偉主持的教育部哲學社會科學研究重大課題攻關專案「楚簡綜合整理與研究」，有二十多位海內外專家參與，利用紅外線成像系統，對在2003

① 郭齊勇：〈郭店儒家簡與孟子心性論〉，載《武漢大學學報》1999年第5期。
② 「慮」字之釋，參看裘錫圭〈糾正我在郭店《老子》簡釋讀中的一個錯誤〉，載《郭店楚簡國際學術研討會論文集》，湖北人民出版社2000年版。
③ 龐樸：〈古墓新知〉，載《中國哲學》第20輯，遼寧教育出版社1999年版。
④ 陳鼓應：〈初讀簡本《老子》〉，載《文物》1998年第10期。
⑤ 周鳳五：〈郭店竹簡的形式及其分類意義〉，載《郭店楚簡國際學術研討會論文集》，湖北人民出版社2000年版。
⑥ 邴尚白：《楚國卜筮祭禱簡研究》，暨南國際大學中國語文學系1999年碩士學位論文。
⑦ 劉國勝：《楚喪葬簡牘集釋》，武漢大學2003年博士學位論文；田河：《出土戰國遣冊所記名物分類匯釋》，吉林大學2007年博士學位論文。
⑧ 馮勝君：《論郭店簡〈唐虞之道〉、〈忠信之道〉、〈語叢〉一—三以及上博簡〈緇衣〉為具有齊系文字特點的抄本》，北京大學博士後研究工作報告，2004年。
⑨ 朱曉雪：《包山楚墓文書簡、卜筮祭禱簡集釋及相關問題》，吉林大學2011年博士學位論文。

年以前完整刊佈的簡冊資料重加整理，並對楚簡作總體研究。其成果，《楚地出土戰國簡冊〔十四種〕》與《楚地出土戰國簡冊研究》（十卷）相繼出版^①，帶有圖版的釋文、注釋本也將由文物出版社陸續刊出。

① 《楚地出土戰國簡冊〔十四種〕》由經濟科學出版社2009年出版；《楚地出土戰國簡冊研究》由武漢大學出版社2010年出版，包括陳偉《新出楚簡研讀》、丁四新《郭店楚竹書〈老子〉校注》、陳仁仁《戰國楚竹書〈周易〉研究》、曹建國《楚簡與先秦〈詩〉學研究》、虞萬里《上博館藏楚竹書〈緇衣〉研究》、宋華強《新蔡葛陵楚簡初探》、晏昌貴《巫鬼與淫祀——楚簡所見方術宗教考》、吳良寶《戰國楚簡地名輯證》、蕭毅《楚簡文字研究》、李明曉《戰國楚簡語法研究》。

第二章　整理與解讀

俗話說：「乾千年，濕萬年，不乾不濕只半年。」在長江中游楚國故地，地下水位高，楚墓往往墓坑深，並用白膏泥密封，因而在墓葬發掘時，如果警覺，常常有機會發現竹簡。

簡冊集文物與文獻屬性於一身，異常珍貴又十分脆弱。出土的竹簡，需要特殊的清理和保護。

簡冊文本的復原和解讀，艱難曲折。需要綜合運用古文字學、古文獻學、簡牘學的知識和方法，從釋文、斷讀、綴合、編連等環節反復推求，才可能逼近真相。那些比較複雜的簡冊，往往要在初次發表之後，再經過學界共同討論，不斷修訂，才可能臻於善本。那種「畢其功於一役」的願望或期待，是很不切實際的。

第一節　清理和保護

戰國至漢晉簡牘，保存、出土的主要場所有三：一是墓葬，二是居址，三是水井。目前確定的楚簡皆出於墓葬。出簡的墓葬，多為大中型墓葬，有墓道和多重棺槨。但像九店56號墓、秦家嘴1、13、99號墓，規模比較小，也有出土。大中型墓葬的竹簡置於槨室之中，不同

種類的竹簡往往分別放置。如信陽長臺關一號墓書籍簡出於前室，喪葬簡出於左後室；天星觀一號墓竹簡雖然都在西室，但卜筮禱祠簡與喪葬記錄簡分別放置。包山一號墓文書簡、卜筮禱祠簡在北室分兩束放置，喪葬簡更分散於六處。出土竹簡的墓葬，墓主以男性為多，但也有女性。長沙楊家灣6號墓、江陵望山二號墓、黃州曹家崗5號墓即是。竹簡往往放在竹笥中，長沙楊家灣6號墓竹簡還放在漆盒中。

對竹簡、木簡的清理，《考古工作手冊》規定說：「要注意保持出土時的原狀，如馬王堆三號墓的簡冊，是連同原盛放的漆盒取回的。對於不同程度散亂了的竹簡，也要盡可能地保持其哪怕為數不多的原始排列次序，不可任意拾取。如馬王堆一號墓的遣冊，是放在漆器上，有許多支簡已散開。由於取出時按原狀托回，在室內進一步清理時，參照一些局部段落的順序，才將全部簡冊作出比較合理的復原編排。」[①]

對於南方墓葬中竹簡揭取，有學者指出：「從理化性質上看，竹簡的質地是竹纖維組成，與木纖維一樣，出土時竹纖維中的一切空隙均充滿了水分，絕對含水率一般都在100％以上，成為『飽水』竹簡。由於地下水的影響，竹質內部可溶性物質基本上被溶去，竹纖維質地疏軟，加上吸飽了水分後重量增加，使得有些竹簡出土時似泡過水的麵條一樣，依靠自身的強度是無法起取的。從竹簡本身來看，由於竹簡是記錄文字的，每枚竹簡之間必然存在著前後的順序，也就是每枚竹簡之間的相互位置是一定的，對於成束或多根放在一起的竹簡，在起取時如何盡力保存它們的原有狀態是十分重要的。」對於現場的清理、保護，有五點建議：（1）對於成束、成片的竹簡在做好各種記錄後，最好是一次性地全部起取出來。（2）用薄竹刀從竹簡最下部的一端將竹簡與底層輕輕地剝離，一邊剝離一邊插入薄塑膠托板。托板

---

① 中國社會科學院考古研究所：《考古工作手冊》，文物出版社1982年版，第94—95頁。

厚約1毫米，其前端棱角、棱邊均磨圓。（3）待塑膠板已將竹簡托住後，再從塑膠板下面插入一薄木板將竹簡托起。竹簡四周的汙物可在工地的臨時工作間內，採取低水頭小水流輕輕地沖洗乾淨。（4）起取出來的竹簡不能浸入盛滿水的容器內，由於竹簡在水中容易漂動，它們相互間的排列順序就會立即受到破壞，從而給以後的釋文、整理工作帶來極大的困難，甚至是無可挽回的損失。最好在竹簡上面鋪一層白色濕棉布，棉布上再鋪一層浸透水的脫脂棉以保持濕度，外面再用塑膠薄膜包裹。（5）儘快進行清理、繪圖及照相，以便取得最直接、最清楚的照片資料。如果考古工地條件不具備的話，應將竹簡儘快送往室內由專業人員處理[①]。

　　河南文物考古研究所專家對新蔡「平夜君」墓竹簡的發現、清理，有細緻記錄。關於竹簡的發現說：「在清理南室的隨葬器物時，在位於該室東南側的已被拆散的木車傘蓋上剔出一支竹片，首先想到的是槨蓋板上的席片，但從單獨成片的堆積形式和寬度分析，立即又否定了這一推測。當發掘者小心翼翼地將竹片翻轉過來看它的正面時，驚訝地發現上面佈滿書寫的墨書文字。是竹簡！看上去數量特別大。……在先後討論了幾個方案後，於1994年8月20日上午9時，將全部竹簡整體起取裝箱，並在上面覆蓋飽水的加厚海綿和塑膠布，對竹簡堆積進行保護，以免因脫水造成的竹簡乾枯和萎縮。」在室內清理階段，接著說：「首先將從工地整取回來的竹簡連同托板一起搬上工作臺進行繪圖、照相。然後將竹簡進行分區和編號，依堆積情況將竹簡分為上下兩層，分別編為甲區和乙區。甲區保留的墓室泥土比較多，除竹簡外，還包含有較多的鎧甲殘片、車構件和銅戈等；乙區多為竹簡，保存相對比較完好，依保存狀況

---

① 　李玲：〈江陵地區戰國楚墓出土文物的現場保護——漆木器竹簡及紡織品保護〉，載《考古與文物》2000年第6期。

又可將簡分為四組：一組為保存較好較長的成束簡；二組為長短相雜的亂簡；三組為清理時破損的簡；四組為雜亂無章的碎簡。分區後補繪位置圖。甲區的清理工作主要集中在竹簡周圍的其他堆積，如馬頸甲、腹甲及鉛錫裝飾等，竹簡原位保留，待繪圖照相後編號起取。乙區首先清理第一組竹簡，將除了淤泥以外的遺物如木器殘塊、席片、竹簡全部原位保留，以便繪圖和照相後取出竹簡。經過討論，制訂了取出竹簡以前的幾條原則：（1）弄清各組竹簡的排列順序和疊壓關係，按順序從上到下逐支編號起取。（2）起取前一定要繪製一定比例的草圖和必要的剖面圖。（3）現場拍照要與清理工作密切配合。（4）清洗出的文字要盡快臨摹和拍照。（5）嚴禁貼著竹簡正面刮泥，以免傷及文字。（6）竹簡取出後，要按照編號順序定向定位存放，以免混亂而影響以後的綴合和整理研究工作。對竹簡的清洗、處理和顯色工作主要由方北松同志負責。⋯⋯至9月16日，全部竹簡清理結束。9月17日至20日，將竹簡進行化學處理，復原顯色效果十分理想。9月25日開始，將竹簡分組進行拍照，照相工作9月30日結束。在對所有竹簡進行臨摹和初步拼接綴合後，又進一步對竹簡採取了密封保護措施，首先將單支竹簡用兩片玻璃片夾緊，兩端用羊腸線捆紮，裝入盛滿蒸餾水的試管，用橡皮塞密封，密封前用注射器將管內抽成真空，這樣基本保證了竹簡長期安全存放在比較理想的環境中。最後將試管編號並貼上標籤，裝入特製的木箱後，存入河南省文物考古研究所文物庫房。」①

竹簡出土後，需要進行清洗、脫色、脫水等多個環節的處理，才能使字跡顯現，便於保存和研究。竹簡剛剛出土時，竹質通常作米黃色，墨蹟清晰。但短期暴露後，竹質的顏色便逐漸加深以至發黑，字

---

① 宋國定、賈連敏：〈新蔡「平夜君成」墓與出土楚簡〉，載《新出簡帛研究》，文物出版社2004年版。

跡遂模糊不清。脫色即是採用化學的方法，改變發色物質的結構，使之成為無色物質，讓竹簡回復到起初的顏色。

常規技術的拍攝，通常在脫色之後才能進行。仰天湖25號墓竹簡1953年7月發掘，次年發表未經脫色的照片，1957年發表經草酸處理的比較清晰的照片。但若採用紅外線成像設備，則只要將簡牘表面的污染或粘連的東西清除，無論簡牘表面是否恢復本色，都可以獲得清晰的字跡。因此，在有條件的場合，應該提倡在清洗之後、脫色之前，即採用紅外線拍照，以獲取較高品質的圖像。

竹簡屬於有機物，會在自然界的諸多外部因素影響下有所變化，腐蝕、分解直至朽敗。在地下密閉缺氧的條件下，這種變化進行得還可能比較緩慢，出土以後，這些變化則會加快。如果簡牘中的水分揮發，還會使簡牘開裂、變形。因此，必須對出土簡牘立即加以處理，進行科學清理與保護，使之長久保存下來。我國的簡牘科學保護工作在近年來有了長足的進展，可以相當完好地恢復簡牘原貌，並加以妥善保存。

對於南方出土的處於潮濕狀態的竹簡，用蒸餾水或純淨水完全浸泡，是簡單有效的方法。我國古代使用的墨固著能力很好，書寫的字跡在水中也不易脫落，所以一般不必過於擔心出土後在水中浸泡會造成字跡不清。在考古發掘現場發現簡牘後，經過記錄，立即將其用大量清水浸泡，是保護簡牘的基本措施。

早期出土的簡牘，通常長期裝在玻璃試管中用蒸餾水浸泡。這樣不方便察看、整理，還需要經常換水。現在一般是將簡牘放在不銹鋼制的淺盤內，加蒸餾水或純淨水浸泡。對於已經拍照過的竹簡，可以將盤口用薄膜密封，降低了細菌發生的機率，也減少水的蒸發。

在脫水方面，現在使用的方法有以下幾種：溶劑法（醇—醚連浸法），真空冷凍乾燥法，聚乙二醇（簡稱PEG）滲透加固法，自然乾燥

法，乙醇—十六酵法。經脫水和相關處理後的簡牘，可以在良好的條件下比較長久地保存①。

由於竹簡具有價值和利益，大約從20世紀90年代之後，造假的比較多。在上海博物館購進竹簡前後，香港、臺灣、日本等地也有一些單位或個人在香港古玩市場購得竹簡。其中已知多為贗品②。在對清華簡的認識方面，李學勤先生回憶說：「這批特別珍貴的戰國竹簡，傳聞在2006年冬已流落到香港，淹沒在當時充斥的假簡之間，屢經曲折，其真實價值很晚才得到確認。」③因而，對於非科學發掘所得的竹簡，還必須通過科學鑒定。在技術方面，通常採用碳14年代測定、含水率測定和竹質的降解度分析。在學術方面，則有賴簡牘學家對簡冊形制、書寫特徵與文本內涵進行綜合考察。

第二節　文字考釋和辭義辨析

對於楚簡的解讀，文字辨識始終是第一要義，也是第一難題。裘錫圭先生指出：「考釋古文字的根據主要是字形和文例。」必須注意兼顧字形和文例的統一，盡量作出在這兩方面都有過硬證據的結論。對任何已有意見和想法，都不能盲從或自必，而應該保持警覺，用字形、文例的雙重標準審慎考究，選擇或研求更合理的解釋。

學界對「席」的認識，可以說明楚文字考釋的艱難曲折。長沙仰天湖簡20、21號各有一個從竹從石的字④。在起初的討論中，史樹青

---

① 趙桂芳：〈簡牘保護概論〉，載《中國文物科學研究》2006年第2期。
② 〈「戰國の竹簡」やはりニセモノ〉，載（東京）《書道美術新聞》1996年2月11日。
③ 劉國忠：《走近清華簡》，李學勤先生《序》，高等教育出版社2011年版。
④ 仰天湖簡的編號或有不同。此從湖南省博物館、湖南省文物考古研究所、長沙市博物館等：《長沙楚墓》，文物出版社2000年版。

先生釋為「簪」①，李學勤先生釋為「笥」②。饒宗頤先生在1957年刊出的《戰國楚簡箋證》中，正確地釋為席③。他指出：字書所無，下部所從即石字。《說文》：「席，籍也，古文作𠩄，從石省。」此從竹從石，而石形不省，知是簾字。但是，在該文末追記中，饒先生又轉趨李學勤先生之說：其字「予釋簾，李以為『笥』，謂盛衣器之笥，說較勝」。20世紀80年代，郭若愚先生重申釋「席」之說④。朱德熙、裘錫圭、李家浩先生整理望山簡時也指出：此「字亦見仰天湖及信陽楚簡，饒宗頤釋作『席』，可信。『席』本從『石』聲，『席』、『庶』二字所從之『庐』皆『石』之變形」⑤。釋「席」一說遂為定讞。

「弁」字的辨析也顯示楚文字認識過程的複雜性。天星觀簡中有一個字，朱德熙先生認為：下方所從像人形戴冠之形，即《說文》訓為「冠也」的兄字，或體作弁。這個從竹從兄的字當即「笄」字。李家浩先生在1979年發表的一篇論文，在轉述朱先生之說後，對楚系文字中相關的字展開分析，指出：曾侯乙墓編鐘從「弁」從「音」或「攵」的字，當讀為「變」；長臺關簡207「弁」疑讀為「辮」；天星觀簡人名「弁丑」的「弁」，當是弁（或作「卞」）姓；信陽簡中從「竹」從「弁」的字，疑是「笄」字，一種竹器⑥。在郭店竹書中，這一認識得到驗證和拓展。《五行》21號簡「不弁不悅」，「弁」字在馬王堆帛書《五行》經文作「聲」，而在解說文字中作「變」；《性自命出》43號簡「用心之弁者，兌為甚」，弁訓為「急」，與文意相

① 史樹青：《長沙仰天湖出土楚簡研究》，群聯出版社1955年版，第27、28頁。
② 李學勤：〈談近年來新發現的幾種戰國文字資料〉，載《文物參考資料》1956年第1期。
③ 載《金匱論古綜合刊》第一期，香港亞洲石印局1957年版。
④ 郭若愚：〈長沙仰天湖戰國竹簡文字的摹寫和考釋〉，載《上海博物館集刊》第3期，上海古籍出版社1986年版。
⑤ 湖北省文物考古研究所、北京大學中文系：《望山楚簡》，中華書局1995年版，第122頁考釋69。
⑥ 李家浩：〈釋「弁」〉，載《古文字研究》第1輯，中華書局1979年版。

協。不過，基於郭店簡、包山簡的資料，類似形體是否均釋為「弁」也出現挑戰。張桂光先生提出：類似寫法的字，下部一般有從「又」與從「人」之別；而當「弁」之下部從「又」時，其中部所從即有分別向左右伸展的對稱短筆。因而從先前釋「弁」或從「弁」之字中，分辨出「史」或從「史」之字，如將天星觀簡「～丑」釋作「史丑」，將包山簡「大～」、「右～」釋作「大史」、「右史」，將從「竹」之字讀為「笥」①。張先生又針對郭店簡指出：《老子》甲組2號簡原釋為「弁」、讀為「辨」的字亦當釋為「史」，讀為「使」，作「用」講，「三言以為史（使）不足」，是說「以上面提到的『三言』為用尚不足夠」②。李零先生也認為這個字的寫法同於35號簡讀為「使」的字，「並非借讀為『辨』的『弁』，案即『史』或『吏』字，這裡可能也讀為『使』。馬王堆甲、乙本和王弼本作『文』，乃『吏』之誤。」③裘錫圭先生校看郭店竹書《性自命出》32號簡時認為：抄手似將「吏（使）」、「弁」二字混而為一④。李零先生和陳偉都指出弁、史二字形近易混，應該根據語境具體釋讀⑤。

楚簡中那些語境清晰、尤其是可以與傳世文獻比對的資料，在文字釋讀中具有特別的作用。例如「罷」，在20世紀50年代出土的《鄂君啟節》中首次出現，後來又在多批楚簡如包山簡、望山簡、天星觀簡露面。學者間有多種猜測。等到郭店竹書整理時，這個疑團才被解開。《五行》16號簡說：

---

① 張桂光：〈楚簡文字考釋二則〉，載《江漢考古》1994年第3期。
② 張桂光：〈郭店楚墓竹簡《老子》釋注商榷〉，載《江漢考古》1999年第2期。
③ 李零：〈讀郭店楚簡《老子》〉，「郭店老子國際研討會」論文，美國達慕思學院1998年版。李零先生後來又指出：「『使』，簡文『吏』『弁』易混，整理者釋『弁』讀『辨』，疑當釋『吏』讀『使』，在簡文中是用的意思。」（〈郭店楚簡校讀記〉，載《道家文化研究》第17輯，生活　讀書　新知三聯書店1999年版。）
④ 荊門市博物館：《郭店楚墓竹簡》，文物出版社1998年版，第183頁注釋32。
⑤ 李零：〈郭店楚簡校讀記〉，載《道家文化研究》第17輯，生活　讀書　新知三聯書店1999年版；陳偉：《郭店竹書別釋》，湖北教育出版社2002年版，第15—17頁。

淑人君子，其義罷也。」能為罷，然後能為君子。君子慎其獨也。

《詩經　曹風　鳲鳩》說：「淑人君子，其儀一兮。」《五行》引述《詩經》，對比之下，可知「罷」原來用作「一」字①。又如包山簡中的「視」字，曾被釋為「見」。郭店竹書《老子》甲組號簡「視素保樸」整理者注釋說：「『視』字下部為立『人』，與簡文『見』字作者有別。」②又如郭店竹書《語叢一》93號簡說：「禮不同，不豐，不殺。」殺，整理者釋為從「方」從「蟲」之字，讀為「妨」。當發現簡文所云即《禮記　禮器》引孔子語，並與《說文》「殺」字古文比照，可知這其實是「殺」字，為減省之義③。

李零先生說：「簡帛文字的大量出土使我們進入了一個『大規模識字』的階段。」④這是令人欣慰的事情。不過，在楚簡研究中，文字釋讀依然任重而道遠。我們目前至少面臨三個層面的問題：其一，還有一些字未能釋出，比如郭店《老子》甲組34號簡相當於「朘」的字、《緇衣》16號簡相當於「從」的字。其二，有些字知道在某些場合的讀法，但不知道在另外一些場合的讀法。比如前面提到的「罷」，在禱祠簡中（「罷禱」）的讀法尚無定論；上博竹書《周易》33號簡中讀為「噬」的字⑤，在包山137號簡背面的讀法亦無確考。其三，有些知道讀法的字，在文字學上還沒有確切的解釋，比如用為「察」或「竊」（如在包山137號簡和郭店《五行》13號簡所見）的字。

辭義辨析，是指在字形考訂完成後，考查該字在簡文中應當讀

---

① 荊門市博物館：《郭店楚墓竹簡》文物出版社1998年版，第152頁注釋17。
② 荊門市博物館：《郭店楚墓竹簡》文物出版社1998年版，第114頁注釋6。
③ 陳偉：〈郭店楚簡別釋〉，載《江漢考古》1998年第4期。
④ 李零：《簡帛古書與學術源流》，生活　讀書　新知三聯書店2004年版，第170頁。
⑤ 徐在國：〈上博楚竹書（三）《周易》釋文補正〉，載簡帛研究網2004年4月24日；孟蓬生：〈上博竹書（三）字詞考釋〉，載簡帛研究網2004年4月26日。

為何字或者訓為何義。這也必須多方探求，找出最合適的解釋。

在包山文書類中，有一個「詎」字多次出現。在「詎」者、被「詎」者均有記述並且身分比較確定的場合，前者地位均高於後者。如：

君王詎僕於子左尹 15—16
子左尹詎之新偌赴尹 16
子宛公詎之陰之勤客 134
視日以陰人舒慶之告詎僕 137背面

豆、主上古音為侯部疊韻，可以通假。簡文「詎」大概是「注」字。注、屬章母雙聲，古書中常見通假之例。如《戰國策　秦策四》「頃襄王二十年」章「一舉眾而注地於楚」，高誘注：「注，屬。」《國語　晉語五》「則恐國人之屬耳目於我也」，韋昭注：「屬，猶注也。」據此我們推測，簡文此字應可讀為「屬」，為委託、交付義，表示上級將訟獄交付給下級官員辦理[1]。郭店簡《老子》甲組2號簡寫道：「或命之或唬豆。」裘錫圭先生按云：「唬豆，帛書本作『所屬』。『豆』『屬』上古音相近。」[2]這為包山簡此字的釋讀增添了比較直接的證據。

郭店簡《老子》甲組19號簡寫道：「天地相合也，以逾甘露。」原注釋說：逾，「帛書本作『俞』，整理者認為：『俞，疑讀為揄或輸』。可從。」帛書《老子》甲、乙本皆作「俞」，高明先生認為當借為「雨」[3]。對於簡本《老子》中的「逾」，劉信芳先生則認為讀如

---

① 參看陳偉：《包山楚簡初探》，武漢大學出版社1996年版，第29—30頁。
② 荊門市博物館：《郭店楚墓竹簡》，文物出版社1998年版，第113頁。
③ 高明：《帛書老子校注》，中華書局1996年版，第399頁。

「賣」①。傳世本《老子》三十二章此字作「降」，這些詮釋即是圍繞「降」的辭義而展開。其實，在先秦時期，至少是在長江中下游的楚吳之地，「逾」直接具有自上而下運行的含義。《國語　吳語》記述越滅吳之役說：「於是吳王起師，軍於江北，越王軍於江南。越王乃中分其師，以為左右軍，以其私卒君子六千人為中軍。明日將舟戰於江，及昏，乃令左軍銜枚泝江五里以須，亦令右軍銜枚踰江五里以須。夜中，乃命左軍、右軍涉江鳴鼓中水以須。吳師聞之大駭，曰：『越人分為二師，將以夾攻我師。』乃不待旦，亦中分其師，將以禦越。越王乃令其中軍銜枚潛涉，不鼓不噪以襲攻之，吳師大北。越之左軍、右軍乃遂涉而從之，又大敗之於沒，又郊敗之，三戰三北，乃至於吳。」「踰」、「逾」一字。韋昭注云：「踰，度也。」不確。這裡，「踰」與「泝」相對而言，並且左右軍是在後來（夜中）才「涉江」到「中水」（韋昭注：「中水，水中央也。」），可見「踰」指沿「江」而下，與「泝」指溯「江」而上對應②。在楚國金文《鄂君啟節　舟節》中，「逾」與「上」相對為文。節銘記述的鄂君商船免稅通行的路線，是自鄂邑（今河南南陽市北）「逾油（淯水，約當今白河）」，在入漢後分「上漢」、「逾漢」兩路展開，再在入江後分「逾江」、「上江」兩路展開。節銘中的「逾」，顯然與《吳語》中的「踰」類似，是指順水而下的航行③。相形之下，簡書此處的「逾」，應與《鄂君啟節　舟節》以及《國語　吳語》中同樣的字具有同等的含義，傳世本「以降甘露」的「降」正相對應。馬王堆帛書《老子》中的「俞」則顯然是「逾」字的省寫，也是「下」的意思。

---

① 劉信芳：《荊門郭店竹簡老子解詁》，藝文印書館1999年版，第20頁。

② 「踰」字此義未見於字書。但於鬯《香草校書　國語三》（中華書局1984年版，第932頁）已經指出。

③ 陳偉：〈《鄂君啟節》之「鄂」地探討〉，載《江漢考古》1996年第2期。

郭店簡《唐虞之道》12號簡上端原釋文讀作：「口禮畏守樂孫民教也。」該篇10號簡中段、下段及12號簡，都是講述虞舜時代的功臣。釋文已經揭示的有禹、益、后稷（以上在10號簡）及皋陶（12號簡中段）。「畏守樂」位於「后稷」之後，「皋陶」之前，「守樂」與其他四人所司無關，所云當另是一人一事。春秋時的夔國，《公羊傳》僖公二十六年記作「隗」，《史記　楚世家》索隱引譙周語作「歸」。古書中「畏」、「鬼」相通，而從「鬼」之字複與「歸」字通假①。讀「畏」為「夔」應無問題。《大戴禮記　五帝德》記云：「宰我曰：『請問帝舜。』孔子曰：『蟜牛之孫，瞽叟之子也，曰重華。……使禹敷土，主名山川，以利於民；使后稷播種，務勤嘉穀，以作飲食；羲和掌曆，敬授民時；使益行火，以辟山萊；伯夷主禮，以節天下；夔作樂，以歌簫舞，和以鐘鼓；皋陶作士，忠信疏通，知民之情；契作司徒，教民孝友，敬政率經。』」所述與簡文大致相當。

　　上博簡《昔者君老》4號簡寫道：「各恭爾事，發命不夜。」原注釋云：「發佈命令不待夜。《禮記　月令》云季夏之月『毋舉大事以搖養氣，毋發令而待，以妨神農之事也』。」其實，「發」當讀為「廢」，「夜」當讀為「赦」。「廢」從「發」得聲，故可假借。高亨先生曾搜集十餘條古書中二字通假之例，可參看②。楚簡中「廢」多借「法」字為之，但在郭店竹書《老子》丙組3號簡「大道廢」的「廢」字則是借「發」為之，與此相同。「廢命」是古人習語。如《左傳》僖公五年：「守官廢命，不敬。」哀公十一年說：「奉爾君事，敬無廢命。」夜、赦二字，為鐸部疊韻，喻、審旁紐，在上古音中讀法相近，或可通假。「夜」從「亦」得聲。《說文》「赦」下

---

① 高亨：《古字通假會典》，齊魯書社1989年版，第499—501頁。另《爾雅　釋訓》云「鬼之為言歸也」，似即用聲訓。

② 高亨：《古字通假會典》，齊魯書社1989年版，第653頁。

有「赦」字，說解云：「赦或從亦。」《古文四聲韻》卷四「赦」字下收錄有出自《汗簡》的「亦」字。在西周金文《儌匜》和雲夢睡虎地秦簡《法律答問》、《封診式》以及《為吏之道》中，赦即作「赦」[1]。這些可以看作夜、赦相通的間接證據。《書　盤庚上》云：「自今至於後日，各恭爾事，齊乃位，度乃口。罰及爾身，弗可悔。」《左傳》昭公二十五年云：「若夫宋國之法，死生之度，先君有命矣，群臣以死守之，弗敢失隊。臣之失職，常刑不赦。」與竹書所云近似。

第三節　句讀

如前所述，楚簡中已較多地使用句讀符號，但並非所有的斷讀處都有標識；同時，通常表示句讀的點狀符號也用於提示人名、地名或其他場合，使得簡文斷讀往往呈現出複雜的情形。應該儘量利用簡冊提供的有關資訊，反復推敲，求得正確的讀法。

在介紹人名提示符號時，曾舉到包山91號簡的例子。這枚簡既有句讀符號，也有人名提示符號。原文作：

九月戊申之日峇大烈六令周殺之人周雁訟付舉之關人周瑤周敧－謂葬於其土－瑤－敧－與雁－成唯周躜之妻葬焉－

原釋文標點如下[2]：

---

① 李圃主編：《古文字詁林（三）》，上海教育出版社2001年版，第666頁。
② 湖北省荊沙鐵路考古隊：《包山楚簡》，文物出版社1991年版，第23頁。

九月戊申之日，偖大烈六令周殺之人周雁訟付舉之關人周瑤、周攸，謂葬於其土，瑤、攸、與雁、成唯、周䚦之妻葬焉。

　　這裡，後一處「瑤」、「攸」、「雁」三字之下的點狀符號皆提示人名，「與」是連詞，「成」指達成合約一類意思。相關標點應改為：「……瑤、攸與雁成，唯周䚦之妻葬焉。」

　　包山137號簡也是句讀符號與人名提示同時出現。原文作：

　　信竊聞知舒慶之殺桓卯－逅－經與慶皆－竊聞知苛冒桓卯不殺舒呥。

　　「卯」、「逅」二字下的點狀符號應是人名提示，而「皆」字下的符號則應是句讀符號。「皆」可讀為「偕」，是說舒慶殺桓卯時，逅、經、慶三人均在場。因而當在「皆」字下斷讀。其後的「竊聞」與前文「信竊聞」相對，也支持「皆」後斷讀的判斷。這段簡文的正確標點應是：

　　信竊聞知舒慶之殺桓卯，逅、經與慶皆（偕）；竊聞知苛冒、桓卯不殺舒呥。

　　原釋文忽略了「皆」下的句讀符號，將其前後文字連讀，不確。

　　上節談到在郭店簡《唐虞之道》12號簡中的「畏」應讀為「夒」，指虞舜時代的另一位大臣。在作出這一理解之後，原來連讀的文句也必須斷開，成為「囗禮，夒守樂，孫民教也」。10號簡中下段寫道：「禹治水，益治火，后稷治土，足民養【也】。」與此句式相同，可以佐證。

　　釋文應該斷讀而未能斷讀的例子，還可以舉出郭店簡《成之聞之》29—30號簡中的一句。這句話原釋文作：

君子曰：唯有其亟而可能終之為難。

　　類似句式也見於《禮記　祭義》，寫作：「養可能也，敬為難；敬可能也，安為難；安可能也，卒為難。」對照之下，我們可以看出這句「君子曰」應讀作：「唯有其亟而可能，終之為難。」

　　如上所示，簡文標點通常與文字釋讀和辭義辨析相關聯，而不是孤立的。下面再舉兩個這樣的例子。

　　郭店簡《成之聞之》篇的13號簡中的一句話原讀作：「戎（農）夫務食不強，加糧弗足矣。」裘錫圭先生按語已疑「糧」上一字也許不當釋為「加」[①]。周鳳五先生將此字釋為「耕」，並改屬上讀[②]，當更為可信。

　　上博簡《從政》甲2號簡中有一句話原釋文作：「其亂，王余人邦家土地，而民或弗義。」在這之前，1號簡寫道：「昔三代之明王之有天下者，莫之余也，而□取之，民皆以為義。」2號簡上的這句話與之對舉，「王」當屬上讀，「其亂王」與「三代之明王」對應。余，當讀為「予」。簡文大致是說，三代明王奪取天下，民眾以為正義；三代末世的亂王，將天下送出，民眾以為不義。

　　句讀的改變有時會使語義呈現重大的歧異。今本《老子》十八章說：「大道廢，有仁義；智慧出，有大偽；六親不和，有孝慈；國家昏亂，有忠臣。」郭店竹書《老子》丙組2、3號簡一段釋文作：「故大道廢，安有仁義。六親不和，安有孝慈。邦家昏【亂，安】有正臣。」有學者認為簡本《老子》沒有與儒家倫理觀念針鋒相對的文字，這段釋文被作為一條主要證據[③]。也有學者指出釋文這種處理與老子原意恐怕正好相反，懷疑幾個「安」字讀為「焉」，應屬上讀，為

①　荊門市博物館：《郭店楚墓竹簡》，文物出版社1998年版，第169頁。
②　張以仁：〈郭店楚簡識字劄記〉，載《張以仁先生七秩壽慶論文集》，學生書局1999年版。
③　郭沂：〈從郭店楚簡《老子》看老子其人其書〉，載《哲學研究》1998年第7期。

語末助詞①。

第四節　綴合與編連

一、編連

編連是簡牘類文獻整理的特殊作業。其目的，是重建業已丟失的書寫在不同簡牘上的文本聯繫和順序。如果說文本復原的每一個環節都很重要的話，編連的作用尤其突出。在整理比較複雜的簡冊時，編連中的「錯簡」幾乎無可避免。而正確順序的發現和改進，往往成為文本復原中的點睛之筆。

編連的前期工作，是簡牘外在形態的分析，即將簡牘按形制、書寫風格進行分類。一般說，同一篇簡牘的長、寬應大致相當，書寫風格也基本一致。不過，由於不同形制的簡牘也有可能編連，而同一篇文字可能由不同的人書寫，不同的篇也可能編於一卷等比較複雜情形的存在，外在形態的分析只能說是具有重要的參考意義，而不能當作絕對的標準，需要與簡牘文本的分析綜合運用。

簡牘文本的內容，是編連的內在根據。不同簡牘編連的結果，應該是語句通順，合乎邏輯和書寫、閱讀習慣。所謂詞句通順，是說跨簡牘拼合的詞彙、文句，應該符合當時的表達習慣，最好能夠在相當時代的文獻（包括傳世文獻和出土文獻）中找到可以比勘的辭例、句例。所謂合乎邏輯，主要是指在更大的文本單位中，也就是篇章中，符合時間、事件、理路等方面展開的邏輯順序。在文本重建的討論中，或以為古人為文不一定那麼思維嚴密、符合邏輯。這種認識在一定程度上是有道理的，但如果重建的文本雜亂無章，

---

① 　龐樸：〈初讀郭店楚簡〉，載《歷史研究》1998年第4期。

一定是有問題的。合乎書寫和閱讀習慣，是指通欄或分欄處理時的各種規則。

在文句層面，有時一篇竹書存在多種可能性。這時應該仔細比對，反復推敲，尋求最佳選擇，也就是在多個、乃至全部交接點上都有能夠滿意的方案。這樣做很難，也很有趣。顧史考教授曾云：「筆者從小便喜歡玩拼圖遊戲，如今雖早已過而立之年矣，而舊好未改，只不過所玩者乃換成如竹簡排列、甚至諸子系年之類的拼圖性學術項目而已。」[①] 看來對於簡牘編連中的挑戰和興味，外國學者也有同感。

我們來看幾個實例。

包山131—139號簡。包山楚簡發表時，整理者已經把這9枚簡正確地與其他竹簡區別開來，但對這一組簡內部關聯的處理，卻存在明顯的問題。整理者把這9枚簡看作一件完整的文書，對竹簡正面書寫的內容，從131號簡開始到138號簡，依次相連，然後插入138反，然後再是139號簡正面，135反、137反、139反、132反。這樣處理存在多方面的問題：

第一，不符合簡牘時代的書寫和閱讀習慣。這又可分兩點說。其一，正面文本的中間插入背面文本（138號簡背）。其二，簡冊翻轉時，不是自右（139號簡背）而左（132號簡背）。

第二，交接點多處文辭或邏輯不順。如131號簡下半段說「陰司敗某早告湯公竟軍言曰：『執事人屬陰人宣粘、苛冒、舒迻、舒緹、舒慶之獄於陰之正」，132號簡上半段說「秦竟夫人舒慶坦居於陰侯之東窮之里，敢告於視日」，前者言猶未盡，後者敘述主體卻已經改換。又如135號簡最後一句說「僕不敢不告於視日」，136號簡開頭一句說

① 顧史考：〈郭店楚簡儒家逸書的排列調整芻議〉，《中國典籍與文化論叢》第6輯，中華書局2000年版。

第二章　整理與解讀

「思聽之」。彼此看不出有什麼聯繫。

第三，從形式上看，有些竹簡的下端有比較多的空白（第137、138反、139號），顯示相關文書在這些地方已經結束。也就是說，這9枚竹簡包含有多件文書，而不是像整理者理解的那樣只是一件文書。

綜合看來，這9枚竹簡涉及到一個比較長的時間跨度，文書構成也比較複雜。實際上，這9枚竹簡是關於同一個司法案件的多份文書，大概包括3小組、8份檔的文書組，即：A①132—135號正面、A②135號反面、A③132號反面為第一組；B①131、136、137號正面、B②137號反面為第二組；C①138、139號正面、C②139號反面、C③138號反面為第三組。這樣一來，符合了古人的閱讀習慣（正面皆由右至左），案件脈絡和時間層次也分明可見。

A①，由132—135號簡正面書寫的是一份訴狀。這份訴狀與目前發現的另外3份訴狀（包山15—17號簡、江陵磚瓦廠簡）格式完全相同，即開頭交待訴狀提交者的住址和姓名，接著說「敢告於視日」，然後陳述起訴的事由，最後以「不敢不告於視日」結束。在這份訴狀中，舒慶指控苛冒、桓卯共同殺害他的哥哥舒叴。他向地方官員提出起訴，地方官員追捕嫌疑人，抓住苛冒，而桓卯自殺。然而地方官不對案件作裁斷，反而把他的父親舒迲、他的另一位哥哥舒經拘押起來。他因而向王朝申訴。

A②，在135號簡反面，是第二份檔。書寫左尹向湯公（大概是郡級官員）轉述楚王的命令。在摘錄正面訴狀的要點之後，要求快速裁斷並報告結果。

A③，寫在132號簡反面，是第三份文件。是文書通過郵驛系統由楚都發送至地方官府的記錄。

B①，寫在131、136、137號簡正面。是案件發生地——陰縣官員向湯公報告對楚王命令（A②）處理的結果：陰縣對案件進行審理

（竹書稱「聽獄」），訴訟雙方各執一詞。舒迣、舒緹重複舒慶在訴狀（A①）中的指控，宣糈、苛冒則指控舒慶父子殺害了桓卯。隨後，陰縣官員舉行盟證，總共211人都作出有利於桓卯、苛冒的證詞。131號簡的「屬陰人……之獄於陰之正」，與136號簡的「思聽之」正好銜接，其中「囑」與「思」（令、使一類意思）呼應，「聽」和「獄」關聯。

B②，寫在137號簡反面。是湯公將陰縣官員的報告向左尹呈報的文書。

C①，寫在138—139號正面，是舒緹要求重新舉行盟證的請求，並列出一些證人名字。這應該是針對B①所記不利於舒氏家族的那場盟證而提出來的。

C②，寫在139號簡反面，是左尹向郡級官員轉告楚王的命令，要求按照舒緹的請求，再舉行一次盟證。

C③，寫在138號簡反面，內容是讓舒緹之讎（打官司的對手，即桓姓、苛姓家族）對舒緹提出的證人名單提出異議，如果與當事人有怨、與當事人同官、同社、同里，或者屬於從父兄弟這樣的親屬，都不可充當證人。

包山喪葬簡中有一組記錄車器的簡冊，即267—276號簡，共記五車。其中第一、第二輛車篇幅較長，包括267—272號共6枚簡。整理者以267—270號為一車，271—272號為一車。

李家浩先生指出：整理者將269號簡與記「甬車」的267號、268號連接，272號簡與記「正車」的271號簡連接，276號簡與記「羊車」的275號簡連接。這樣連接有不合理之處，即記「正車」的簡文出現兩次叫作「面」的東西：「四馬之臼面」和「白金錫面」，記其他車簡牘文字都沒有這種情況。根據文義，我們認為記「甬車」的267、268號簡與272號簡連接，而記「正車」的271號簡與276、269、270號簡連接。這樣連接不僅避免了上面所說的不合理之處，而且簡文所記正

車上的裝備物和車馬器與牘文所記正車上的裝備物和車馬器也比較一致①。李先生對於這組簡調整的理由主要有兩條：第一，叫作「面」之物的出現次數；第二，與同樣記有「正車」的包山一號牘對讀。

我們發現，一號牘實為關於饋贈的記錄。治喪時的饋贈可以用於隨葬，也就可以出現在記錄隨葬物品的遣策上。在這種場合，彼此所記只是角度不同，內容則相一致。李家浩先生以一號牘為參照調整記車簡的編連，於此可獲得支持。

郭店竹書《語叢一》釋文中有分別由三枚簡和兩枚簡組成的兩段話，由77、78、79號簡組成的一段為：「□□□於義，親而/□□；父有親又尊；/……尊而不親。」由82、83號簡組成的一段為：「不尊厚於義，專（博）於仁/人亡能為。」此外竹簡殘片第8號寫作「仁人也義」。在《禮記 表記》中錄有孔子的一段話說：「仁者，人也；道者，義也。厚於仁者，薄於義，親而不尊；厚於義者，薄於仁，尊而不親。」以此比照，當以第8號殘簡、《語叢一》77、82、79號簡為序編連，內容與這段孔子語錄略同②。

《語叢一》31、97號簡分別寫有「禮因人之情而為之」和「即文者也」。在整理者所作釋文中31號簡原與32號簡合為一句。後者云「善里（理？）而後樂生」，與31號簡的連讀並沒有明顯的根據。《禮記 坊記》說：「禮者，因人之情而為之節文，以為民坊者也。」《管子 心術上》說：「禮者，因人之情，緣義之理，而為之節文者也。」相形之下，31號簡顯然應與97號簡連讀。1999年，我們

---

① 李家浩：〈包山楚簡研究（五篇）〉，第二屆國際中國古文字學研討會提交論文，香港中文大學1993年印布。《第二屆國際中國古文字學研討會論文集續編》僅收入其第一篇，名為〈包山楚簡的旌旆及其他〉（後收入《李家浩集》，安徽教育出版社2002年版）。其他部分以〈包山遣冊考釋（四篇）〉為名刊於《古籍整理研究學刊》，2003年第5期。「面」為包山簡整理者所釋。李先生在會議論文中改釋為「衡」，〈包山遣冊考釋（四篇）〉複改從釋「面」之說。李先生談到的「甬車」，我們改讀為「用車」，參看《包山楚簡初探》182頁。
② 龐樸：〈初讀郭店楚簡〉，載《歷史研究》1998年第4期；廖名春：〈郭店楚簡儒家著作考〉，載《孔子研究》1998年第3期。

提出這一看法的時候，關於「文」還沒有獲得正確的釋讀[①]。而當李天虹教授等把這個字釋為「文」之後，這一調整就顯得更加可靠了[②]。

在喪葬簡方面，劉國勝博士曾嘗試將長臺關一號墓第2組簡中的9號、7號、10號、15號、13號、2號六簡和21號、23號、19號、28號四簡各編連為一組。前一組以服飾為主，後一組以居用什器為主。前一組中10、15號簡合成的一段文字說[③]：

一□革帶，有金鉤；其佩：一小環，徑二寸。一□□堯，長六寸，泊組之繃。一青□□之璧，徑四寸間寸，10博一寸少寸，厚錢寸。15

二簡共同記述一件玉飾的尺寸，前後相次應該比較可靠。

二、綴合

編連是對不同簡牘之間順序的安排，綴合則是針對同一支簡牘而言，即在簡牘斷裂之後，重新把殘片拼合起來，以恢復原先的完整面貌。

綴合的根據也分為外在簡牘形態和內在的文本關聯兩個方面。所謂外部形態，是指簡牘的長度、寬度、厚度、叉口、色澤、書寫風格等。對於橫向斷裂的簡牘而言，長度方面的考慮，是指拼合後的完整長度應該與同一簡冊的其他完整簡牘相當。叉口是指簡牘的斷裂面，簡牘殘片的相鄰部分，應該彼此吻合。幸運的時候，斷裂面的拼合幾乎可以達到天衣無縫的程度。所謂文本關聯，是指綴合之後，不同殘

① 陳偉：〈《語叢》一、三中有關「禮」的幾條簡文〉，載《郭店楚簡國際學術研討會論文集》，湖北人民出版社2000年版。
② 李天虹：〈釋楚簡文字「廬」〉，載《華學》第4輯，紫禁城出版社2000年版。
③ 劉國勝：〈信陽長臺關楚簡《遣策》編聯二題〉，載《江漢考古》2001年第3期。

片的文字應彼此相關，可以通順地連讀。在幸運的時候，不同殘片上的殘存筆劃可以拼合成完整的文字。

綴合有所謂「遙綴」之說，是指簡牘在形體上不能無縫拼合，文字上存在缺字或缺筆，但根據簡牘大致形態和文字內容，推定屬於同一簡牘，從而作出不完全復原。這種綴合，在簡牘實體上存在缺失，文句也有缺環。這裡使用「遙」似非妥適。可考慮用「非緊密綴合」稱之，以與「緊密綴合」相對應（當然，此時不需用「緊密」二字）。

在已經發表的資料中，初始整理者所作的綴合，有的可靠，也有的不可靠。因而針對初始整理的再整理，對原有綴合應有高度的警覺，重新審視，訂正先前有關「段位」（即殘片相對於完整簡牘的位置）的不正確判斷，離析誤綴的殘片，尋求更好的方案。

《老子》乙組10號簡下端殘缺，李家浩先生發現殘簡20號可以綴合其後，補足二字[1]。即：

上士聞道，僅能行於其中。中士聞道，若聞若亡。下士聞道，大笑之。弗大**9**笑，不足以為道矣。是以建言有之：明道如費，夷道**10**如纇，殘**20**【進】道若退。上德如谷，大白如辱，廣德如不足，建德如□□真如愉。**11**

從字體和文句看，完全可以憑信。

上博第七冊中發表的《吳命》，是一篇殘斷比較嚴重的竹書，內容是關於吳楚之間的關係。1號簡寫有：

---

[1] 李家浩：〈關於郭店《老子》乙組一支殘簡的拼接〉，載《中國文物報》1998年10月28日第3版。

二邑。非疾痾焉加之，而慎（殄）絕我二邑之好。先人有言曰：「馬將走，有童（沖）之，速衢。」灶來告曰：

3號簡寫有：

君之順之，則君之志也。兩君之弗順，敢不芒道以告？吳請成於楚：昔上天不中，降禍於我

從文字內容看，1號簡可接在3號簡之下，連讀作：

君之順之，則君之志也。兩君之弗順，敢不芒道以告？吳請成於楚：昔上天不中，降禍於我 3 二邑。非疾痾焉加之，而慎（殄）絕我二邑之好。先人有言曰：「馬將走，有童（沖）之，速衢。」灶來告曰：□□ 1

這樣連接，文意大致通順。並且3號簡最後一字連同1號簡開頭二字「我二邑」，正好與3號簡下面的「我二邑」對應。問題在於，3號簡上端完整，下端殘；1號簡兩端殘，按整理者的判斷，殘存部分有第二、第三契口，也就是說，位於完整竹簡的上半段。這在整理者所作的小圖中有直觀的反映。在這種情形下，兩支殘簡都殘缺比較多的下半部分，沒有綴合的可能。

不過，稍加揣摩可見，1號簡由於上下皆殘，殘存部分可能屬上半段，也可能屬下半段。當我們嘗試將1號簡下移，把先前認作第一契口者看作第二契口時，其下端離大致完整的9號簡下端還有一點距離，這意味著它原為下段的可能性也是存在的。在這同時，我們還會驚喜地發現，在這種場合，3號簡殘片與1號簡正好一上一下，大致可以綴合，其間只殘去「我」字的下半部分。綴合後，不僅文字基本通順，

第二章　整理與解讀

竹簡長度（尾端殘缺約二字位）、契口位置都與同篇竹書相符，可靠性比較高①。

上博第五冊《君子為禮》9號簡，整理者描述說：「本簡長47.8公釐，上端平齊，下端殘。現存二十九字。」其釋文是：「回，獨智人所惡也，獨貴人所惡也，獨富人所惡也。貴而能讓□，斯人欲其長貴也；富而。」②陳劍先生將9號簡置於1、2、3號簡之下，作為一個編連組，又指出4號簡「可能當次於前引簡9 之後」③。

4號簡原釋文作：「淵起，逾席曰：『敢問何謂也？夫子智而□信斯人，欲其」。「敢問」以後的文字陳劍先生改讀作：「『敢問何謂也？』夫子：『智而□信，斯人欲其……』」無論如何，4號簡的話題與9號簡密切相關，應該沒有疑義。不過，4號簡並不能簡單地接在9號簡之後。這裡有兩個問題。第一，前面一段文字以智、貴、富為序，後面卻是先說貴、富，再說智。第二，孔子在交待「獨智人所惡也」等三個命題後，對其中的兩個命題作出解釋，另外一個卻要讓顏淵來說（依原釋文）或者由顏淵來轉述（依陳劍釋文）。

問題可能出在9號簡的綴合上。9號簡由4個殘段綴合而成。雖然整理者沒有交待，但看圖版是一目了然的（大圖更清楚）。其中A段自「回」至「獨富人所」，釋文中的「惡」字僅存殘筆。以下三段內容連貫，整理者將其視為一體，似可信。為便於稱述，今一併稱為9B。

從放大圖看，A、B二段叉口密合，但看黑白照（原大圖），則發現彼此契合並非那麼緊密。重要的是，如果A段底端的墨蹟是

---

① 陳偉：《新出楚簡研讀》，武漢大學出版社2010年版，第315頁。
② 「長」字從何有祖君釋，見〈上博五《君子為禮》試讀〉，載武漢大學簡帛網2006年2月19日；其後「福」字，從陳劍先生釋，見〈談談《上博（五）》的竹簡分篇、拼合與編聯問題〉，載武漢大學簡帛網2006年2月19日。
③ 同上揭陳劍先生文。

「惡」字的話，B段上端的「也」字未免相去太近。這使我們懷疑，這二段殘簡現在的綴合之處恐怕並非原貌，甚至其綴合本身就是不恰當的。

從書寫內容看，9A很可能原本與4號簡屬於同一枚。9A是這枚簡的上半部分，4號簡是它的下半部分，二者相拼，中間尚缺約二字。

9B的內容大致接在4號簡之後，因而它應該是編在9A＋4號簡之後的一枚。其在簡冊中的上下位置，依字數估計，應是處於上部，但簡首已殘去約二字。

在原釋文中，4號簡的「夫智」之間有一個「子」。據圖版，其實很難看得出來。這個地方的空間比一般二字間距略大。但其右側有一個契口，這一間距當是為了躲避編繩，而不是因為另有一字。如果這一推斷不誤，則這個「夫」字可能只是發語詞。

下面把這段復原的簡文完整抄錄出來[①]：

顏淵侍於夫子。夫子曰：3「回，獨智人所惡也，獨貴人所惡也，獨富人所惡9A【也。」顏】淵起，去席曰：「敢問何謂也？」「夫智而□信，斯人欲其4【□智】也。貴而能讓□，斯人欲其長貴也；富而9B……」

在上博五《季康子問孔子》中，陳劍先生發現了兩組綴合[②]。一是22A與13號簡，一是15A與9號簡。22A與13號簡拼接，又口大致吻合。15A下端的殘筆，正好與9號簡上端的「異」字拼合。在文句

① 「去席」之「去」從周波博士釋，見所撰〈上博五劄記（三則）〉，載武漢大學簡帛網2006年2月26日。
② 陳劍：〈談談《上博（五）》的竹簡分篇、拼合與編聯問題〉，載武漢大學簡帛網2006年2月19日。

上，這樣綴合的結果也很通順：

……大罪殺21之，臧罪刑之，小罪罰之。苟能固守22A而行之，民必服矣。古子以此言為奚如？」孔子曰：「由丘觀之，則敔13言也已。且夫列今之先人，世三代之傳史，豈敢不以其先人之傳等（志）告。」康子曰：「然其主人亦曰：古之為14邦者必以此。」孔子曰：「言則美矣。然15A異於丘之所聞。丘聞之：臧文仲有言曰：君子強則遺，威則民不9……

在這兩組綴合中，15A原與15B綴合，22A原與22B綴合。文句不順，必須分拆後重新尋找綴合對象。

對於一些特殊的簡冊，比如卜筮祭禱簡，綴合時應從體例角度多作推敲。例如對包山簡出現頻率較高的一些神祇所享用祭品進行分析，可以發現這些物品的變化具有對應關係。即在某一場合享用同一祭品的幾位神祇在另一場合祭品亦必相同，而在某一場合享用不同祭品的幾位神祇在另一場合祭品亦必不同。這顯示當時楚人對各種神祇的享祭用品應有一定的規範。在望山簡中也可見類似現象。109號簡稱「聖亙王、悼王各佩玉一環，東宅公佩玉一環」，兩位楚王與東宅公雖然分開記寫，祭品卻均為「佩玉一環」。110號簡稱「聖王、悼王、東宅公各特牛」，三人合併記寫，祭品則都變為「特牛」。第54號簡說「與禱太佩玉一環，侯土、司命各一少環，大水佩玉一環」，第55號簡上半截說：「太一牂，后土、司命各一殺，大水。」當太享用一環時，侯（后）土、司命各享用一少環；而當太享用一牂時，后土、司命各享用一殺。從不同的佩玉到不同的羊，變化正相對應。55號簡下半截記作「一環，與禱於二天【子】」。與上半截連讀，則成「大水一環」，與上半截先已講到的太和后土、司命用不同的羊作為祭品不相當。我們懷疑本簡上、下半截的拼合恐有不當，原來接在上半截

之後的簡文實應為「一牂」，即跟54號簡一樣，大水與太享用同一種祭品①。

前面談到的《吳命》3+1號簡綴合尚欠嚴密。比較典型的非緊密綴合可舉郭店竹書的兩個例子說明。一是《老子》乙組11號簡兩個殘段之間約缺二三字，據傳世本，應可放心地作非緊密綴合。一是《五行》11號簡，其上段與下段殘片，字形有異，其間約殘去二字，根據帛書《五行》，整理者予以綴合，大致也可憑信。

第五節　篇章分析

篇是自有始終、自成一體的文本單位。章是篇中相對獨立的段落。《論衡　正說》云：「文字有意以立句，句有數以連章，章有體以成篇，篇則章句之大者也。」《文心雕龍　章句》云：「夫人之立言，因字而生句，積句而為章，積章而成篇。」即說明這層關係。《禮記　學記》「一年視離經辨志」，鄭玄注：「離經，斷句絕也。」孔穎達疏：「離經，謂離析經理，使章句斷絕也。」是說分章、斷句是學生的基本訓練。簡冊的篇章分析，就是在釋文、斷讀、編連等工作的基礎上，進一步復原當初的文本單元。

一般說來，編連的結果，可形成若干個編連組。分篇時，應根據文脈，將相關編連組連接起來，形成一個完整的篇。

有時一編有若干個篇，比如上博四《昭王毀室》和《昭王與龔之脽》，上博五《鬼神之明》和《融師有成氏》，上博七《莊王既成》和《申公臣靈王》以及《平王問鄭壽》和《平王與王子木》，都是兩篇合抄於一編。這些二篇合抄者，剛好都有上一篇的末尾和下一篇的

---

① 參看陳偉：《新出楚簡研讀》，武漢大學出版社2010年版，第46頁。

第二章　整理與解讀

開頭書於同一簡，其間還作有標記或留有空白，比較容易看出。

郭店《老子》丙組與《太一生水》竹簡形制與書寫風格相同，內容都是道家文獻。崔仁義先生以為一篇①。在後世所見各種版本的《老子》中，都沒有《太一生水》的文句共存，因而分作兩篇的可能性更大。這兩篇當初很可能編為一冊。但在抄寫完一篇之後易簡再抄另一篇，所以在編繩無存之後，已經不容易判斷。

上博一和上博二刊發的《孔子詩論》、《子羔》、《魯邦大旱》，李零先生認為是一篇②，整理者分作三篇。從內容看，這大概是原先合抄於一卷的三篇，還是分開為好。

上博竹書的某些分篇，存在進一步推敲的餘地。如第二冊中的《從政》甲乙篇，第五冊中的《競建內之》和《鮑叔牙與隰朋之諫》，陳劍先生均合作一篇③，當是。第八冊中的《志書乃言》，8號簡當編入第六冊中的《平王與王子木》④，其他7枚簡皆當編入《王居》⑤。這種情形，在閱讀、利用時尤須注意。

上面涉及的都是通欄書寫的情形。在分欄書寫的時候，不同欄的內容可能屬於不同的篇。比如我們在緒言中介紹分欄時已經說到，九店日書37—40號簡上欄以及41、42號簡通欄所書為一篇，37—40號簡下欄所書則為另一篇。

在一篇竹書中劃分出章，戰國時業已流行。這一點，只要把郭店

① 崔仁義：《荊門郭店楚簡〈老子〉研究》，科學出版社1998年版。

② 李零：〈參加「新出簡帛國際學術研討會」的幾點感想〉，載《上博楚簡三篇校讀記》，中國人民大學出版社2007年版。

③ 陳劍：〈上博《子羔》、《從政》篇的拼合與編連問題小議〉，載簡帛研究網2003年1月8日；後刊於《文物》2003年第5期。陳劍：〈談談《上博（五）》的竹簡分篇、拼合與編聯問題〉，載武漢大學簡帛網2006年2月19日。

④ 沈培：〈《上博（六）》和《上博（八）》竹簡相互編聯之一例〉，載復旦大學出土文獻與古文字研究中心網站2011年7月17日。

⑤ 復旦吉大古文字專業研究生聯合讀書會：〈上博八《王居》、《志書乃言》校讀〉，載復旦大學出土文獻與古文字研究中心網站2011年7月17日；陳偉：〈上博楚竹書《王居》新編校釋〉，載武漢大學簡帛網2011年7月20日。

竹書《老子》、《緇衣》中用分章標識區分出來的章與傳世本對照，特別是看看《緇衣》篇末的章數題記，即可有深刻印象。我們應該認真體味，盡可能準確地分章，從而更好地把握竹書的轉承啟合，了解章旨文意。

在非書籍類簡冊中，雖然不一定照搬篇章的概念，但類似工作卻必不可少。如同我們在本章第四節「編連」中所述，包山131—139號簡，其實是一個文書群，可分為三組八件文書。這實際形成一種立體性的文書結構。又比如在第六章第一節將要討論的，整理者按時間順序加以編列的包山卜筮簡，實當一分為二，區別為常規性貞問與非常規性貞問兩類。這裡，我們結合包山受幾簡的界定，具體地作一次文書簡的分篇作業。

包山簡「受幾」二字篇題，書於33號簡背面。該簡正面記云：

八月辛巳之日，贏陽之馭司敗黃異受幾，癸巳之日不將五皮以廷，阩門有敗。

簡文含有四個方面的內容，即：

①日期Ⅰ　　　　八月辛巳之日

②某某受幾　　　贏陽之馭司敗

③日期Ⅱ　　　　癸巳之日

④「不」字句　不將五皮以廷，阩門有敗

整理小組認為，「受幾」類包括19至79號簡，共61枚。我們以33號簡為准，可將這些簡大致分為四類：

甲、體例與33號簡完全一致。有30、47、56、73號簡等4枚。

乙、正文體例與33號簡完全一致，但隨後附有一或二人的簽署。這一類數量最多，有19、20、22、23、24、25、27、28、29、31、35、36、37、38、41、42、43、44、45、46、48、50、51、52、53、54、

55、57、60、61、62、64、65、66、67、68、69、70、71、72、74、75、76、78、79號簡等，凡45枚。

丙、正文體例與33號簡完全一致，隨後也附有簽署。與乙類不同的是，簽署人名字之後還有「敔之」二字。有21、26、32、34、39、40、49、59號簡等，共8枚。

丁、體例與33號簡差別較大。有58、63、77號簡等3枚。

以上甲類當屬「受幾」簡，毋庸多言。

在與「受幾」簡關係密切的「㢤獄」類簡中，也有缺記簽署人的例證（95號簡）。以此類推，乙類簡也應屬於「受幾」。尤其值得注意的是，22、24、30號三簡正文所記略同，當為同一性質的簡書，不能因為簽署的有無而把它們分別開來。

丙類應是乙類的變體。在「㢤獄」簡中，簽署人名字後的「敔之」等字有時也被省略，其有無並不影響簡文的性質。因而丙類也應歸入「受幾」簡。參照「㢤獄」簡的情形，恐怕實際上丙類才是「受幾」簡的完全形態，甲類、乙類則是進行了不同程度省略的變體。

屬於丁類的三條簡文如下：

東周之客許盈歸胙於蔵郢之歲九月戊午之日，宣王之竘州人苛𤫊、登公㝵之州人苛疸、苛題以受宣王之竘市之客苛適。執事人早暮救（求）適，三受不以出，阩門有敗。58

九月癸亥之日，鄩之市里人殷何受其兄殷朔。執事人早暮求朔，何不以朔廷，阩門有敗。63

嬰月辛未之日，赴命人周甬受正李烈𦣞以□田於章域□邑。正義牢敔之。77

與33號簡相比，這些簡書有兩條帶有共性的區別：第一，這些簡書中某某所受的對象是人，而不像「受幾」簡那樣所受的是「幾」。

112

因而這三簡與37、55號簡脫寫「幾」字的情形不同，「受」字後不容有「幾」字的存在。當然不能也稱為「受幾」簡。第二，如果說這三簡中的日期與「受幾」簡中的日期Ⅰ約略相當的話，那麼日期Ⅱ在這裡完全沒有提到。而日期Ⅱ為「受幾」簡所期之事的時間，是這類簡書中不可缺少的因素。此外，58、63號簡也帶「不」字句，但於句前有主語（「三受」與「何」），這在上述「受幾」簡中是不存在的。77號簡則根本沒有這部分內容。對77號簡而言，還有一個特別的問題。就是在19號至78號諸簡中，除77號簡外，月日均可前後銜接，大致屬於同一年份。簡書所見這年十月干支最早者為辛未（60、61號簡），最晚者為乙未（70、74、75、76號簡）；爨月干支最早者為己亥（78號簡），最晚者為辛亥（71、73號簡）。這樣，當年爨月最早只能始於丙申，最晚只能終於下一輪的己巳（按大月31日計），77號簡所記的爨月辛未越出了這一範圍，恐當屬於另一年。鑒於這些因素，這三簡應從「受幾」簡中剔出。

第三章　中央與地方

　　在中國古代國家的演進方面，楚人具有獨特的貢獻。春秋、戰國時期，在推進同盟、爭奪霸權的同時，楚國也創設郡縣，嘗試建立一個版圖遼闊、中央集權程度較高的新型王國[①]。

　　包山簡記有大量楚國地名。這些地名，有的已見於記敘先秦史事的古書，有的在關於秦漢以後的記載中才開始出現，有的則在歷代文獻中均無可稽考。這使我們對楚國的城邑地理、疆域地理有了更多、更直接的了解。彌足珍貴的是，簡書中這些地名往往與某一政治地理單位連稱或相關，並在彼此間呈現出這樣那樣的聯繫。對這些聯繫體現的規律性加以探討，可以將我們對於戰國時楚國地域政治系統的認識，向前推進一大步。

　　包山簡中還有一些有關文書運行的資料。這對了解楚國國家機器的運作也很有幫助。

---

① 　陳偉：《楚「東國」地理研究》，武漢大學出版社1992年版，第167—205頁。

第一節　邑

邑在包山簡書中多有出現，前後所見凡48處。它們是：

（1）鄆路區湶邑 3

（2）複寁之少桃邑 10

（3）薇尹之耶邑 28

（4）長陵邑 54

（5）章寁�封邑 77

（6）上臨邑 79

（7）下臨邑 79

（8）羅之廡寁之坙者邑 83

（9）詹陽君之菜陟邑 86

（10）羕陵君之陳泉邑 86

（11）陽路圻邑 88

（12）鄢之鳴狐邑 95

（13）中陽玄盤邑 97

（14）滕敓之米邑 100

（15）司豐之夷邑 124

（16）敢寁東敓昭戉之笑邑 124

（17）鄝寁礅敓鄟君之泉邑 143

（18）新陽邑 149

（19）靈地邑 149

（20）礪邑 149

（21）貴邑 149

（22）房邑 149

（23）佶楮邑 149

（24）新佶邑 149

116

（25）正陽之牢中獸竹邑 150

（26）邝𡩋噬邑 151

（27）笶邑 153

（28）妥邑 153

（29）並邑 153

（30）古邑 153

（31）余為邑 153

（32）隻邑 153

（33）五連之邑 155

（34）郑邑 163

（35）鄟邑 164

（36）湛母邑 169

（37）陽癸邑 169

（38）兆邑 169

（39）𨜞邑 171

（40）郮邑 174、175、190

（41）聖夫人之郜邑 179

（42）㐫野邑 182

（43）某溪邑 182

（44）伙獸今邑 183

（45）笶邑 185

（46）上郢邑 188

（47）鄢坪邑 188

（48）尃邑 193

其中，（18）至（24）、（27）至（32）諸例，簡文原作某或某某（地名）一邑，這是統計邑數時的行文。所以153號簡在歷述（27）至（32）之後總結說：「凡之六邑。」這種情況，只應在所舉之地

117

實為邑名時才會發生。因而迻錄時直接寫作某邑或某某邑。（45）與（16）、（27）邑名相同，不知是否有同一地者。所有這些邑名，可粗略分為兩類。一類只記邑名本身，如（4）、（6）、（7）等。一類則在邑名首碼連有地名和官爵名，如（2）、（3）、（5）、（8）、（9）等。有的邑名，如（1）、（11）、（43）、（44）等，一時還不好斷為哪一類。其中有的或可歸入後一類，但在邑名與首碼成分的區分上還缺少把握。還有些本無首碼成分的邑名，依據簡文可試為添加，如（4）可看作喜君之長陵邑，（33）可看作鄩之五連之邑。

在葛陵簡中，有「大邑以牛，中邑以豢，小【邑】……」的記載[1]，說明邑分大、中、小，在祭祀中提供的犧牲也大小不同。

關於邑的性質與特徵，包山簡提供了一些重要線索。試述如次：

1. 邑位於鄉野之地

邑往往與「田」有關。77號簡記云：

爨月辛未之日，赴命人周甬受正李圂戹以戠田於章或酈邑。

151號簡記云：

左馭番戍食田於邞或噬邑城田，一索畔畹。

153、154號簡記云：

【酓】苴之田，南與錄君距疆，東與薳君距疆，北與鄝陽距疆，西與酅君距疆。　其邑：笑一邑、妥一邑、並一邑、古一邑、余為一邑、隻一邑，凡之六邑。

_____

① 甲三275，見河南省文物考古研究所：《新蔡葛陵楚墓》，大象出版社2003年版，第197頁。

王所舍新大殿以嘗苴之田，南與錄君執疆，東與薆君執疆，北與鄴陽執疆，西與鄠君執疆。

二簡對讀，知嘗苴之田由笑、妥等六邑組成。「田」作為土地，有廣、狹兩層含義。狹義的田專指耕地。《說文》：「田，陳也，樹穀曰田。」《釋名　釋地》：「已耕者曰田。田，填也，五稼填滿其中也。」77號簡和151號簡所說的「田」，即屬此類。廣義的田也包括非耕地。《春秋公羊傳》桓公元年：「鄭伯以璧假許田。……此邑也，其稱田何？田多邑少稱田，邑多田少稱邑。」《左傳》僖公元年「汶陽之田」，僖公三十一年「濟西田」，成公十六年「汝陰之田」，昭公九年「州來淮北之田」、「夷濮西田」，均指面積較大的一片土地，除耕地外，必然也有非耕地。嘗苴之田有六邑之大，也是廣義上的田。

在說明邑的所在環境方面，還有兩條簡文也很重要。100號簡記云：

嬰月辛酉之日，滕敓之米邑人走仿登成訟走仿呂，以其敓溇汸與䌹澤之故。

《左傳》宣公十二年：「眾散為弱，川壅為澤。」《釋名　釋地》：「下而有水曰澤。」《風俗通義　山澤》：「《詩》云『彼澤之陂，有蒲與荷。』傳曰：『水草交厝，名之為澤。』」簡文「䌹澤」，當是一處以「䌹」為名的水澤之地。「溇汸」與「䌹澤」並舉，二字又均以水為偏旁，可能也與水體有關。《荀子　富國》：「汸汸如河海」，楊倞注：「汸，讀為『滂』，水多貌也。」《淮南子　時則訓》：「滂人，掌池澤官也。」其職官得名或與所司掌的對象有關。《說文》：「敓，彊取也。」段注云：「此是爭敓正字。後人假

奪為敓，奪行而敓廢矣。」米邑人為爭奪水澤打官司，所爭水澤大概應在該邑之中。155號簡記云：

　　□南陵公呂朕、襄陵之行僕宮於鄢，郢足命葬王士，若臧葬王士之宅。僕命亘受足，若足命。鄢少司城龏頡為喪，受足於僕。方鄢左司馬競慶為大司喪客，且政五連之邑於葬王士，不以告僕。

　　這條簡文不大好理解。宅有墓地的意思。《禮記　喪服小記》：「袝葬者，不筮宅」，鄭玄注：「宅，葬地也。」《廣雅　釋丘》：「宅、洮、塋、域，葬地也。」簡文「葬王士之宅」，即安葬王士的墓地。「政」通「徵」，指徵發。簡文「政五連之邑於葬王士」，是說徵發五連之邑作為安葬王士的墓地。迄今發掘的幾千座春秋戰國時的楚墓，大都位於丘陵岡地之上[①]。由此推測，五連之邑當有這類地形的分布。

　　綜上所述，根據「田」的廣、狹二義，可知邑中有耕地，也有非耕地。100、155號簡所記山丘、澤地，則具體顯示了那些非耕地可能具有的內涵。這樣的地理景觀，當然是非都市的鄉間野外的特色。

　　2. 邑是一種地域概念

　　在先秦古書中，邑較多的是指大小各種聚落。簡冊中邑與其中的居民常常被同時提到，因而邑中也當有居民點。值得注意的是，簡冊中的邑並非專指居民點。前引77、151號簡說「戠田」、「食田」於某邑，直接表明所述之田就在該邑之中。155號簡說徵發五連之邑以安葬王士，這處邑顯然是一片有一定面積適於埋葬死者的地方。另如153、154號簡所記啻莒之田「凡之六邑」，作為一種可

---

① 　參看中國社會科學院考古研究所：《新中國的考古發現和研究》，文物出版社1984年版，第304—310頁；楊立新：〈試論東周時期楚國東部地區的墓葬〉，載《楚文化研究論集》第3集，湖北人民出版社1994年版。

能的解釋，是說其地包括6個邑的範圍。《楚辭　大招》：「田邑千畛，人阜昌只。」王逸注：「田，野也。畛，田上道也。邑，都邑也。」「言楚國田野廣大，道路千數，都邑眾多，人民熾盛，所有肥饒，樂於他國也。」《周禮　地官　遂人》孫詒讓《正義》引孔廣森云：「楚國以畛記田，故《楚辭》曰『田邑千畛』。《戰國策》葉公子高食田六百畛，殆因周十夫有溝，其徑名畛，遂謂十夫之地千畝為畛歟？」無論「畛」是指田間道路抑或田畝面積，對於與「田」並舉、也以「千畛」形容的「邑」而言，不好脫離語言環境，像王逸那樣僅僅用「都邑」來解釋。將它看作具有一定範圍的鄉間地域概念，恐怕比較妥當。這與簡冊之邑可以相互印證。

3. 邑地可由國家配給或回收

前引|151、152號簡合為一件文書，全文如下：

左馭番戌食田於邔戝噬邑城田，一索畔畹。戌死，其子番寁後之；寁死無子，其弟番黯後之；黯死無子，左尹士命其從父之弟番欵後之。欵食田，病於債，骨價之；左馭游晨骨買之。有五範、王士之後鄪賞間之，言謂番戌無後。左司馬適命左令默定之，言謂戌有後。

依照李學勤先生的分析，簡冊「食田」大致屬於「授田」的範疇，是當時楚國實行授田制以及存在土地買賣的反映[1]。番戌死後，食田先後由他的兩個兒子及一位侄子繼承。當其侄想把食田出賣時，引起「無後」、「有後」即是否有合法繼承人的爭議。推尋文意，倘若番戌無後，這食田便不能買賣，結果自當由國家收回。153—154號簡記載楚王將苦苴之田六邑給予新大廐，155號簡記述鄂左司馬競慶徵發五連之邑用於安葬王士，這是另外一種意義上的邑地分配與回收。

<hr />

① 李學勤：〈包山楚簡中的土地買賣〉，載《中國文物報》1992年3月22日。

第三章　中央與地方

4. 邑是地域政治系統中的基層單位

就簡冊所見，在邑的內部，沒有更低層次的劃分。而在邑的外部，依照邑名前綴成分的提示，還存在幾種當屬較高層級的地域概念，如見於124、143號簡的「敔」，見於10、77、83、124、143、151號等簡的「𪥇」。依據124、143號簡的表述，邑包含於敔中，敔又包含於𪥇中，構成層級依次遞增的地域系統。不過，在另外4例（10、77、83、151號簡）中，敔、邑之間未曾提到敔的存在；而在更多的邑名之前，沒有出現敔、𪥇等概念。這是因為並非所有邑的上面均設有敔、𪥇，還是由於記敘時的省略，目前還不能確定。

「𪥇」，《釋文》讀作「域」。郭店竹書《緇衣》9號簡：「《詩》云：誰秉𪥇成，不自為貞，卒勞百姓。」①整理者注釋說：「以上詩句見《詩 小雅 節南山》，今本作『誰秉國成，不自為政，卒勞百姓。』」藤田勝久先生據此認為包山簡中的「𪥇」均應讀為「國」，是與縣、封邑不同的地域單位②。宋華強先生在討論葛陵楚簡「國」字時，補充《上海博物館藏戰國楚竹書》第四冊《曹沫之陳》16號簡中「𪥇」亦用為「國」的證據，認為：古代「國」可以指「城邑」。如《國語 周語中》「國有班事」韋昭注：「國，城邑也。」葛陵簡「國」與包山簡「𪥇（國）」可能都是指一些較大的城邑③。

敔，《說文》：「禁也。一曰樂器，椌楬也，形如木虎。」釋義與簡書之「敔」無關。有學者認為：「敔，指牢獄。敔、圉、圄古通。⋯⋯因疑124號簡『死於敔𪥇東敔』，125簡『死於小人之敔』，敔

① 荊門市博物館：《郭店楚墓竹簡》，文物出版社1998年版，第132頁。
② 藤田勝久：〈包山楚簡所見戰國楚的縣與封邑〉，載《中國出土資料研究》第3號，（日本）中國出土資料學會1999年刊佈。
③ 宋華強：《新蔡葛陵楚簡初探》，武漢大學出版社2010年版，第336—337頁。

字皆指牢獄而言。」① 簡書「敔」中有邑。如前所述，邑是具有一定面積的地域概念，因而很難把「敔」看作牢獄。143號簡記「鄝戜磁敔郊君之㳂邑」，郊君應為楚封君。含有封君之邑的磁敔自然更不好用牢獄作解。就目前的認識而言，還只能說「敔」是介於戜、邑之間的一種地域概念，其具體內涵還有待進一步探討。

83號簡所見的一處邑名記作「羅之廬戜之㒸者邑」。這屬於戜、邑之間沒有提到「敔」的幾例之一。「廬戜」之前冠加的「羅」，應是一處可以涵蓋「廬戜」、層級更高的地方。124、125號簡為兩件相關文書。二簡分別寫道：

司豐之夷邑人桯甲受㳂陽之酷官黃齊、黃鼉。黃齊、黃鼉皆以甘臣之歲爂月死於敔戜東敔昭戊之㒸邑。

宋客盛公聘楚之歲屈夕之月戊寅之日，郊陽公命敔戜之客、葦㽬尹癸察之。東敔公舒捀、敔司馬陽牛皆言曰：郊陽之酷倌黃齊、黃鼉皆以甘臣之爂月死於小人之敔昭戊之㒸邑。

正陽，又作㳂陽、郊陽，為一個地名的不同寫法。正陽之酷官死於敔戜東敔之㒸邑，正陽公命令敔戜之客、葦㽬尹癸核查其事，顯示正陽應位於敔戜之上，兩者關係與羅於廬戜相當。此外，95號簡所記「鄢之鳴狐邑」、97號簡所記「中陽玄盤邑」、150號簡所記「正陽之牢中獸竹邑」，其中「鄢」、「中陽」、「正陽」等前綴部分均為地名專名，沒有附加如「戜」、「敔」一類地名通名。這與83號簡對「羅」記述的文例是一致的。83號簡同時記有「鄳之壢里」，鄳應即羅，猶如郊陽亦即正陽。而在150號簡中，同時記有「正陽之酷里」。比勘這些記述，可見鄢、中陽、正陽等地名也應

① 湯余惠：〈包山楚簡讀後記〉，載《考古與文物》1993年第2期。

代表著與羅處於同一層級地方。

5. 官吏的設置

在一些簡文中，存有「邑公」、「敔公」的記載。邑公見於28、79、183等簡，敔公見於70、125等簡。春秋時楚國有些縣的長官稱公，如陳公、蔡公。包山簡有更多的官名稱公。邑公、敔公當是設於邑、敔的官職①。125號簡還記有敔瞏之客、葦畷尹癸以及敔司馬陽牛等人。敔司馬是敔中的另一官職。從排列次序看，其地位低於敔公。同時提到的另外二人，則應是瞏中的官吏。

綜上所述，簡書所見楚國的邑分布於鄉間野外，各有一定的地域範圍；其土地（至少是其中一部分）可由國家分授和收回，在邑（至少有一部分邑）之上還存在敔、瞏等層級較高的單位，邑中及其以上的層級均設有官吏。這樣的邑，應該屬於一種居民組織或者說行政區域；邑及其以上層級，構成一種行政區域系統。

關於149號簡「新陽一邑」，《包山楚簡》「考釋」引《周禮　地官　小司徒》「四井為邑」等記述作注。古書中有較多的這類記載。《國語　齊語》記云：

制鄙：三十家為邑，邑有司；十邑為卒，卒有卒帥；十卒為鄉，鄉有鄉帥；三鄉為縣，縣有縣帥；十縣為屬，屬有大夫。

《管子　小匡》記云：

桓公曰：「五鄙奈何？」管子對曰：「制五家為軌，軌有長；六軌為邑，邑有司；十邑為率，率有長；十率為鄉，鄉有良人；三鄉為屬，屬有帥；五屬一大夫。」

---

① 簡39記「付舉之關敔公周童耳」。此人所司為關。看來敔公不只是設於敔中。

《周禮 地官 小司徒》記云：

乃經土地而井牧其田野，九夫為井，四井為邑，四邑為丘，四丘為甸，四甸為縣，四縣為都，以任地事而令貢賦，凡稅斂之事。

這裡《齊語》、《小匡》講的是與「國」相對的「鄙」制。《齊語》「參其國而伍其鄙」句下韋昭注：「參，三也。國，郊以內也。伍，五也。鄙，郊以外也。」《周禮 地官 小司徒》所述，也是國都四周鄉遂之外廣大鄙野地區的情形①。在這種地區，邑是基層或接近基層的組織。在邑之上，還有較多層級的組織機構。所有這些機構都置有官吏。根據鄭玄的注解，《周禮 地官 小司徒》的記載還意味著在這一地區實行授田制。所有這些，與包山簡所記邑的情形多有類似之處。

第二節　里

葛陵簡中有二十多處里名②。因為相關資料不足，姑不置論。包山簡所記里名，共計22處，總數不及邑的一半。它們是：
（1）郢里7
（2）今之□里23
（3）鄩之己里31
（4）安陸之下隋里62
（5）鄩之市里63

---

① 參看《周禮 地官 小司徒》及《考工記 匠人》孫詒讓《正義》。
② 賈連敏：〈新蔡葛陵楚簡中的祭禱文書〉，載《華夏考古》2004年第3期。

（6）鄳之壥里63

（7）繁丘之南里90

（8）喜之隋里 ① 90

（9）郣（宛）陳午之里92

（10）登令尹之里92

（11）滋反之南陽里96

（12）坪陽之枸里97

（13）下蔡蕁里120

（14）下蔡山陽里121

（15）下蔡關里121

（16）下蔡東邧里121

（17）下蔡夷里121

（18）羕陵之州里128

（19）陰侯之東窮之里132

（20）正陽之酷里150

（21）鄝陵之戲里150

（22）夜基之里168

這些里名的記述，大致有兩種情形。較多的一種作某地某里，只有極少數逕寫作某里。121號簡記有「下蔡關里人應女返、東邧里人場賈、夷里人競不割」，東邧里、夷里顯然也屬於下蔡，簡文承前省略。因而分開書寫時都補上了「下蔡」二字。這樣，除了132號簡所記尚不明朗之外，確切屬於後一種的就只有（1）、（22）兩例。

63號簡「鄳之市里」的「之市」二字原為合文。《包山楚簡》

---

① 「隋」為朱曉雪博士釋出，看所撰：《包山楚墓文書簡、卜筮祭禱簡集釋及相關問題研究》，吉林大學2011年博士論文，第715頁。

「字表」析書為「之市」，「釋文」與之相反，記作「鄅市之里」。我們看到，簡書中「之」字與它字合文，析讀時皆是「之」字在前，如「之日」、「之月」、「之歲」、「之所」、「之首」，等等。參看這些例證，「字表」的處理當然更為可靠。63號簡所記「鄅之市里人殷何」，與184號簡所記「鄅人殷何」，顯然是同一個人，只是對其居地的記敘一繁一簡。與此類似，150號簡記「正陽之酷里人昭癸」，193—194號簡記「正陽昭癸」，後者也是前者的省稱。這裡略而不提的是邵癸所在的里名。由此反觀前一例，略去的內容也當是里名。這是「鄅之市里」這一讀法的一個更直接的證據。

下面根據簡冊提供的資料，討論里的特徵和性質。

第一，分布。簡書中的里，有的可大致考知所在。如古安陸故城約在今湖北安陸縣城關或雲夢縣城關[1]，古下蔡故城約在今安徽鳳臺縣城關附近[2]，62號簡所記安陸之下隋里，120、121號簡所記下蔡諸里，應分別與有關故城相近。又古陰縣故城約在今湖北老河口市（舊光化縣）境[3]，依131—139號簡所記，「陰侯」與「陰」的關係雖然不很清楚，但所在必然相近，因而陰侯之東窮之里或即在此一帶。又90號簡「繁丘之南里」一作「繁陽」。作為春秋、戰國時楚地的繁陽，曾見於《左傳》襄公四年、昭公五年和《鄂君啟節　車節》，約在今河南新蔡縣北或安徽太和縣北[4]。繁丘之南里或許也在其地。記述「郢里」的7號簡有關內容如下：

① 參閱嘉慶《一統志》卷43，德安府古跡，「安陸故城」條；黃盛璋：《歷史地理論集》，人民出版社1982年版，第549—552頁。
② 參閱嘉慶《一統志》卷126，鳳陽府古跡，「下蔡故城」條；陳偉：《楚「東國」地理研究》，武漢大學出版社1992年版，第22—23頁。
③ 參閱嘉慶《一統志》卷347，襄陽府古跡，「陰縣故城」條。
④ 參閱嘉慶《一統志》卷216，汝寧府古跡，「繁陽亭」條；陳偉：《楚「東國」地理研究》，武漢大學出版社1992年版，第36—37頁。

……王廷於藍郢之游宮，焉命大莫囂屈陽為命邦人納其溺典。臧王之墨以納其臣之溺典：憙之子庚一夫，尻郢里……

《包山楚簡》「考釋」云：「邦，《周禮 天官 大宰》：『以佐王治邦國』，注：『大曰邦，小曰國』。邦人，國人。」《周禮 地官 泉府》「國人郊人從其有司」，賈疏云：「國人者，謂住在國城之內，即六鄉之民也。郊人者，即遠郊之外，六遂之民也。」孫詒讓《正義》云：「國即國人，謂城郭中。郊，六鄉外之餘地。經言國人，以晐國外之六鄉；言郊人，以晐郊外之六遂公邑。《秋官 鄉士》掌國中，遂士掌四郊，亦其比例也。賈說未析。」依此，身為邦人的臧王之墨以（人名）當居於楚都或其近旁。其臣所處的「郢里」似亦在此範圍內。這樣，里有的位於國都一帶，有的位於離國都較遠的各個地方，分布相當廣泛。

上節曾提到，有簡文顯示某些里、邑共存於一地。即83號簡同時記敍「羅之壇里」和「羅之廡寏之夲者邑」，150號簡同時記敍「正陽之酷里」和「正陽之牢中獸竹邑」。按上節分析，羅和正陽都是層級較高的政區之名。這是在里的分布方面值得注意的現象。

第二，里、邑大致處於同一層級。里、邑雖然可以共存於某一層級較高的政區之中，但無論就里、邑之名的稱述，還是從里、邑之事的記載來看，這二者之間並無彼此隸屬的跡象。

對於當事人所在或者事件發生的地點，簡書往往有詳細記述。32號簡要求「以所死於其州者之居尻名族致命」，表明這可能是有關文書的必備內容。在這類記述中，里、邑往往同是最具體的單位。關於住址方面的如：

鹽族郒一夫、瘁一夫，尻於郢路區湶邑3
憙之子庚一夫，尻郢里7

廖族衍一夫，凥於複䢵之少桃邑10

（龔酉）為偏於喜，居隋里90

關於治安、司法方面的如：

將鄗之己里人青辛以廷31

察長陵邑之死54

羅之壦里人湘痼訟羅之廡䢵之夆者邑人疋女83

詹陽君之蒝陊邑人紫訟羕陵君之陳泉邑人□塙86

競得訟繁丘之南里人龔怺、龔酉90

宛陳午之里人藍訟登令尹之里人苛□92

昭無害之州人鼓鼗張忶訟鄢之鳴狐邑人某□95

中陽玄盤邑人沈□以訟坪陽之枸里人文適97

小人信與下蔡關里人應女返、東邗里人場賈、夷里人競不害僉殺余睪於競不割之官121

郙䢵敽敔郳君之泉邑人黃欽言於左尹143

關於財產關係的如：

邛陽之酷里人昭猍、郙鐶、盤己，邛陽之牢中獸竹邑人宋贔，鄝陵之戠里人石紳，貣徒蘪之王金不賽150

左馭番戌食田於邨䢵噬邑城田151

秦漢時，里也是官方確定行政、司法當事人居地的最低地域單位。雲夢睡虎地秦簡《秦律十八種　倉律》要求：「書人禾增積者之名事邑里於廥籍」；《封昣式　覆》記云：「敢告某縣主：男子某辭曰：『士五，居某縣某里，去亡。』可定名事里。」《漢書　宣帝

紀》記云：「其令郡國歲上繫囚以掠笞若瘐死者所坐名縣爵里，丞相御史課殿最以聞。」在這些記載中，對此都有明確的規定。包山簡對有關人員或事件所在的里詳加記敘，與秦漢時的做法正相一致。只是簡書中除里外，邑也具有對等的作用①。這也可見在當時楚國，里、邑大致處於同一層級。

第三，官吏設置。120—123號簡記云：

周客監臣蹠楚之歲享月乙卯之日，下蔡蕁里人余猏告下蔡訊執事人、陽城公■罶。猏言謂：邞拳竊馬於下蔡而價之於陽城，又殺下蔡人余罶，小人命為昏以傳之。陽城公瞿罶命倞邞、解句傳邞拳得之。**120**享月丁巳之日，下蔡山陽里人邞拳言於陽成公■罶、大飯尹屈■、邞陽莫囂臧獻、余羍。傸言謂：小人不信竊馬。小人信與下蔡關里人應女返、東邟里人場賈、荑里人競不害僉殺余罶於競不害之官，而相與棄之於大路。競不割不至（致）**121**兵焉。予執場賈，里公邞■、士尹紬緟返予，言謂：場賈既走於前，予弗及。予執應女返，加公臧申、里公利臤返予，言謂：女返既走於前，予弗及。予執競不割，里公■拘、亞大夫宛乘返予，言謂：不害既走於前，予弗及。予收邞拳之挐，加公范戍、里公余**122**□返予，言謂：邞拳之挐既走於前，予弗及。邞拳未至斷，有疾，死於旬。應女返、場賈、競不害皆既盟。**123**

簡文主要記有三層意思：（1）下蔡蕁里人余猏指控邞拳犯有竊馬、殺害余罶等罪行；（2）下蔡山陽里人邞拳為官府所得，自述與下蔡關里人應女返、東邟里人場賈、夷里人競不害共同殺害余罶；（3）官府下令拘押場賈等3人，並「收邞拳之挐」。四組官吏分別報告說：這些要收執的人「既走於前，予弗及」。這四組官吏正好與

---

① 《秦律十八種　倉律》所說「邑里」的邑，大概是指縣，與包山簡中的「邑」有別。

前面提到的山陽、關、東邴、夷等4個里對應，可能就在有關各里供職。從簡文順序看，加公地位最高，里公次之，士尹、亞大夫又次之。包山楚簡整理小組認為「里公」為里的官吏，「州加公」為州的官吏，對這件文書中的「加公」未曾論及。在這件文書中，完全沒有「州」的出現。依照下節的分析，「州」集中於楚都周圍，下蔡位於遠離楚都的淮水中游，也不會有州的設置。因而這處州公以視為里的官吏為宜。

第四，統屬。在關於先秦時期的文獻中，里作為政區系統中的一環，常常與其他一些政區單位同時被提到。如《國語　齊語》記云：

管子於是制國：五家為軌，軌為之長；十軌為里，里有司；四里為連，連為之長；十連為鄉，鄉有良人焉。

《管子　小匡》略同。同書《立政》記云：

分國以為五鄉，鄉為之師；分鄉以為五州，州為之長；分州以為十里，里為之尉；分里以為十游，游為之宗；十家為什，五家為伍，什伍皆有長焉。

同書《度地》記云：

故百家為里，里十為術，術十為州，州十為都，都十為霸國。

《周禮　地官　遂人》記云：

五家為鄰，五鄰為里，四里為酇，五酇為鄙，五鄙為縣，五縣為遂。

《鶡冠子　王鈇》記云：

五家為伍，伍為之長；十伍為里，里置有司；四里為扁，扁為之長；十扁為鄉，鄉置師；五鄉為縣，縣有嗇夫治焉；十縣為郡，有大夫守焉。

銀雀山漢簡《田法》記云：

五十家而為里，十里而為州，十（鄉）〔州〕而為（州）〔鄉〕。

這裡提到的與「里」相關的組織，絕大多數在簡書中未見反映。

包山簡記有較多的州。但如下節所論，這些州集中於楚都周圍，直接歸中央管轄，不是普遍設置的地方政區單位，與里並沒有隸屬關係。

簡書中沒有鄉的記載。《史記　老子列傳》記云：「老子者，楚苦縣厲鄉曲仁里人也。」這似乎是楚國里轄於鄉的文獻證據。張守節《正義》針對這條記載說：「按年表云，淮陽國，景帝三年廢。至天漢脩史之時，楚節王純都彭城，相近。疑苦此時屬楚國，故太史公書之。」推測「楚」指西漢早期的諸侯王國。又東漢延熹八年（165）邊詔《老子銘》記云：「老子，姓李，字伯陽，楚相縣人也。春秋之後，周分為二，稱東、西君。晉六卿專征，與齊、楚並僭號為王，以大並小，相縣虛荒。今屬苦。故城猶在，在賴鄉之東，渦水處其陽。」①這裡「楚相縣」是指先秦楚國的縣名；至於老子生地改屬苦，以及故城所在的賴（厲）鄉，均被說成是後世之事。在這種情形

---

① 洪適：《隸釋》卷三，中華書局1985年版，第36頁。

下，「厲鄉曲仁里」是不是先秦楚國的建置，不無疑義。應該說，楚國里之上是否有鄉的存在，還有待進一步證明。

就簡冊所見，里的上面只出現一個層級較高的政區單位。這級政區與里的隸屬關係，不僅在代表這級政區的地名與里名的前後連稱上得到顯示，而且在簡書內容中也有較多的具體例證。如23號簡要求今少司敗「將今大司敗以盟今之櫟里之擔無有李□思」，31號簡要求鄔司敗「將鄔之已里人青辛以廷」，120—123號簡中下蔡官府派各里官吏收執疑犯，128號簡要求兼陵官員「察兼陵之州里人陽鋌之不與其父陽年同室」。可見這級政區的官員對有關各里的官吏和居民負有多方面的責任。依上節所述，里之上的這級政區，與邑、敔、寁系統中寁之上的那級政區處於同一層級，有的里和邑還共存於同一個這級政區之下。關於這級政區的情形，我們將在本章第四節討論。

里、邑既然大致處於同一層級，並且可以共存於那些層級較高的單位之中，兩者的性質必定有所不同。邑為鄉野之中的地域組織，已如前述。對比之下，里很可能是城邑中的地域組織。簡書中關於邑的記載往往與田地相涉，談到里的時候卻沒有這方面的聯繫，蓋即出於這一緣故。

前引關於先秦時期里的記述，實際包含兩種情形。依《管子　度地》、銀雀山漢簡《田法》和《鶡冠子　王鈇》所云，里是一種普遍的建置。這與秦、漢時的情形相符。另如《國語　齊語》、《管子　小匡》、《立政》以及《周禮》所云，里所在的政區系統僅限於國都（國）或其郊區（鄉、遂）一帶，同時存在的包含有邑的政區系統則位於邊鄙地區（鄙、都鄙等）。簡冊中里、邑的關係似乎正與這一分別對應。當然，簡冊中的里實際還存在於一批層級較高的地方，而不只限於楚都一帶。楚都以外的里，可能是各地大小中心城市內的基層組織，邑則分布於這些城市的四周。考慮到春秋戰國時那些層級較高的政區首府，往往是早先的故國舊都，這種對應與傳世古書中描述的

國、鄙之別恐怕仍有一定的聯繫。

第三節　州

　　州也是包山簡中最常見的地理單位之一。先後所見凡41處，數量略少於邑，而接近里的二倍，它們是：

（1）邡司馬之州 22、24、30

（2）邸陽君之州 27、32

（3）新游宮中酓之州 35

（4）福陽宰尹之州 37

（5）靈里子之州 42、180

（6）宣王之窀州 58

（7）登公▨之州 58

（8）鬲君之故州 ① 68

（9）大臧之州 72

（10）赴大令珊之州 74

（11）少臧之州 80

（12）膚人之州 84

（13）司衣之州 89

（14）昭無割之州 95

（15）秦大夫怡之州 141

（16）巫思公之州 163

（17）喜人之州 163-164

---

① 「故」字釋讀，參看朱曉雪：《包山楚墓文書簡、卜筮祭禱簡集釋及相關問題研究》，吉林大學2011年博士學位論文，第213頁。

（18）賓撫之州164

（19）複令之州165、189

（20）囂沈尹之州165

（21）刻寑令之州166

（22）新野君之州172–173

（23）登軍之州173

（24）大飮之州174

（25）競賈之州180

（26）鄗君新州180

（27）昭上之州181

（28）應族之州181、191

（29）莫囂之州181

（30）坪夜君之州181

（31）右司馬愇之州182

（32）枎券之州183

（33）王西州181、191

（34）咸鄆公之州①185

（35）襄君之州189

（36）株陽莫囂州189

（37）邗競之州189

（38）箞州190

（39）游宮州190

（40）簹令州190

（41）坪陵君之州192

---

① 「咸」字之釋，參看朱曉雪：《包山楚墓文書簡、卜筮祭禱簡集釋及相關問題研究》，吉林大學2011年博士學位論文，第207頁。

第三章　中央與地方

在一些文獻中，如上節引述的《管子　立政》和銀雀山漢簡《田法》，州、里具有直接隸屬關係，是地方基層政區系統中相互銜接的兩個環節。大概因受到這類記載的影響，包山簡整理小組相信簡冊中的州乃是里的上級單位。這一判斷與簡書提供的證據不符。下面分四點來說明：

第一，在前兩節已經看到，邑名、里名之前往往冠有代表較高層級單位的地名，表示彼此間的隸屬關係。而這些地名沒有一處是州名。在另一方面，41處州名一概單獨出現，不與其他任何地名連稱。由此可以直觀地感到，州、里之間不僅不存在垂直隸屬關係，而且甚至不像里、邑那樣共存於某些較高層級的單位之中。

第二，與此相應的是，簡書多見左尹官署直接對州發佈指令的事例，如屬於「受幾」類的22、27、35、37、42、68、72、74號諸簡，皆是如此。141—144號簡記載的在秦大夫怡之州發生的事件則是直訴於左尹官署。另一方面，如上節所述，左尹官署必須通過那些層級較高的單位，才能了解、處理里中的事務。這顯示州、里對於中央官署的聯繫途徑或方式迥然有別。

第三，在「受幾」簡中，日期Ⅰ與日期Ⅱ、也就是「受幾」者接到指令與執行指令的時間，當「受幾」人所在之地相同時，其間隔大多相等或相近；而當所在之地不同時，其間隔可以相去甚遠。由於那些指令大多需要到楚都來完成，所以這種間隔恐怕是按各地到楚都的距離來確定的。「受幾」簡所見州的有關情形如表3-1：

表3-1

簡號	受幾人所在	日期Ⅰ	日期Ⅱ	間隔（天）
22	邡司馬之州	八月己巳	辛未	2
24	同上	八月辛未	癸酉	2
30	同上	八月戊寅	辛巳	3

续表				
簡號	受幾人所在	日期 I	日期 II	間隔（天）
27	邨陽君之州	八月癸酉	乙亥	2
32	同上	八月戊寅	辛巳	3
35	新游宫中酓之州	八月癸酉	乙亥	2
37	福陽宰尹之州	八月己丑	壬辰	3
42	靈里子之州	八月丙申	九月戊戌	2
68	鬲君之故州	十月辛巳	丙戌	5
74	赴大令琊之州	十月癸巳	乙未	2

在以上7個州中，有6個州到楚都均不過二三日路程，另外一處（鬲君之故州）也不過5日之程。可見這些州均離楚都不遠或不是太遠。

141、142號簡為兩件內容相關的簡書。據載，許緹之歲爨月甲辰之日秦大夫怡之州里公周在州中追捕黃欽，黃欽自傷；乙巳之日雙方即在左尹官署陳述這一事件。乙巳為甲辰次日，秦大夫怡之州必定緊靠左尹官署所在的楚都。

58號簡原定為「受幾」簡，我們認為體例不符，從「受幾」簡中離析出來。這條簡文記云：

東周之客許緹歸胙於蔵郢之歲九月戊午之日，宣王之坉州人苛覺、登公▨之州人苛疸、苛題以受宣王之坉市之客苛適。執事人早暮救適，三受不以出，阩門有敗。

坉，《包山楚簡》釋為「垞」，「考釋」說：「讀作宅。《儀禮士喪禮》：『筮宅，塚人營之』，注：『葬居也』。宅州指宣王塚墓所在之州。」後來有幾位學者不約而同地將此字改釋為「坉」，即窀穸之「窀」。《說文》：「窀，窀穸，葬之厚夕也。從穴，屯聲。《春秋傳》曰：『窀穸從先君於地下。』」《左傳》襄公十三年「唯是春秋窀穸之

137

事」，杜預注：「窀，厚也。穸，夜也。厚夜猶長夜。春秋謂祭祀，長夜謂葬埋。」宣王窀是指宣王埋葬之地①。春秋、戰國時國君與秦漢帝王的陵墓一般均靠近國都。由此推測，宣王葬地及其所在的州也應離楚都不遠。63號簡所記之事與本簡類似。這條簡文寫道：

九月癸亥之日，鄭之市里人殷何受其兄殷朔。執事人早暮求朔，何不以朔廷，阱門有敗。

二簡中的「不」字句，是以否定句式表達的肯定性要求。這裡所說的「受」，從「受」者有責任讓所「受」之人「以出」、「以廷」來看，大概是一種擔保制度。《周禮 地官 大司徒》云：「令五家為比，使之相保；五比為閭，使之相受。」同書《地官 比長》云：「五家相受相和親，有罪奇邪則相及。」《鶡冠子 王鈇》云：「若有所移徙去就，家與家相受，人與人相付。亡人奸物，無所穿竄。」與這兩條簡文中的「受」字用意似大致相當。如果這一理解不誤，58號簡所說的「三受」即苛蔓、苛疽、苛題以三位「受」者的居地必相鄰近（惟其如此才能共「受」一人），從而登公███之州當與宣王之窀州相近，也與楚都相隔不會太遠。

以上論列的10個州皆位於楚都一帶。這10州幾乎占了包山簡所見全部州數的1/4，相反的例證則無一發現。因而這些州的分布可能具有代表性，也就是說當時楚國的州大概皆位於首都一帶。至於里的分布，如同上節分析的那樣，雖然有的可能在楚都一帶，但約略可考者大多與楚都相去較遠。這意味著，州、里的分布地域可能互有不同，因而不存在發生隸屬關係的前提。前文曾說州、里不僅沒有彼

---

① 黃錫全：《湖北出土商周文字輯證》，武漢大學出版社1992年版，第194頁；林澐：〈讀包山楚簡劄記七則〉，載《江漢考古》1992年第4期；何琳儀：〈包山竹簡選釋〉，載《江漢考古》1993年第4期。

此隸屬的跡象,甚至不會共存於較高層級的政區之中,於此獲得了初步解釋。

第四,包山簡整理小組認為,簡書常見的某某之州加公,是州中官員,當無疑義。但又說某某之州里公系里中官吏,以此作為州下轄里的一條證據,則值得商榷。簡書中某某之州里公有時與某某之州加公連稱,如22號簡「邡司馬之州加公李瑞、里公隋得」,42號簡「靈里子之州加公文壬、里公苛臧」;有時則單獨出現,如27號簡「邸陽君之州里公登嬰」,37號簡「福陽宰尹之州里公婁毛」。姑且不論州、里實無隸屬關係的問題,僅從語言邏輯上看,這些里公應與加公一樣為州之官吏,而不會屬於某個毫無交待的里。

可以進一步說明這個問題的是,27號簡要求邸陽君之州里公登嬰「以死於其州者之察告」,32號簡要求同一位里公「以所死於其州者之居尻名族致命」,141—144號簡秦大夫怡之州里公周🔳稱黃欽為「小人之州人君夫人之跂愴之荷一夫」,黃欽則稱周🔳為「州人」,可見這些里公均對本州事務負責,為一州主事之人,顯然是州中官吏。

上節曾指出120—123號簡中的四組官吏,分別與下蔡的四個里對應,其中的加公、里公均應是里中官吏。由此反觀州之加公、里公,也當屬於同一層級,不宜分別看作州、里兩級的官吏。

將里公看作里中官吏,最基本的原因是二者同有一個「里」字。但是,既然里公一職也設於州中,而設於里中的里公又列於同為里中官吏的加公之後,只是加公輔佐,並非首位官員,那麼里公的得名就與作為基層組織的「里」無關。從里得聲之字有「理」。《禮記 月令》「命理瞻傷,察創視折」,鄭玄注:「理,治獄官也。有虞氏曰士,夏曰大理,周曰大司寇。」《國語 晉語八》「生子輿,為理」,韋昭注:「理,士官也。」士即「有虞氏曰士」之「士」,亦為治獄官。「里」又與「李」字通假。《左傳》僖公九年「里克」,《呂氏春秋 先己》高誘注作「李克」;《左傳》定公十四年「樵

李」，《公羊傳》作「醉里」，是其例。「李」亦用作獄官名。如《管子 大匡》「國子為李」，房玄齡注：「李，獄官也。」《漢書 胡建傳》「黃帝李法曰」，顏注引蘇林云：「獄官名也。」簡書所見里公，皆與治安執法有關，讀里為「理」或「李」，看作州、里中司掌治安的官吏，應該是適宜的。如然，更可看出里公並不必定設於里中，某某之州里公的稱呼並不意味著州下轄里。

綜上所述可見，關於州、里具有隸屬關係的說法缺乏可靠的根據。州大致分布於楚都一帶，並在司法管轄上直屬於左尹官署，有著顯著的獨特之處。如果說邑、里處於一般政區系統之中的話，州就應該是一種特殊的地域組織。同時，州與里一樣，設有加公、里公等官職；州與里、邑一樣，為官府確定居民所在的具體單位，其規模又可能與里、邑相當。

包山簡初步報導後，即有學者指出：前面冠以官名、人名的州應是一種食稅單位①。在簡書出現的41處州中，冠以官爵名的高達一半以上。其中有的僅書官爵名，有的還帶有人名，彼此應無大的區別。所謂官爵，實包括官職和封君兩種，前者約有（1）、（4）、（7）、（10）、（15）、（16）、（19）、（20）、（21）、（29）、（31）、（34）、（36）、（40）等14處，後者有（2）、（8）、（22）、（26）、（30）、（35）、（41）等7處。戰國時官吏的薪俸，有以田邑支付的記載。如《商君書 境內》云：「就為五大夫，則稅邑三百家。」《孟子 滕文公下》云：「仲子，齊之世家也。兄戴，蓋祿萬鍾。」簡書中帶有官名的州，很可能就是這些官員的俸邑。戰國時的封君也往往任有官職。在楚國，鄂君子晰、春申君黃歇均官任令尹②，就是突出的例子。作為封君享有封邑，那些封君之州則

---

① 羅運環：〈論包山簡中的楚國州制〉，載《江漢考古》1991年第3期。
② 見《說苑 善說》、《史記 春申君列傳》。

應是有關封君出任官職的俸邑。《史記　孟嘗君列傳》記：「孟嘗君時相齊，封萬戶於薛。」又記孟嘗君對馮驩說：「文食客三千人，故貸錢於薛。文奉邑少，而民尚多不以時與其息，客食恐不足，故請先生收責之。」這裡將作為封地的薛與奉邑對舉，似為二地，也屬於同一類情況。180號簡有「鄰君新州」，68號簡有「鬲君之故州」，「故州」、「新州」的稱述，使人想到這種俸邑一般一人一處，但有的可多至二處。

還有幾處州也許具有同樣的性質。8號簡記「司衣之州」。《周禮　春官　司服》云：「司服掌王之吉凶衣物，辨其名物與其用事。」司衣也許與司服相當，為掌管楚王或王室服裝的官員。42號簡和180號簡記「靈里子之州」。《說文》：「靈，巫也。」《楚辭　九歌　東皇太一》：「靈連蜷兮既留」，王逸注：「靈，巫也。楚人名巫為靈子。」簡文中的「靈」，也許是巫官之稱。35號簡記「新游宮中酘之州」，190號簡記「游宮州」。游宮為楚王離宮。7號簡記「王廷於藍郢之游宮」，《鄂君啟節》記「王尻於葴郢之游宮」，即是這種地方。游宮、新游宮可能是管理游宮的官名。72號簡、80號簡分別記有「大臧之州」、「少臧之州」。《周禮　天官　宰夫》：「五曰府，掌官契以治藏」，鄭玄注：「治藏，藏文書及器物。」《史記　老子列傳》：「周守藏室之史也。」《索隱》云：「藏室史，周藏書室之史也。」簡文「大臧」、「少臧」，或許是掌管這些收藏的官員。這樣的話，屬於官員俸邑的州，在全部所記州中占有的比重就更大了。

《周禮　地官　載師》云：「以家邑之田任稍地，以小都之田任縣地，以大都之田任畺地。」所謂大都、小都和家邑，是指公、卿、大夫這些朝廷命官的三等采邑；畺地、縣地和稍地，則是王畿中由遠而近的三個地帶。如前所述，楚國的州集中於國都周圍。作為官員俸邑的這種格局，與《周禮》所記采邑之地似可類比。

還有一些州的性質，也可從名稱上作些推測。58號簡「宣王之窀州」應在宣王陵地，已於前述。《史記　滑稽列傳》記：楚莊王愛馬死，欲以大夫禮葬之，優孟用反話進諫，請以人君之禮埋葬，「廟食太牢，奉以萬戶之邑」。這反映楚王陵設有奉養之邑。宣王之窀州大概就是宣王陵的奉邑。84號簡記「膚人之州」。《考工記　廬人》記：「廬人為廬器，戈柲六尺有六寸，殳長尋有四尺，車戟常，酋矛常有四尺，夷矛三尋。」為製作長兵器柲柄的工匠。簡文「膚」或借作「廬」，膚人之州為廬工聚居之地。如然，這二州大概是對王室或國家提供專門服務的地方。

另外還有一些州含義不明。它們也許具有其他意義，也許實際上可歸入上述兩類之中。

第四節　縣與郡

進入戰國時代，尤其是戰國中晚期，郡、縣在楚國的設置，已相當普遍。這是文獻資料給予人們的一般印象[1]。然而就包山簡而言，對於縣、郡尤其是郡的指認，卻並非易事。整理小組提到某些地方（如陰）為縣名，某些官職（如正、司敗）為縣中所設。這些說法雖然可能大致不誤，但卻缺乏必要的論證。本節主要從三個方面對簡書中可能是縣的地方試加論列，然後對宛郡試作論證。

一、司法職權

本章一、二節指出，里與邑──敔──敓之上存在一個層級較高的政區。有較多記載顯示，這級政區的官府在楚國地方司法系統中，是最為基本、關鍵的環節。這級官府獨立運作的，如120—123號簡記

---

① 陳偉：《楚「東國」地理研究》，武漢大學出版社1992年版，第193—202頁。

載，下蔡蕁里人余猾向下蔡官員起訴下蔡山陽里人邥拳，下蔡官員收審邥拳，隨後又安排拘執其他疑犯。又如124—125號簡記載，泜陽之酷官二人死於敢或東敌昭戊之芺邑，泜陽公命令敢或官吏向東敌官吏核查。這級官員按左尹指示行事的，如31號簡記鄗司敗「受幾」，要他「將鄗之己里人青辛以廷」。131—139號簡所記陰人舒慶等人的一件訟案比較複雜，舒慶等人曾向子宛公、楚王陳訴，但最後卻都交付給陰地官員辦理。在對疑犯的拘捕、聽獄、組織盟證等環節中，陰地官府始終處於中心地位。

在我國古代，縣府一般是最基層的治獄機構。《漢書　刑法志》記高皇帝七年詔云：「自今以來，縣道官獄疑者，各讞所屬二千石官，二千石官以其罪名當報之。所不能決者，皆移廷尉，廷尉亦當報之。廷尉所不能決，謹具為奏，傳所當比律令以聞。」在由縣道、太守、廷尉、皇帝組成的多重審判系統中，縣道是最為基礎的一環。《二年律令　具律》101號簡更明確規定：「諸欲告罪人，及有罪先自告而遠其縣廷者，皆得告所在鄉，鄉官謹聽，書其告，上縣道官。」作為更早的資料，《左傳》昭公二十八年記云：「梗陽人有獄，魏戊不能斷，以獄上。」據同年《左傳》記載，梗陽為晉國縣名，魏戊為該縣長官。《淮南子　人間訓》記云：「子發為上蔡令。民有罪當刑，獄斷論定，決於令前，子發喟然有悽愴之心。罪人已刑而不忘其恩。此其後，子發盤罪威王而出奔。刑者遂襲恩者，恩者逃之於城下之廬，追者至，踹足而怒曰：『子發視決吾罪而被吾刑，怨之憯於骨髓。使我得其肉而食之，其知厭乎。』」[1]這裡，前一條記載顯示春秋晉縣乃是基本的審判機構，後一條記載則表明戰國楚縣也具有同樣的屬性。

---

[1] 「決於令前」、「令」後有「尹」字。王念孫《讀書雜誌　淮南子內篇第十八》「令尹」條云：「念孫案：『尹』字後人所加。『決於令前』，謂決於上蔡令之前，非謂令尹也。《太平御覽　形法部二》引此無『尹』字。」

二、名籍管理

12—13號簡和126—127號簡均係兼陵官員按左尹指示核查名籍的文書。90號簡則是繁丘官員就兩名被告住址向左尹報告的記錄。此外，2—4號簡記剡令彭圍奉王太子之命對一些人的名籍加以登錄。這些簡書顯示：（1）這層官員對名籍負有著錄的任務；（2）登錄的名籍存於這級官府之中，必要時可加查核；（3）屬下人口的異動亦在這級官府的掌握之中，如繁丘、兼陵二地官員能確切知道龔酉、陽鋋遷居後的去處 ①。

這級官員的這類職能，亦與秦漢時期的縣相當。《後漢書 江革傳》記云：「建武末年，與母歸鄉里。每至歲時，縣當案比，革以母老，不欲搖動，自在轅中輓車，不用牛馬。」李賢注：「案驗以比之，猶今貌閱也。」張家山漢簡《二年律令 戶律》331—333號簡規定：「民宅圖戶籍、年結籍、田比地籍、田合籍、田租籍，謹副上縣廷，皆以篋若匣匱盛，緘閉，以令若丞、官嗇夫印封，獨別為府，封府戶；即有當治為者，令史、吏主者完封奏令若丞，印嗇夫發，即雜治為；其事已，輒複緘閉封藏。不從律者罰金各四兩。」② 這都表明戶口登記和管理主要由縣府負責。人民外出或遷徙，也需經縣府批准。《居延漢簡甲乙編》15 19即為觻得縣丞簽發的旅行文書 ③。有的漢墓中也出有這類文書的模擬件。如江陵高臺18號漢墓所出的一件木牘記云 ④：

---

① 「鋋」字之釋，參看李守奎：〈包山司法簡致命文書的特點與138—139號簡文書內容的性質〉，載《古文字研究》第28輯，中華書局2010年版。
② 「圖」字改釋，看彭浩：〈數學與漢代的國土管理〉，載《中國古中世史研究》第21卷，〔韓〕中國中世史學會2009年版，第153—161頁。「結」字之釋，參看陳偉：〈也說《二年律令 戶律》中的「結」〉，載武漢大學簡帛網2011年6月4日。引文標點有改動。
③ 謝桂華、李均明、朱國炤：《居延漢簡釋文合校》，文物出版社1987年版，第24—25頁。
④ 湖北省荊州地區博物館：〈江陵高臺18號墓發掘簡報〉，《文物》1993年第8期。

七年十月丙子朔庚子，中鄉起敢言之：新安大女燕自言與大奴甲、乙，大婢妁徙安都，謁告安都受□數，書到為報，敢言之。十月庚子，江陵龍氏、丞敢移安都丞。

這裡模仿的，當是長期遷居的文書。

三、職官設置

如本章一、二兩節所舉，位於邑—敢—寏之上的地方有刿、羅、鄂、中陽、沘陽、正陽等，位於里之上的地方有今、郙、安陸、鄭、繇、繁丘、喜、郡、澁反、坪陽、下蔡、羕陵、正陽、茅陵等。二者均有涉及的羅（繇）和正陽實為一地。根據簡書和其他資料，有關各地官職設置的主要情形如表3–2所示：

表3–2

	宧大夫	司馬	莫囂	攻尹	司敗	其他
今					大司敗23 少司敗23	
郙					司敗31	
繁丘					少司敗90	
喜	宧大夫47				司敗20、47	
羕陵	宧大夫 12、126、128			攻尹 107、117	司敗128	喬差128
陰					司敗131	大赴尹51
正陽		司馬119	莫囂111	少攻尹111		正差177
鄢	宧大夫157	左司馬155		攻尹157		喬差49
中陽					司敗71	
沘陽		少司馬173				
鄝			莫囂 長沙銅量	攻尹 長沙銅量		連囂 長沙銅量
下蔡	宧大夫 古璽彙編0097					

從表中可以看出：這些地方設置的官職往往相同，因而在一定程

度上反證它們應屬於同一層級政區的推測。見於此地而未見於彼地的官職，一般說來，在彼地也應有設置，只是在現有資料中缺少記載而已。這裡有些官名，如司馬、莫囂（敖）、攻（工）尹、司敗等，作為楚中央官職已為人們熟知。《左傳》多有楚司馬率兵作戰的記載，應與《周禮・夏官》之職略同。《左傳》襄公三十年記申無字云：「且司馬，令尹之偏，而王之四體也。」形象說明了這一職務的重要。作為地方政府的司馬，職司應相類似。莫敖的具體職掌不詳。據《左傳》莊公四年、襄公十五年等記載，其官秩緊接於令尹或司馬之後。在長沙銅量中，莫囂列於鄩地其他官職之前。而依105、114、116號簡所記，地方官中的莫囂竟列於司馬之前。工尹，《左傳》文公十年杜預注：「掌百工之官。」《左傳》昭公十二年記工尹路對楚靈王說：「君王命剝圭以為鏚柲，敢請命。」《鄂君啟節》記大工尹以王命命集尹等人為鄂君鑄造金節。證明杜注可信。在長沙銅量中，攻尹列於幾位具體負責鑄制任務的官員之首，職掌與同名中央官職相當。《左傳》文公十年記子西對楚穆王說：「臣免於死，又有讒言，謂臣將逃。臣歸死於司敗也。」杜預注：「陳、楚名司寇為司敗。」簡書中各地司敗掌治訟獄，與《左傳》所載正合。這樣分工繁細、並多與中央對應的職官系統，在我們已知的戰國時期的地方政權中，應該說只有郡、縣二級才能具備。由於這些地方在稱述和運作方面，直接與里、邑這些基層組織相聯繫，把它們看作縣，應更為允當。

　　「邑大夫」一名，也很值得注意。邑從邑。先秦、秦漢時，邑有時指縣。《左傳》昭公五年：「韓賦七邑，皆成縣也。」《戰國策・秦策一》「張儀說秦王」章云：「代三十六縣，上黨十七縣，不用一領甲，不苦一民，皆秦之有也。」同書《趙策一》「秦王謂公子他」章記秦攻韓上黨郡，上党守馮亭投向趙王時卻說：「今有城市之邑十七，願拜內之於王，唯王才之。」在楚國方面，《左傳》成公七年記云：

146

楚圍宋之役，師還，子重請取於申、呂以為賞田，王許之。申公巫臣曰：「不可。此申、呂所以邑，是以為賦，以禦北方。若取之，是無申、呂也。」

這時的申、呂，一般認為是楚縣[1]。申公巫臣所說的「邑」，實際指的是縣。又《史記　楚世家》記云：

二十三年，襄王乃收東地兵，得十餘萬，複西取秦所拔我江旁十五邑以為郡，距秦。

可以組成郡的邑，大致也應是縣。《漢書　百官公卿表上》記云：

列侯所食縣曰國，皇太后、皇后、公主所食曰邑，有蠻夷曰道。

漢代稱有的縣為邑，當與春秋、戰國時稱縣為邑的習慣有一定聯繫。春秋晉縣的長官，稱為某縣大夫或某某（地名）大夫。《左傳》襄公三十年：「趙孟問其縣大夫，則其屬也。」孔疏云：「諸是守邑之長，公邑稱大夫，私邑則稱宰。」昭公二十八年：「分祁氏之田以為七縣，分羊舌氏之田以為三縣。司馬彌牟為鄔大夫，賈辛為祁大夫，司馬烏為平陵大夫，魏戊為梗陽大夫……」孔疏復云：「此祁氏與羊舌氏之田，舊是私家采邑，二族既滅，其田歸公，分為十縣。為公邑，故選置大夫也。」對楚縣長官，漢晉時人也多以邑大夫或縣大夫作解。《史記　楚世家》「號曰白公」，《集解》引服虔

① 殷崇浩：〈春秋楚縣略論〉，載《江漢論壇》1980年第4期；楊寬：〈春秋時代楚國縣制的性質問題〉，載《中國史研究》1981年第4期。

曰：「白，邑名。楚邑大夫皆稱公。」《呂氏春秋 察微》「卑梁公怒」，高誘注：「公，卑梁大夫也。楚僭稱王，守邑大夫皆稱公。」《左傳》文公十四年「盧戢梨及叔麇誘之」，杜預注：「戢梨，盧大夫。」又宣公十一年「諸侯、縣公皆慶寡人」，杜預注：「楚縣大夫皆僭稱公。」以此比照，簡書「大夫」有可能是戰國時楚縣長官的一種稱謂。其所以作「邑」，大概是為了同前面說到的規模很小、層級低下的「邑」區別開來 ①。

綜觀以上三方面的情況，將我們所討論的這級政區看作戰國時的楚縣，應該說問題不大。

在103—119號簡中，還有一些地方的官員與羕陵、正陽官員同時為本地貸越異之金，他們的官職也與羕陵、正陽及上述其他楚縣所見相同。具體情形如表3–3所示。

表3–3

	莫囂	連囂	司馬	攻尹	其他
鄝	莫囂		左司馬		
邔陵				攻尹 少攻尹	
株陽	莫囂				喬差
夷陽			司馬		
鬲		連囂		攻尹	
陽陵		連囂	司馬 右司馬		大赴尹
新都	莫囂				
州	莫囂		司馬		

此外，26號簡記鄟陽有邑大夫，129—130號簡記枼（葉）有邑大夫、左司馬，記丞（期）思有少司馬。這些地方大致也應是當時楚國

---

① 趙平安先生把「邑」釋為「宛」，讀為「縣」。看所撰〈戰國文字中的「宛」及其相關問題研究——以與縣有關的資料為中心〉，載《第四屆國際中國古文字學研討會論文集》，香港中文大學中國語言及文學系2003年版。

的縣。

　　與縣相比較，簡書中關於郡的線索遠沒有這樣豐富而清晰。屬於「受幾」類的62號簡要求咸郢司直秀陽「將安陸之下隋里人屈犬、少㕈陽申以廷」。安陸應為縣級政區，已如上述。安陸屬下之里的人「以廷」須由咸郢司直來「將」，似乎後者為安陸的上一級官員。這級官員所在官府，一般說來即應是郡。不過，其他縣的人「以廷」均由縣中官員來「將」，何獨這裡需要郡級官員，似不好解釋。在90號簡、126—127號簡中，記有繁丘之南里人冀酉移居於喜、漾陵之州里人移居於郢的事例。安陸之下隋里人屈犬也許暫居於咸郢，因而「以廷」時要由咸郢官員來「將」。在這種情形下，咸郢和安陸之間可以不存在隸屬關係，咸郢為郡與否也就無從推測了。103—114、115—119號簡為兩組大致相同的貸金記錄。在這兩組簡中，都是先說到高間，隨後才具體記述其他縣，彼此似有所不同。在103—114號簡中，高間不記貸金數，隨後諸縣則均有這方面的詳細記錄。所記為高間貸金似乎是在總括隨後各縣。在115—119號簡中，高間貸金「一百益二益四兩」，多於隨後諸縣貸金的總和七十五益間益四兩。由於103—114號簡所記諸縣有兩個未見於115—119號簡中，所以後一組可能有脫簡。考慮到這一因素，高間貸金數也許是同時貸金諸縣的總和。貸金之縣中有漾陵。《曾姬無卹壺》同時提到漾陵、蒿間，後者應為「高間」異寫。凡此表明，高間有可能是統攝貸金各縣的郡。

　　比較而言，131—139號簡的「郚（郙）」作為郡的證據更為充分一些。

　　這個問題需要從「郚」字的釋讀談起。在包山131—139號簡中，「子郚公」共出現四次，即133號簡一次（用重文符號表示的一次未計入），134號簡兩次，139號簡背面一次。前三次「郚」字右上部的「占」中多出一橫，第四個字則沒有這一橫，顯示這個字可以有繁簡不同寫法。另在一片馬甲上有漆書「郚公」二字，「占」字中也沒有

一橫[①]。此外，在第93、122、164、170、183、192號等六支簡中，也出現「鄐」字，用作地名或姓氏，其右上部的「占」中均無一橫。這個字左部的「邑」應是表示地名的義符，其右部則是釋讀的關鍵所在。在包山簡138號簡背面有一個從「肙」從「心」的字，作「有～不可證」。又267號簡有從「肙」從「糸」的字，作「絓～」。望山楚簡中也有「肙」字，作「～緅」。關於「肙」或從「肙」之字，學者間有不同認識。望山簡中的「肙」字，高明先生以為即《玉篇》之「肭」字[②]。中山大學古文字研究室《戰國楚簡研究》釋為「胄」[③]，張桂光先生從之[④]。朱德熙、裘錫圭、李家浩先生所作的《二號墓竹簡釋文與考釋》則說：「戰國文字『甾』、『由』、『占』等偏旁往往相混，疑『肙』為從『肉』、『甾』聲之字，『肙緅』當讀為『緇紬』，即黑色之紬。」[⑤]劉信芳先生在一篇論文中將包山簡中的這個字隸定為「鄐」[⑥]；隨後又在另一篇論文中指出「肙」從「占」聲，將從「糸」從「肙」的字讀為「絹」[⑦]。李運富先生亦將「肙」讀為「肙」，指出此字從肉占聲，是「肙」的異構字；由此將從「糸」之字釋為「絹」[⑧]，將從「心」之字釋為「惆」，將從「邑」之字釋為「鄐」。對於信陽簡中直接從「糸」從「肙」之字，劉、李二位看作是「絹」的另外一種寫法。劉信芳先生認為是從「口（圈）」得聲，「口（圈）」、「占（點）」、「古本同誼」。李運富先生則認為是從「〇（圓）」得聲。

① 馬甲編號為2：381，見湖北省荊沙鐵路考古隊：《包山楚墓》，文物出版社1991年版，第222頁、圖版六七：5。
② 高明：《古文字類編》，中華書局1980年版，第143頁。
③ 《戰國楚簡研究》（三），中山大學古文字學研究室1977年刊佈。
④ 張桂光：〈楚簡文字考釋二則〉，載《江漢考古》1994年第3期。
⑤ 湖北省文物考古研究所、北京大學中文系：《望山楚簡》，中華書局1995年版，第115頁。
⑥ 劉信芳：〈包山楚簡司法術語考釋〉，載《簡帛研究》第2輯，法律出版社1996年版。
⑦ 劉信芳：〈楚簡器物釋名　上篇〉，載《中國文字》新22期，藝文印書館1997年版。
⑧ 李運富：〈楚國簡帛文字叢考（二）〉，載《古漢語研究》1997年第1期。

在包山所出簡牘中，由第271、276、269、270號4枚連成的一組簡書，與一號牘都是關於同一輛「正車」的裝飾和裝備的記載①。二者在記述同一件物品時，用字往往有一些差異，因而大致可以看作是通假字或者異體字。其中271號簡第11字左旁從「糸」，右旁自上而下由「占」（中有一橫）、「止」、「肉」三個部分組成。在一號牘中對應字的右邊自上而下則由「止」、「口」、「肉」三個部分組成。271號簡第17字左旁從「糸」，右旁作「呈」。一號牘中對應字的右旁則由「占」（中有一橫）、「壬」組成。這表明在楚國文字中，「占」與「口」這兩個部分有時確實可以替換。由此看來，劉信芳、李運富二氏具體所云雖然還有進一步推敲的餘地，但大致結論可以憑信。

釋「肙」為「月」，那麼此形從「糸」大概就是「絹」字或「鞙」字，從「心」應該就是「悁」字。《說文》云：「絹，繒如麥稍者。」「鞙，大車縛軛靻也。」究竟哪一個更合乎簡書文意，有待進一步探討。又《說文》云：「悁，忿也。」包山138號簡背面說「有悁不可證」，大概是指「（對當事人）懷有忿恨的人不能充當證人」。此外，「肙」、「夗」二字古音同為元部影紐②，從這兩個字得聲的字或可通假。因而包山簡中的這句話也可能應讀作「有怨不可證」，具體含義與讀「悁」略同。

在1998年刊佈的郭店竹書《緇衣》中，一再出現從「心」從「肙」的字。即：

《君牙》云：「日暑雨，小9民惟日〜，晉冬旨（祁）寒，小民亦惟日〜。」10

① 李家浩：〈包山楚簡中的旌旆及其他〉，載《第二屆國際中國古文字學研討會論文集續集》，香港中文大學中國語言及文學系1993年刊佈；陳偉：《包山楚簡初探》，武漢大學出版社1996年版，第181—192頁。
② 唐作藩：《上古音手冊》，江蘇人民出版社1982年版，第161、162頁。

故21君不與小謀大，則大臣不～。22

　　針對9—10號簡的此字，裘錫圭先生按語指出：「應從今本釋作『怨』，字形待考。又見22號簡，今本亦作『怨』。」黃德寬、徐在國先生釋為「悁」，讀為「怨」①。由於有傳世本《緇衣》對照，這一釋讀當可憑信，而先前圍繞包山簡的討論也在基本方面得到印證。

　　這樣，包山簡中的「䣛」應該釋為「䣛」，可能與從「夗」得聲的字通假，實際上就是我們熟悉的「宛」或「苑」的本字。

　　《說苑　指武篇》云：「吳起為苑守，行縣，適息。」楊寬先生據以認為苑（宛）是楚國的一個郡②。又《戰國策　楚策二》「術視伐楚」章記云：

術視伐楚，楚令昭鼠以十萬軍漢中。昭雎勝秦於重丘，蘇厲謂宛公昭鼠曰：「王欲昭雎之乘秦也，必分公之兵以益之。秦知公兵之分也，必出漢中。請為公令辛戎謂王曰：『秦兵且出漢中。』則公之兵全矣。」

　　「蘇厲謂宛公昭鼠」句下鮑注云：「鼠為宛尹。」楊寬先生則認為：「宛公可能是對宛守的尊稱，如果宛公是縣令，他不可能統率十萬之軍，可能戰國時楚對郡守也尊稱為公。」③昭鼠率大軍守衛漢中，地位是很高的。所領十萬之眾，絕非一縣之師可比；而他意欲保全所部，不想讓楚王分兵轉屬他人，可見利害攸關。因此，昭鼠實為宛郡長官，應該是更為合理的解釋。與前引《說苑》相比，《戰國

①　黃德寬、徐在國：〈郭店楚簡文字考釋〉，載《吉林大學古籍整理研究所建所十五周年紀念文集》，吉林大學出版社1998年版。
②　楊寬：《戰國史》，上海人民出版社1998年增訂3版，第678頁。
③　楊寬：〈春秋時代楚國縣制的性質問題〉注7，載《中國史研究》1981年第4期。

策》的這段文字在說明楚有宛郡方面，雖然有些隱晦，但卻是時代更早、更為可靠的資料。此外，《史記　秦始皇本紀》總述秦王政即位時的形勢說：「當是之時，秦地已並巴、蜀、漢中，越宛有郢，置南郡矣；北收上郡以東，有河東、太原、上黨郡；東至滎陽，滅二周，置三川郡。」這裡所舉多是當時郡名，也是楚有宛郡的一個旁證。

　　我們將「郢公」看作宛郡長官，還基於以下幾點考慮：

　　第一，在包山簡中顯示的楚國地方司法和行政系統，一般是中央的左尹官署代表與縣級官署直接發生聯繫。在屬於「受幾」類的19號簡中，左尹官署要求鄢正妻在指定日期「將冀倉以廷」。在12—13號簡中，左尹要求漾陵邑大夫核實某瘇的名籍，漾陵官員在核實之後，復將結果呈報左尹官署。據90號簡所記，一件訟案牽涉到繁丘南里的冀怵、冀酉二人。繁丘少司敗就此報告說，繁丘之南里並無冀怵其人；冀酉則已移居他地。從這支簡記錄者的名字看，繁丘官員的報告當是送呈於左尹官署所代表的中央。這些都是左尹官署與縣級官署直接聯繫的事例。然而131—139號簡的情形卻有所不同。這樁訟案當事人一方是「陰人舒慶」及其父兄，另一方是「苛冒、桓卯」，而具體捕獲疑犯、實施審理的則是司敗等陰地官員。「司敗」之職，亦見於今、尚、繁丘、喜、漾陵等大致可定為楚縣的地方。簡文「陰人」與「登（鄧）人」（43號簡）、「下蔡人」（163號簡）、「鄢人」（167號簡）、「安陸人」（181號簡）、「巢人」（184號簡）、「陳人」（191號簡）、「弦人」（192號簡）等同例，而這些地名也都大致屬於楚縣。由此看來，陰也應是一處楚縣。舒慶的起訴是向子郢公提出的，子郢公指示陰地官員處理。由於舒慶所述苛冒、桓卯殺人的指控存在不同說法，而舒慶又涉嫌殺害桓卯，案子遷延不決。舒慶及其家人一再上訴，楚王的指示通過左尹告訴湯公或子郢公，再由湯公或子郢公傳達給陰地官員。而陰地官員的辦理報告也通過湯公或子郢公送呈至左尹。在這一訟案的處理中，子郢公和湯公大致介於陰地官員和左

第三章　中央與地方

尹之間，最有可能是郡級官員。

第二，「子郹公」的「子」是對「郹公」的尊稱。包山簡中只有「郹公」和「左尹」被尊稱為「子」，可見「郹公」的地位是比較高的。上面已經說到《楚策二》「術視伐楚」章中的「宛公昭鼠」是一位宛郡長官。如果「郹」讀為「宛」的推測不誤，那麼「子郹公」也就是「宛公」。鑒於彼此年代相近，「子郹公」與宛公昭鼠同樣也是宛郡長官，應該是合理的推測。

第三，《左傳》昭公十九年：「楚工尹①赤遷陰於下陰。」下陰為西漢陰縣的前身，故城約在今湖北老河口市（舊光化縣）境。簡書所記陰地應即在此。楚宛郡當因宛地而得名，郡治約在今河南南陽市②。陰去宛地不遠，從地理角度看，很有可能轄於宛郡。秦和西漢南陽郡均轄有陰縣③。秦漢南陽郡的這種格局很可能是對楚宛郡的沿襲。

綜上所述，「子郹公」應讀為「子宛公」，其身分是楚宛郡長官。以子宛公代表的宛郡，是我們在出土文字材料中確認的第一個楚郡。需要說明的是，在93、183、192號等簡中有「宛人某某」的記載。這與前面說到的「陰人」、「陳人」、「登（鄧）人」等應該大致一樣，屬於宛縣之人。就是說，當時楚國的宛既是郡名，又是縣名；「子宛公」也許在擔任宛郡長官的同時，兼任宛縣長官④。

---

① 嘉慶《一統志》卷347，襄陽府古跡，「陰縣故城」條。
② 楊寬《戰國史》附錄〈戰國郡表　楚郡〉。
③ 楊寬《戰國史》附錄〈戰國郡表　秦郡〉；譚其驤：〈秦郡界址考〉，載《長水集》上集，人民出版社1987年版；《漢書　地理志上》「南陽郡」。
④ 我們曾經推測，楚郡長官實際上是由郡治所在縣的縣公來兼任。見陳偉：《楚「東國」地理研究》，武漢大學出版社1992年版，第201頁。

第五節　封邑

包山簡記載的楚國封君，共有26位，他們是：

（1）邸陽君 27、32、98、162、163、167、175、186

（2）🗍君 36、43、140

（3）射台君 38、60

（4）彭君[1] 54、56、165、177

（5）鬲君 68

（6）鄂君 76、164、193

（7）詹陽君 86

（8）兼陵君 86

（9）鄿君 143

（10）彔君 153、154

（11）蔆君 153、154

（12）番君 153、154、175

（13）陽君 163、176

（14）荐君 164

（15）倍陵君 165

（16）鄗君 165、180

（17）鄆君 172

（18）新野君 176

（19）蕨泟君 176

（20）金君 180

（21）坪夜君 181

---

① 「彭」字之釋，見李守奎：〈釋包山楚簡中的「彭」〉，《簡帛》第1輯，上海古籍出版社 2006年版，第25—31頁。

第三章　中央與地方

（22）襄君 189

（23）豢君 190

（24）鄲陽君 190-191

（25）坪陵君 192

（26）陰侯 51、131-139

此外，卜筮簡多次提到的坪夜君，為左尹昭佗祭祀的先輩，與181號簡所記坪夜君當非一人。以上所舉只限文書簡所記，都是生活在簡書記寫年代的人，未將這位當時已經作古的封君列入。（23）「豢」從「彔」得聲，不知（10）彔君與豢君是否為同一人。在包山簡之外，江陵天星觀一號墓竹簡顯示墓主為邸陽君番乘，新蔡葛陵一號墓竹簡顯示墓主是坪夜君成。

對戰國時楚國的封君制度，已有學者作過比較深入的研究。關於封邑地望，也有較多考訂①。這裡僅就簡書提供的材料，對以下幾個問題作些討論。

第一，一般相信，戰國時封君有的被稱為「侯」。《戰國策楚策一》「江乙為魏使於楚」章記有州侯，同書《楚策四》「莊辛謂楚襄王」章記有州侯和夏侯。有關論作均將他們看作楚封君②。包山簡出土後，何浩、劉彬徽先生亦將陰侯定為封君③。《戰國策 楚策四》「莊辛謂楚襄王」章記云：「君王之事因是以。左州侯，右夏侯，輦從鄢陵君與壽陵君，飯封祿之粟，而戴方府之金。」這裡州侯、夏侯與鄢陵君、壽陵君並列，都被說成是「飯封祿之粟」，

① 楊寬：《戰國史》，上海人民出版社增訂3版，第690—693頁；劉澤華、劉景泉：〈戰國時期的食邑與封君述考〉，載《北京師範學院學報》1982年第3期；何浩：〈戰國時期楚封君初探〉，載《歷史研究》1984年第5期；何浩：〈論楚國封君制的發展與演變〉，載《江漢論壇》1991年第5期；何浩、劉彬徽：〈包山楚簡「封」釋地〉，載《包山楚墓》；何浩：〈楚國封君封邑地望續考〉，載《江漢考古》1991年第4期。
② 見上引楊寬書，劉澤華、劉景泉文，何浩文第一篇。
③ 見上引何浩、劉彬徽文。

似為楚國之「侯」亦即封君的確證。不過，以「侯」為稱的封君與以「君」為稱的封君，既然名號不同，就應有所差異。戰國時期的封君，在較大程度上是對西周封建諸侯的模仿。西周、春秋時的諸侯國，存在一定的等級劃分①。戰國時的封邑，也有類似的情形。如《墨子 號令》記云：對欲以城為外謀者，左右「有能捕告之者，封之以千家之邑；若非其左右乃他伍捕告者，封之二千家之邑」。又如《戰國策 趙策一》「秦王謂公子他」章記韓上党郡降趙，趙王派人宣示說：「請以三萬戶之都封太守，千戶封縣令。」楚國封君存在「君」、「侯」的不同稱謂，大概即與等級有關。簡書中某「君」之地常見某某邑的記載，而唯一僅見的「侯」——陰侯則領有「東窮之里」。這是否也與封君等級有關，暫時還不好多說。

第二，包山簡所記某君之州加公、里公，為該封君俸地的官吏。所記某君之某某官員，才應是封邑中的官職。這類官職的資料略如下表所示：

表3-4

	宰	司馬	司敗	正差
▓君	宰36	司馬140右司馬43		
射告君		司馬36、80	司敗36、80	
喜君			司敗54、56	
鄂君			司敗76	
番君		右司馬175		
陰侯				正差51

① 趙伯雄：《周代國家形態研究》，湖南教育出版社1990年版，第120—134頁。

第三章　中央與地方

司馬、司敗、正差等職，亦見於縣級政區。也許封邑職官一般比照縣級政區設定。宰未見於前述各縣，或許是封邑特設官。我們知道，春秋時卿大夫采邑的總管稱「宰」，西漢時侯國和諸侯王國的行政長官為「相」。春秋之事如《論語 公冶長》記孔子語云：「求也，千室之邑，百乘之家，可使為之宰也，不知其仁也。」何晏注引孔安國說：「千室之邑，卿大夫之邑。卿大夫稱家。諸侯千乘，大夫百乘。宰，家臣。」又《禮記 禮器》記云：「子路為季氏宰。」鄭玄注：「宰，治邑吏也。」又《左傳》襄公三十年孔疏云：「公邑稱大夫，私邑稱宰。」西漢之制如《漢書 百官公卿表上》記云：「徹侯金印紫綬，避武帝諱，曰通侯，或曰列侯，改所食國令長名相，又有家丞、門大夫、庶子。諸侯王，高帝初置，金璽盭綬，掌治其國。有太傅輔王，內史治國民，中尉掌武職，丞相統眾官，群卿大夫都官如漢朝。景帝中五年令諸侯王不得複治國，天子為置吏，改丞相名相……成帝綏和元年省內史，更令相治民，如郡太守。」作為官職，宰、相是互通的。《左傳》成公十七年記云：「施氏卜宰，匡句須吉。施氏之宰，有百室之邑。與匡句須邑，使為宰。以讓鮑國，而致邑焉。……鮑國相施氏忠，故齊人取以為鮑氏後。」又昭公八年記云：子旗立子良氏之宰。「其臣曰：『孺子長矣，而相吾室，欲兼我也。』」均以「相」釋「宰」。《春秋繁露 三代改制文》則說周文王受命改制，「名相官曰宰」，認為二者是同一官職的沿革。當然，西漢侯國、諸侯王國的相與春秋卿大夫采邑之宰存在重要區別。一般說來，春秋卿大夫采邑之宰如上引《左傳》成公十七年所記，是由卿大夫本人確定的；西漢侯國、諸侯王國的相，則如《漢書 百官公卿表》所示，係由中央任命。與此相關的是，采邑之宰聽命於卿大夫；諸侯王國的相則對皇帝負責，而對諸侯王負有制約、督察的責任。36號簡要求宰舸「將▓君以廷」。由此看來，楚國封邑的宰應與春秋采邑之宰和

西漢侯國、諸侯王國之相類似而更接近後者[①]。

　　第三，關於封邑的規模，簡書中透露了一些線索。包山143號簡記「鄝或磁敔郊君之泉邑」。如前所述，或、敔、邑大致是楚國縣之下由大而小的幾種地域概念。從本簡看，郊君封地可能包括泉邑和其他某些相鄰的邑，但應位於磁敔之中，範圍不會太大。包山153、154號簡為兩件相關簡書。簡文在記述啻苴之田的四至時，每一面都只同一個地方（泉君、陵君、鄝陽及番君）接壤。之所以出現這樣的情形，大概是因為啻苴之田與四鄰之地均呈方塊狀；其大小即使不完全等同，出入也不致過於懸殊。如然，泉君、陵君和番君的封地，與涵蓋六邑的啻苴之田應比較接近。這與對郊君封地的推測是大致相當的。

　　已有學者指出，楚國封君以地名為號[②]。值得注意的是，簡書中有的封君名與縣名相同。如陰侯與陰縣、鄗君與鄗縣、鬲君與鬲縣、羕陵君與羕（漾）陵縣等。其中雖然不排除同名異地的可能，但也應該有一些縣和封邑同在一地。51號簡要求陰侯之正差「將陰大赴尹宋勅以廷」。另依131—139號簡所載，舒慶「坦尻陰侯之東窮之里」，但卻被稱為「陰人」；在抓捕疑犯時，陰之勤客與陰侯之慶李百宜君採取共同行動。從這些跡象看，陰侯、陰縣實當在一地。縣與封邑的同名共地，可能是封邑取同名之縣的一部分而成立，也可能是縣分同名封邑之地而設置。無論屬於哪一種情形，這些封邑都勢必小於一般的縣。這與上述推斷也是相應的。

　　總之，就簡書所見，封邑的規模大體都比較小。這可能代表著戰國後期楚國封邑的一般情形。考烈王時握有重權的春申君封邑曾跨據

---

①　楊寬先生指出：戰國時趙、秦等國有為封國置相的記載（《戰國史》261—262頁）。這樣，楚國封君的宰與別國同時存在的相更可能是同一類型的官職。

②　參看前揭劉澤華、劉景泉文，何浩文第一篇。

「淮北十二縣」[①]，可能是極個別的例外。

第四，統轄。前面提到的第38、56、60、70號4簡，都是左尹官署要求幾處封邑的司敗「將」封邑官吏或其他人「以廷」的記錄。這表明封邑在司法上也與縣一樣，聽命於中央政府。36號簡要求宰[▓]「將[▓]君以廷」，更顯示封君本人在法律上也接受朝廷制約。在「所詎」類簡中，172號簡記有「鄟君諡發」，190號簡記有「[▓]君之子連郢」。「所詎」簡為左尹將訟案囑咐於副手辦理的記錄。封君和封君家之子也像其他人一樣向中央呈遞訴狀，他們的法律地位當無本質上的不同。

43、44號簡均與140號簡有關，所記大約是[▓]君封邑和畢地同登人之間發生的一起經濟糾紛。九月己亥，左尹要求[▓]君封邑和畢地官員歸金（一作「板」，指金版）於登人，十月辛巳兩地官員前來「告成」，說紛爭已經了結。這說明封邑的經濟活動，也須遵循國家的法規，接受中央節制。畢可能也是一處縣名。如然，在這起經濟糾紛中，封邑與縣的地位並無二致。

對於楚國封邑的政治、法律地位，人們的估計相去較遠。或認為封君在封邑內自辟官屬，行使著廣泛的行政和治民權。或認為封君在封邑的政治權力並不大。簡書所見，比較合於後一說。我們注意到，關於封君對所屬封邑有直接統治權力的推斷，主要是根據有關戰國早期的記載作出的，如《墨子　魯問》中魯陽文君與墨子的對話、《呂氏春秋　上德》中鉅子孟勝為陽城君守國的事。包山簡的記寫年代是楚懷王前期，比上述記載反映的時代晚了近一個世紀。因此也許可以設想，經過吳起變法和隨後一段時間的演變，楚國的封君制度已有重大改變。戰國早期的封邑，可能近似於西周時的封國；而到戰國晚期，則與西漢的侯國和景帝以後的諸侯王國較為接近。

---

① 《史記　春申君列傳》。

第六節　楚王與中央官署

在東周列國中，楚君最先稱王。《史記　楚世家》記云：武王「三十五年，楚伐隨。隨曰：『我無罪。』楚曰：『我蠻夷也。今諸侯皆為叛相侵，或相殺。我有敝甲，欲以觀中國之政，請王室尊吾號。』隨人為之周，請尊楚，王室不聽，還報楚。三十七年，楚熊通怒曰：『吾先鬻熊，文王之師也，蚤終。成王舉我先公，乃以子男田令居楚，蠻夷皆率服，而王不加位，我自尊耳。』乃自立為武王，與隨人盟而去。於是始開濮地而有之。」包山246號簡記云：「與禱荊王，自熊麗以就武王，五牛、五豕。」這是楚人祀譜中，武王稱王的證據。

在《簡大王泊旱》一類故事中，記述有多位楚王的形象。年代最早的人物，是上博楚竹書第六冊中《莊王既成》和第七冊《鄭子家喪》中的莊王。後者是講楚師伐鄭之事。前者則記寫莊王鑄造無射（一種大鐘），沈尹子桱指出在四、五代之後，將被人用船掠走。這其實是預言昭王十年吳師入郢之役[1]。《申（陳）公臣靈王》與《莊王既成》共書一卷，記寫楚靈王與穿封戍的糾葛，與《左傳》襄公二十六年、昭公八年所見略同。上博第六冊中的《平王問鄭壽》和《平王與王子木》抄於一卷，都是講平王時事[2]。前者記平王不聽鄭壽的勸諫，後者記王子木與成公幹在麻田中對話，極言王子建之愚暗，預示其流亡生涯，亦見於《說苑　辨物》。《昭王毀室》、《昭王與龔之脽》也合抄一卷，刊於上博楚竹書第四冊。前者講昭王在一位臣民的墓地營造宮室，得知實情後毀去宮室。後者講昭王接納大宰

---

① 參看陳偉：《新出楚簡研讀》，武漢大學出版社2010年版，第272—277頁。
② 參看沈培：〈《上博（六）》中《平王問鄭壽》和《平王與王子木》應是連續抄寫的兩篇〉，載武漢大學簡帛網2007年7月12日；沈培：〈《上博（六）》和《上博（八）》竹簡相互編聯之一例〉，載復旦大學出土文獻與古文字研究中心網站2011年7月17日。

第三章　中央與地方

之諫。二事皆不見於傳世古書。上博竹書第八冊刊佈的《王居》，大概是講惠王事蹟。王疏遠大臣，寵信小人，被邦人非議。王醒悟而重用功臣①。上博四刊出的《簡大王泊旱》是一個長篇。記述簡王聽從釐尹、太宰的勸諫，不改楚邦之「常古」，用傳統方法祈雨，終於如願。上博竹書第七冊的《君人者何必安哉》，記老臣范戍批評楚王「白玉三回」，過於節儉，「盡去耳目之欲」，質問「君人者何必安哉」。這位楚王是誰，不好判斷。我們從大勢推測，懷疑是任用吳起、厲行變法的悼王。

上博竹書第八冊刊佈的《命》，是唯一一篇以大臣為主人翁的竹書。記令尹子春與葉公子高之子的對話。後者諷刺子春孤立無友，行政時缺少輔助。子春聞過則改。從葉公子高的行年推測，這大概是惠王時的事情。

這些故事，類似《國語》的記載，我們稱之為「國語」類文獻。《國語　楚語上》「莊王使士亹傅大子箴」章。當士亹出任太子傅（師傅）之後，向申叔時諮詢。申叔時提出的教學計畫中說到：「教之《語》，使明其德，而知先王之務用明德於民也。」韋昭注：「《語》，治國之善語。」竹書中的這些「國語」類文獻正是這樣的「治國之善語」，其實大都是比較「老套」的故事，史事的真實性並不好認定。

與此形成對照的是，包山文書簡中有確鑿可靠的楚王形象。例如：

> 齊客陳豫賀王之歲八月乙酉之日，王廷於藍郢之游宮，焉命大莫囂屈陽為命邦人納其溺典。7

---

① 此篇竹書的編連有不同意見。參看陳劍：〈《上博（八）　王居》復原〉，載復旦大學出土文獻與古文字研究中心網站2011年7月20日；陳偉：〈上博楚竹書《王居》新編校釋〉，載武漢大學簡帛網2011年7月20日。

162

僕五師宵倌之司敗若敢告視日：昭行之大夫盤何今執僕之倌登號、登期、登僕、登臧而無故。僕以告君王，君王誣（屬）僕15於子左尹，子左尹誣（屬）之新偌赴尹丹，命為僕至（致）典。既皆至（致）典，僕有典，昭行無典。新偌赴尹不為僕斷。僕勞倌，頸事將法（廢）。不愁新偌赴16尹。不敢不告視日。17

大司馬昭陽敗晉師於襄陵之歲享月，子司馬以王命命冀陵公🔲、宜陽司馬強貪越異之黃金，以貸鄅間以糴種。103

東周客許緽歸胙於蔵郢之歲夏夷之月，互（巫）思少司馬登🔲言謂：甘固之歲，左司馬迪以王命命互（巫）思舍葉🔲王之爨一青犧之齋足金六鈞。129

左尹以王命告湯公：舒慶告謂：苛冒、桓卯殺其兄盯。陰之勤客捕得冒，卯自殺。陰之勤客又執僕之兄緽，而久不為斷。君命速為之斷，夏夕之月，命一執事人以致命於郢。135背

王所舍新大廄以宮苜之田，南與泉君執疆，東與薩君執疆，北與鄭陽執疆，西與鄁君執疆。154

包山簡年代屬於楚懷王前期。這些文書中的「王」，也就是楚懷王。通過文書可見，懷王對國家事務介入的程度相當高，涉及的領域也很寬。他或直接發佈命令，或者由大臣轉達命令，或者委託臣下辦理。處理的問題，有名籍登錄、訴訟糾紛、田邑授予、向地方貸款以及調用地方的資金。

不過應該看到，懷王並非事必躬親。如同15—17號簡與135號簡背面所顯示，對於呈遞上來的案件，懷王並不直接裁斷，而是通過左尹交付具體的官府審理。《左傳》莊公十年記長勺之戰前魯君與曹劌對話說：「公曰：『小大之獄，雖不能察，必以情。』對曰：『忠之屬也，可以一戰。』」兩相比較，可見作為大國之君，楚王已將自己與一些政務分割，更多地依賴職能部門或地方官府，與舊式君主將「小

大之獄」一概視為自身職責的情形顯然有別。

　　作為左尹昭佗的遺物，包山簡對左尹官署的反映更為具體。左尹的主要工作，大概是協助楚王處理呈交到提交中央的案件。昭佗有多位副手，即郳公賜、鬺尹傑、正婁忚、正令翠、王私司敗邊、少里喬與尹罕、郯路尹彝、發尹利。他們或者集中配合左尹工作，如128號簡與141—144號簡所示；或者分別處理左尹委託的事項，這正是「所詎（屬）」簡（162—196）記載的內容。

　　左尹官署還有比較多的胥吏。包山「受幾」簡和「疋獄」簡中的簽署人，如「義睹」、「秀免」、「正旦塙」、「秀不孫」等。這些名字後有時還有補充性文字。如屬於「受幾」類的39號簡末尾記：「正正忻戭之。」屬於「疋獄」類的85號簡末尾記：「疋吉戭之，秀淖為李。」「戭之」、「為李」有一些猜測，大概當與訴訟受理或安排有關[1]。

第七節　文書制度

　　一般說來，文書撰制的基本用意可能有二：一是撰制者本人或本單位留存備查，一是送致別的人或單位閱讀、處理。這兩類文書的體例、用語往往有所不同，那些經過移送的文書有的還留有相關記錄。

　　包山所出的有些文書，一望可知是寫給別人看的。按行文方向劃分，它們有的是下級官府送致上級官府或個人送致官府的，屬於今人所謂上行文書；有的是上級官府送致下級官府的，屬於所謂下行文書。

---

① 陳偉主編：《楚地出土戰國簡冊〔十四種〕》，經濟科學出版社2010年二印本，第15頁注釋18、第39頁注釋6。

上級官府送致下級官府的，可舉128號簡、135號簡背面和139號簡背面3件。依次抄錄如下：

左尹與郑公賜、正婁忦、正令瑩、王丁司敗遏、少里喬與尹援罕、路尹犀、發尹利之命謂：兼陵邑大夫司敗察兼陵之州里人陽鋋之不與其父陽年同室。夏夷之月已酉之日，思一戠獄之主以致命；不致命，阩門有敗。128

左尹以王命告湯公：舒慶告謂：苛冒、桓卯殺其兄叻。陰之勤客捕得冒，卯自殺。陰之勤客又執僕之兄緹，而久不為斷。君命速為之斷，夏夕之月，命一執事人以致命於郢。135反

左尹以王命告子宛公：命溢上之戠獄為陰人舒呈盟其所命於此書之中以為證。139反

這三件文書均出自左尹官署。不同的是，其中一件直接出於左尹及其屬員，另外二件則是轉告楚王之命。文書接收對象均有明確交待，分別是「兼陵邑大夫司敗」、「湯公」和「子宛公」。對於提出的要求，直接使用「命」、「思」等用語；前二簡還指定「致命」，顯示了下行文書的權威性。

在128號簡背面和132號簡背面，還附有關於移送的記錄。128號簡背面寫道：

夏夷之月癸卯之日，戠言市以至，既涉於喬與，喬差僕受之。其察，戠言市既以迡郢。

文字分兩段。前一段開頭記文書送達時間。作為回復文書，126—127號簡稱「東周之客許緹致胙於蕆郢之歲夏夷之月癸卯之日，子左尹命漾陵之大夫」云云，適可為證。隨後所載大概是文書送達之人和

收受之人。後一段可能與復文有關。這樣，這面簡文大致是漾陵官府對正面所記文書收受及辦處的記錄。在字體上，這面簡文與正面迥異而與126—127號簡以及12—13號簡相同，也可資證。132號簡背面記云：

許緹之享月甲午之日，鬲尹傑馹從郢以此等來。

這與128號簡背面的前一段類似。「許緹之享月甲午之日」為文書送達時間。鬲尹傑又見於141—144號簡和193號簡，為左尹副手之一。

「馹」是郵驛系統。《左傳》文公十六年：「楚子乘馹，會師於臨品。」杜預注：「馹，傳車也。」上博楚竹書《簡大王泊旱》16號簡說：「發馹蹠四疆，四疆皆熟。」也顯示楚國郵驛系統的發達。

等，或作「簹」，又見於13、127、133號簡和157號簡背面。《包山楚簡》「考釋」於13號簡寫道：「簹，讀作等。《說文》：『齊簡也。』」湯余惠先生認為：「揣摩文義，『等』當訓簡策，這在《說文》中可以找到根據。《說文》對等字的釋語，舊皆將『齊簡』二字連讀，其實應在中間斷讀，即『等，齊、簡也。』」①郭店竹書《緇衣》3—4號簡說：「子曰：為上可望而知也，為上可類而簹也。」整理者注釋這個字說：簹，「讀作志」。上海博物館藏戰國楚竹書第四冊《曹沫之陳》41號簡上也有從「竹」從「寺」的字。李零先生釋為「等」，讀為「志」。他寫道：「周等」，疑讀為「周志」（「志」是章母之部字，「等」是端母蒸部字，讀音相近）。《左傳》文公二年引《周志》「勇則害上，不登於明堂」。據考，即《逸周書　大匡》義。《包山楚簡》133、132號簡背面有類似用法的「等」字，疑

---

① 湯余惠：〈包山楚簡讀後記〉，載《考古與文物》1993年第2期。

亦讀為「志[①]」。上博竹書第五冊《季庚子問於孔子》14號簡原釋為「傳等」的「等」，陳劍先生也讀為「志[②]」。楚簡中的「詩」字，往往寫成「寺」或「時」。前者如郭店《緇衣》1號簡、3號簡等以及上博《子羔》4號簡，後者如郭店《六德》24號簡、上博《民之父母》6號簡等。同時，「時」也可直接用作「志」，見於郭店《五行》7號簡、《語叢一》38號簡。「詩」與「志」關聯甚密。《書　舜典》云：「詩言志。」《左傳》襄公二十七年云：「詩以言志。」《禮記　孔子閒居》云：「志之所至，詩亦至焉。」郭店《語叢一》38號簡亦云：「詩所以會古今之志。」《說文》：「詩，志也。」因而，我們討論的這個字可能從「竹」從「詩」，為「志」的異體，而不當釋為「等」，再讀為「志」。其從「竹」作，大概是因為竹簡為志（記載）的載體。在廣西貴縣羅泊灣一號漢墓出土的木牘，編號為161的一件自題為「從器志」，編號為163的一件自題為「東陽田器志」[③]。這兩處「志」字，與其他漢簡中所見的「簿」（如尹灣漢墓所出「武庫永元四年兵車器集簿」）、「疏」（如尹灣漢墓所出「君兄衣物疏」）相當，顯然是指文書或記錄。這從稍晚一些的出土文獻方面加強了對「志」字訓釋的支持。如然，楚簡「等（䇦）」應是用為「志」或者直接釋為「志」，指文書。「此等」指這件文書。在131—139號簡中，132—135號簡為一組文書，4簡正面連讀，為舒慶致楚王的訴狀。135號簡背面與132號簡背面均書於這份訴狀背面，彼此當有關聯。這樣，132號簡背面應是湯公官署接到左尹官署送達文

① 李零：〈曹沫之陳釋文考釋〉，《上海博物館藏戰國楚竹書（四）》，上海古籍出版社2004年版，第269頁。

② 馬承源主編：《上海博物館藏戰國楚竹書（五）》，上海古籍出版社2005年版，第222頁；陳劍：〈談談《上博（五）》的竹簡分篇、拼合與編聯問題〉，載武漢大學簡帛網2006年2月19日。

③ 廣西壯族自治區博物館：《廣西貴縣羅泊灣漢墓》，文物出版社1988年版，圖版四一、四二。羅泊灣木牘中「志」的資料，李家浩先生已有徵引，見〈讀包山楚簡「歸鄧人之金」一案及其相關問題〉，載《出土文獻與古文字研究》第1輯，復旦大學出版社2006年版。

書時的記錄。

下級官員致上級官員的文書，以12—13號簡、126—127號簡、131接136—137號簡、137號簡背面、157號簡等5件最為明確。12—13與126—127號簡，以及137號簡背面分別是漾陵官員和湯公致於左尹的。131接136—137號簡本為陰司敗致於湯公，後隨簡137號簡背面一起，被轉呈於左尹。157號簡大概是鄝少宰尹鄝智致於鄝邑大夫後再轉呈左尹的。這些文書都追述到上級官員的命令，137號簡背面和157號簡背面還明確說到「致命」，也許可稱為「致命」文書。這些文書有的也附記與移送過程有關的文字。如12—13、126—127號簡並稱「大宮痍內氏等（志）」，157號簡背面記「爨月己亥之日，鄝少宰尹鄝智以此等（志）致命」。「內」即進呈文書。「氏」通「是」[①]，作指示代詞，意為「此」。「氏等（志）」與132號簡背面、157號簡背面「此等（志）」一樣，也是說這件文書。157號簡背面在進呈人之前，還有進呈時間的交待。131接136—137號簡與137號簡背面沒有這類附記，但於正文中已有進呈人和進呈對象的陳述。在137號簡背面，進呈人湯公競軍自稱「僕軍」或「僕」，謙恭之情溢於言表，也為上行文書所特有。

個人致官府的文書，最明顯的有15—17和132—135 號簡兩件。這兩件文書均是呈送「視日」（楚王或其重臣）的上訴狀[②]，程序、用語非常近似。如上訴人均自稱為「僕」，並都在開頭作自我介紹；在「敢告於視日」（一省「於」字）之後申述上訴事由；最後以「不敢不告於視日」（一省「於」字）收尾。這裡有的是上行文書的通例（如自稱為「僕」），有的也許是訴狀中特有的行文。江陵磚瓦廠370號墓竹簡與此類似[③]。

---

① 高亨：《古字通假會典》，齊魯書社1989年版，第461頁。
② 楚簡「視日」的含義，參看陳偉：〈上博八《命》篇剩義〉，武漢大學簡帛網2011年7月19日。
③ 參看陳偉：《新出楚簡研讀》，武漢大學出版社2010年版，第34—40頁。

可以想像的是，在實際運行中，有些簡書的經歷要比其自身文字所標明的複雜得多。上行文書如15—17和132—135號簡這兩件訴狀，均由楚王批轉予左尹辦理；呈報於湯公競軍的131接136—137號簡又被進一步送致左尹官署。下行文書如128號簡、135號簡背面和139號簡背面，在經由地方官員閱處後，複又送回左尹手中。如果把那些最初提出問題的文書稱為原生文書，把那些在解決這些問題時形成的文書相應地稱為次生文書的話，那麼某些原生文書也許曾作為次生文書的附件，繼續參與文書運作。如128號簡（下行文書）就有可能是作為126—127（上行文書）附件，重又送回左尹官署的。132—135號簡作為一份上訴狀，屬於原生文書。在由楚王批轉給左尹之後，左尹在反面附記楚王之命，下達給湯公競軍。而湯公競軍在呈送陰司敗報告時，又將這組文書附在一起，呈送給左尹官署。這大概就是有些由左尹官署下達的文書又回到左尹昭佗之手的緣故。

　　在留存備查的文書方面，「疋獄」簡、「受幾」簡乃是左尹官署的工作記錄，即屬此類。同樣為左尹官署記錄留存的文書，大致還有18、77、90、91、103—119、140、141—144、162—196號諸簡。前4簡的「詼」者分別為嬴路公角、正義牢、正秀齊和疋忻，他們均曾在「疋獄」、「受幾」簡中出現，因而這幾件文書也應出自左尹官署。90號簡主要記述繁丘少司敗「複笒」的內容，但看來該簡並不是繁丘官員呈送的上行文書本身，而應是左尹官署對這件文書及其背景的記錄。91號簡因為與「受幾」類34、39號簡相關，其為左尹官署文書的屬性可以更清楚地看出。140號簡與91號簡一樣，是關於獄訟有「成」的記載，並且也與「受幾」文書（44、45號簡）相關，雖然缺少簽署，也可知其所出。103號簡背面記有「王婁逯詼之」。「受幾」類65號簡亦為同人所署。鑒於這一聯繫，103—119號簡可能也記於左尹官署。141—144是周□、黃欽二人就黃欽自傷一事分別向左尹等人所作陳述的記錄，顯然為左尹官署所記。在「所詎（屬）」類

第三章　中央與地方

文書（162—196號簡）中，被「詎」的正妻怵等人，均為左尹副貳。簡書於「詎」者略去不提，看來當是左尹。因為這些被「詎」者既然是左尹屬員，其他人就不大可能越組代庖。同時正因為是左尹所「詎」，在左尹官署中沒有產生誤會的餘地，所以才無需標明「詎」者。關於所詎之事，162、193號簡言明為「告」。在15—17、120—135號簡中，均將訴訟當事人的申訴稱為「告」。整理小組已指出：「簡176上所記被詎告者宵倌之司敗若，即『集箸言』中簡15—17訴訟文中的原告。」[1]值得注意的是，依15—17號簡背面所記，宵倌司敗若呈遞楚王的訴狀於十月甲申「詎」於左尹，而176號簡所記關於宵倌司敗若的時間是在5天之後的十月己丑。由於時間相近，後者所詎的多半就是楚王日前「詎」於左尹的申訴。由此推測，162—196號簡在所「詎」於某某官員之後記列的日期與人名，乃是左尹委派屬員辦處有關告訴的時間和告訴提出人。這些簡書當是左尹關於這項工作的記錄。

上述左尹官署的留存文書，有的非常簡略，有的較為詳明。前者如「所詎」類，只記「詎」的日期和告訴人名字，告訴的內容則毫無涉及。其用意可能是督課部屬，以保證「所詎」之事的落實。後者如90、91、103—119、140、141—144號簡等，於事情原委有較詳細記述，可以在必要時視案複驗。

120—123號簡，本應是楚國地方政府——下蔡官署的留存文書。大概後來左尹過問了這一文書所記案件，下蔡官員才將卷宗呈送到左尹官署。這種文書可能還有一些，但目前還難以一一辨識。

應該再次申明的是，所謂留存文書和移送文書，均是就撰制人最初用意而言的。在後來的發展中，有的移送文書被左尹官署留

---

① 湖北省荊沙鐵路考古隊：《包山楚簡》，文物出版社1991年版，第11頁；原文誤作簡「167」，引述時已訂正。

存下來；有的地方官府的留存文書又付諸移送，終而留存於左尹官署。總之，許多文書的來源和經歷，可能非常複雜，不宜作簡單的理解。

第四章　身分、名籍與土地制度

在楚簡、特別是包山文書簡中，包含有關身分、名籍和土地方面的記載，為了解戰國楚地的社會經濟狀況和制度，提供了重要線索。

在身分方面，包山簡對「人」的記稱分某地之「人」和某人之「人」兩種。前者直接隸屬於國家，相當於「編戶齊民」；後者則依附於個人。臣、妾、奴、佢（豎）應屬於私家奴隸。「佝（官）」或「佝（官）人」似為「庶人在官者」，作為官吏名的「客」則可能是一種臨時差遣的非常設職位。

「名籍」一語，最早見載於漢代。《史記　汲鄭列傳》：「高祖令諸故項籍臣名籍，鄭君獨不奉詔。詔盡拜名籍者為大夫，而逐鄭君。」《周禮　天官　宮正》：「為之版以待」，鄭玄注：「版，其人之名籍」；鄭玄注引鄭司農云：「版，名籍也，以版為之。今時鄉戶籍謂之戶版。」可見名籍大致是指按一定需要登記人名的舉動和由此形成的簿籍。我們借用這一術語指稱楚國的人口登錄制度。

有關土地制度的資料不多，有的記載的含義也不夠明晰。這裡只能嘗試作一些分析。

第一節　某地「人」與某人之「人」

「人」，是包山文書簡中對人最常見的指稱。具體情形分兩種，即某地「人」和某人之「人」。

某地「人」的記載例如：

（1）鄘之已里人青辛 31

（2）宣王之窆州人苛夒 58

（3）登公觴之州人苛疸 58

（4）安陸之下隋里人屈犬 62

（5）鄢之市里人殷何 63

（6）羅之廩戜之夅者邑人疋女 83

（7）詹陽君之蘇陓邑人紫 86

（8）正陽之酷里人昭翼 150

（9）新都人莫逃 165

（10）東宅人登寰 167

（11）聖夫人之青邑人魯 179

據上章分析，鄘、安陸、鄢、羅大致是楚國的縣，邑、里為基層政區，州則是一種特殊的居民組織。它們都代表著一定的地域範圍，可以統稱為地名。細分起來，這些地名又有兩種類型。一種如（1）、（4）、（5）、（6）、（8）、（9）、（10），都是單純的地名；一種如（3）、（7）、（11），則在小地名之前冠以官員或貴族之名。例（2）「宣王」為過世之人，「宣王之窆」乃是相對穩定的地名專名，因而實屬於前一種。用前一種地名稱人，體現了純粹的地緣關係。以這一方式稱述的「人」，當是國家直接控制的居民，相當於後世所謂編戶齊民。那些前面冠以官員、貴族名號的地方，大致是官

員、貴族的俸邑或封地。上章第五節曾談到，就簡書所見，封君之於封邑，並沒有特別的政治權力。封地基本處於國家的正常統治之下，封君可能只是享有其賦稅。俸邑擁有者之於俸邑的關係，大概至多也不過如此。如然，這些封地、俸邑上的「人」，大體仍應與前一種相當。

某人之「人」，約有50餘例。多作某人之「人」某某，個別略去後邊的名字，逕稱某人之「人」。例如：

（1）郙莫囂之人周壬29
（2）射叴君之人南轸38
（3）陽廄尹郙之人䢵戟61
（4）赴命人周甬77
（5）聖夫人之人宗鬏84
（6）周霰之人周雁91
（7）邸陽君之人化公番申98
（8）臧秦之人吳加167
（9）龔夫人之人[illegible]188
（10）陳人龔僕之人上192
（11）蒧尹毛之人194

對於同一個人，某人之「人」的稱述與某地「人」的稱述一般未見交叉。上舉（2）、（7）與某地「人」中的例（7）均冠以一位封君，尤其是上舉（5）與某地「人」中的例（11）皆冠以「聖夫人」，更可見兩種稱述方式顯然有別。唯一例外的是，在131—139號簡中，舒慶自稱「秦競夫人之人舒慶坦尻陰侯之東窮之里」，而別人則稱他為「陰人」。「坦尻」費解。《漢書　翼奉傳》記翼奉上疏建議徙都說：「臣奉誠難亶居而改作，故願陛下遷都正本。」如淳曰：

「亶居猶虛居也，欲徙都乃可更制度也」。師古曰：「亶讀曰但。但居，謂依舊都也。」《翼奉傳》在交待上疏背景時說：「奉以為……不改其本，難以末正。」聯繫起來看，師古之說比較可取。「坦尻」或猶「亶居」，指原址、舊居之意。作為另一種可能，「坦」也許讀為「邅」。《離騷》「邅吾道夫昆侖」，王逸注：「邅，轉也。楚人名轉曰邅。」坦尻猶徙居。在這兩種意義上，舒慶或稱為「秦競夫人之人」，或稱「陰人」，均是因為遷居的緣故。而就當時的實際情況來講，關於舒慶的這兩種稱述並不一定真正能夠調換。

如前所述，某地「人」表示地域上的領轄關係。相應地，某人之「人」則應表示人際間的隸屬關係。古書中也有類似的記述。《左傳》文公六年：「夷之蒐，賈季戮臾駢，臾駢之人欲盡殺賈氏以報焉。」《太平御覽》卷四二九引《左傳》舊注云：「人，臾駢從臣也。」《史記　燕世家》記燕王讓位之事說：

鹿毛壽謂燕王：「不如以國讓相子之……」燕王因屬國於子之，子之大重。或曰：「禹薦益，已而以啟人為吏。及老，而以啟人為不足任乎天下，傳之於益。已而啟與交黨攻益，奪之。天下謂禹名傳天下於益，已而實令啟自取之。今王言屬國於子之，而吏無非太子人者，是名屬子之而實太子用事也。」

對照《韓非子　外儲說右下》，可知「啟人」、「太子人」猶言「啟之人」、「太子之人」。《史記　燕世家》「已而以啟人為吏」句下《索隱》云：「人猶臣也。謂以啟臣為益吏。」又「而吏無非太子人者」句下《索隱》云：「此『人』亦訓臣也。」這可以幫助我們理解簡書中某人之「人」的含義。裘錫圭先生曾對戰國時代剝削階級家庭的成分作過全面的剖析，指出：「除了家長以外，主要有眷屬子弟、臣妾、徒役和賓客四種人。」其中眷屬子弟為家長的親屬，大多地位卑下，

參加勞動，受到家長的剝削；臣妾為奴隸；私家徒役的地位高於臣妾，對主人的依附關係也不十分嚴格；賓客一般不參加勞動，主客關係相當鬆懈[①]。簡書中另有某人之臣、妾的記載，下節將有討論。因而某人之「人」與臣妾無關，而可能與裘先生論列的另外三種人相當。我們注意到，「某人」與所屬之「人」有的為同姓。例（6）中的周霽、周雁即是一例。又如邸陽君之人有番申（98號簡）、番覗（167號簡）。據江陵天星觀一號墓竹簡，該墓墓主為邸陽君番乘。包山二號墓略晚於天星觀一號墓，包山簡中的邸陽君大概是番乘後人，也姓番[②]。這些同姓的所屬之「人」最有可能是眷屬子弟。

在簡書某人之「人」的稱述中，「某人」、也就是處於主導地位的人，絕大多數是官員和貴族，只有少數可能是平民（如192號簡「陳人龔僕」）。他們領屬的「人」，多數只見到一個；少數則見有兩個或更多，具體情形如下：

陽厩尹邵：或戠 61、黃欰 189
邸陽君：化公番申 98、陳賈 162、臧塙 163、番覗 167
陽君：隋惕 163、應懌 176
鄂君：利吉 164、舒趄 193
聖夫人：宗𩪗、宗未 84

這裡處於主導地位的，均為官員或貴族。簡書記述的人，多與訴訟有關，帶有較大的偶然性。雖然如此，上述「某人」的成分及其所屬的「人」數，仍應在一定程度上反映了當時人擁有依附人口的分布狀況和數量比率。

① 裘錫圭：《古代文史研究新探》，江蘇古籍出版社1992年版，第387—429頁。
② 湖北荊州博物館：〈江陵天星觀一號楚墓〉，載《考古學報》1982年第1期。參看何浩、劉彬徽：〈包山楚簡「封君」釋地〉，載《包山楚墓》，文物出版社1991年版。

第四章 身分、名籍與土地制度

第二節　臣、妾、奴、侸

簡書中「臣」作為身分用語，僅二見。7—8號簡記云：

臧王之墨以內其臣之溺典：憙之子庚一夫，尻郪里，司馬徒書之；庚之子暗一夫、暗之子疕一夫，未在典。

這裡提到的憙及其後嗣3人，均為臧王之墨以之臣①。又84號簡記云：

膚人之州人陳德訟聖夫人之人宗緊、宗未，謂殺其兄、臣。

前引裘錫圭先生之說指出，臣妾為奴隸，是戰國時代剝削階級家庭中幾種成分之一。雲夢睡虎地秦簡有大量關於臣妾的記載，研究者均認為是私家奴婢②。長沙子彈庫楚帛書《月忌》（丙篇）於女月記云：「不可以嫁女取臣妾」。李學勤先生指出「取臣妾」與秦簡《日書》「出入臣妾」相當，大致都是指奴隸買賣③。這樣便在楚人和秦人所說的「臣妾」之間建立起了比較可靠的關聯。包山簡中兩處記載的「臣」，當是私家的男性奴隸。

表示身分的「妾」也見於簡書。如83號簡記云：

---

① 董珊先生以為「臧王之墨」為人名，「以」是介詞。看所撰〈出土文獻所見「以謚為族」的楚王族──附說《左傳》「諸侯以字為謚因以為族」的讀法〉，復旦大學出土文獻與古文字研究中心網站2008年2月17日。

② 于豪亮：〈秦簡中的奴隸〉，高恆：〈秦簡中的私人奴婢問題〉，均載《雲夢秦簡研究》，中華書局1981年版；高敏：《雲夢秦簡初探》，河南人民出版社1979年增訂本，第54—74頁。

③ 李學勤：〈睡虎地秦簡《日書》與楚、秦社會〉，《李學勤集》，黑龍江教育出版社1989年版。

羅之雚里人湘瘤，訟羅之廡或之圣者邑人疋女，謂殺噬陽公會傷之妾龹與。

89號簡記云：

遠乙訟司衣之州人苛𧴪，謂取其妾嬐。

這裡的「妾」當即「臣妾」之「妾」，為私家女性奴隸。

在「所諰」類簡中，還有一些人稱為「少妾」某或「妾婦」某，如：

妾婦監 **168**
少妾𦉥 **171**
妾婦逐 **173**
妾婦娒 **175**
妾婦媿 **177**
少妾娒 **181**
新野人少妾□ **183**
妾婦壬女 **187**
妾婦妑 **191**

這些人不稱某人之「妾」，而是單獨稱述，有的還冠以居地，看來應是自由民而不是奴婢。這裡的「妾」可能是楚人女子姓名中的習慣字，「妾婦」大概用於已婚女性，「少妾」則用於未婚少女。

簡書中還有「奴」、「侸」、「少僮（童）」的記載：

周悃之奴 **20**

公孫虒之侸42

剌戠之少僮鹽族邭一夫，瘇一夫3

中倍戠少童羅角180

《說文》：「奴，奴婢，皆古罪人。《周禮》曰：其奴，男子入於罪隸，女子入於舂稿。」簡書之「奴」應即奴隸。奴與臣的區別待考。42號簡中的「侸」，整理小組《考釋》說：「侸，讀作斗。」恐不確。簡文稱「公孫虒之侸之死」，與22號簡「陳宝頤之傷」同例；「公孫虒之侸」與前揭某人之臣妾同例。「侸」當為表示身分的名詞，侸、竪（豎）均從豆得聲，「侸」可能讀作「豎」。《史記 酈生列傳》記沛公罵酈食其為「豎儒」，《索隱》云：「豎者，僮僕之稱。沛公輕之，以比奴豎，故曰『豎儒』也。」《淮南子 人間訓》記鄢陵之戰時，「司馬子反渴而求飲，豎陽穀奉酒而敬之」。高誘注：「豎，小使也。陽穀其名。」簡文之「侸（豎）」大概是未成年的奴隸。3號簡「少僮」與180號簡「少童」應即一事。《說文》：「童，男有罪曰奴，奴曰童。女曰妾。」「僮，未冠也。」2—3號簡先說：「剌令彭圍命之於王大子而以阶（登）剌人所幼未阶（登）剌之玉府之典。」這裡，「幼」與《說文》「僮」的訓釋相符；「剌人」之稱顯示所「阶（登）」之人大概是國家直接掌握的居民。因此，「少僮（童）」可能與「少妾」相對，表示未成年男性，而不是身分性概念。

上述臣、妾、奴、侸（豎）等私家奴隸的擁有者有「邦人」臧王之墨以、周悃、公孫虒、嗌陽公會傷、司衣之州人苟鐕等。嗌陽公會傷可能是一位官員，其他人大概屬於平民。由此推測，楚國私家奴隸見於記載的雖然不是太多，但其存在恐怕比較普遍。臧王之墨以一人至少擁有4個奴隸；反過來看，憙一家四代全部給一個人作奴隸，都是值得注意的。

第三節　「倌（官）」與「客」

包山簡中有一些關於「倌」或「官」的記載：

僕五師宵倌之司敗若敢告視日：昭行之大夫盤何今執僕之倌登
虩、登期、登僕、登臧而無故。……新佫赴尹不為僕斷。僕勞倌，頸
事將廢。15—17

五師宵倌之司敗告謂：昭行之大夫吟執其倌人，……15反

蔡遺受鑄劍之官宋強，宋強廢其官事，命受正以出之。18

無陽大主尹宋㪍訟范慶、屈貉、陽疆、陽軍、陳杲，以受無陽之
櫨官陽逿逿逃之故。87

楚斨司敗攸須訟陽路斨邑攸軍、攸𤔡，以反其官。88

只陽之佶箦箦公𤔡、教令㪍訟其官人番𤔡、番向、番期，以其反官
自敢於新大廄之故。99

司豐之夷邑人桯甲受泟陽之酷官黃齊、黃𪊨。黃齊、黃𪊨皆以甘臣
之歲死於敢𪊨東敢昭戍之笑邑。124

疋陽公命敢𪊨之客、葦戲尹癸察之。東敢公舒㧊、敢司馬陽牛皆言
曰：疋陽之酷倌黃齊、黃𪊨皆以甘臣之嬰月死於小人之敢昭戍之笑邑。
125既發䇂，廷疋陽之酷官之客。125反

䣘吁新官宋亡正 [①] 175

游宮坦倌黃贛175

對照15—17號簡與15號簡背面，可見「倌」又可稱為「倌人」。
對照124號簡與125號簡，可見「倌」、「官」相通。這樣，上揭諸例

---

① 「䣘吁」之釋，看朱曉雪：《包山楚墓文書簡、卜筮祭禱簡集釋及相關問題研究》，吉林大
　學2011年博士學位論文，第275頁。

大致都涉及到對同一類人的記述，可以合併考察。

我們看到，這些「佲（官）」或「佲（官）人」往往隸屬於某位官吏。如簡15—17號簡宵佲司敗若稱登虢等人為「僕之佲」，15號簡背面則稱之為「其佲人」；99號簡記「只陽之佶筈筈公🔲、教令𠤮訟其官人」，均顯示出這層關係。125號簡背面「廷正陽之酷官之客」，參看124、125號簡的內容，可知他當對正陽之酷佲黃齊等人負責。由於99號簡同時記有兩位官員，由於125號簡背面中的「正陽之酷官之客」直接以「酷官」稱述，這些官吏對「佲人」的領屬，當是居於官方而不是私人的立場。易言之，這些「佲人」實當屬於有關官員供職的官府而不是官員個人。在「五師宵佲之司敗」、「正陽之酷官之客」的稱述中，「司敗」和「客」為官吏名，「宵佲」、「酷官」則應是官府名。《古璽彙編》3580「女佲」璽，劉釗先生指出系楚國官璽[1]。壽縣朱家集所出楚國銅器，銘文有「鑄客為大後脰官為之」、「鑄客為王后少府為之」、「鑄客為王后六室為之」等[2]，對比之下，可知「脰官」也是官署名。這可以印證對於「宵佲」、「酷官」性質的判斷。漢代官署有工官、服官、銅官、鹽官、鐵官、發弩官、雲夢官等名目[3]，可相參驗。作為身分性稱謂的「佲」或「佲人」，大概就是因為從屬於作為官府的某「官」而得名。

這些「佲」或「佲人」身分的確定，必須通過官方程序，不得擅自更改。18號簡中的兩處「受」，也許指接受；也許讀作「授」，表示授予。「受正」應是掌管受或授的官職。「出」有離棄意。如《孟子 離妻下》云：「出妻屏子，終身不養焉。」簡文中可能表示去職、除名一類意思。「出」也可能讀作「黜」，為貶斥之意。在

---

① 劉釗：〈楚璽考釋〉，載《江漢考古》1991年第1期。
② 羅振玉：《三代吉金文存》，中華書局1983年版，第302（3 19 5、3 19 6）、1006（10 3 4）頁。
③ 參看《漢書 地理志》。

「受」讀如本字時，簡文為革除宋強「鑄劍之官」的記錄；在讀作「授」的時候，則其身分的確定與解除於簡書均有反映。88、99號簡記有「反官」。「反」有歸還的意思，「反官」大約是指放棄、擺脫倌人身分。「敚」，《說文》：「古文投如此。」「自敚於新大廄」大概是說擅自投身新大廄。這二簡記載對「反官」或於「反官」後「敚」於他處提起訴訟，表明此類做法是不被允許的。在87號簡中，宋歆對范慶等人提出起訴，因為他們所「受」的「無陽之櫃官陽邊」出逃。這或許表明倌人身分不自由，需要用逃亡來改變處境。

18號簡說宋強「廢其官事」。《說文》：「事，職也。」《荀子　大略》：「主道知人，臣道知事」，楊倞注：「事謂職守。」「官事」指由倌人身分所賦予的職守。15—17號簡說「僕勞倌頸事將廢」，雖然不得其詳，但仍大致可知是講「官事」方面的問題。

倌（倌人）在先秦古書中也有記述，但長期缺乏確切的詮釋。孫詒讓《籀廎述林　官人義》針對這個問題，作有精闢的論說：

周時王國、侯國治事之人其等有四：曰卿，曰大夫，曰士，曰庶人在官者。此四者，皆有秩於國也。卿、大夫、士，《周官》及諸經詳載之。庶人在官者，見於《孟子》及《王制》。鄭君以為《周官》府史之屬，官長所辟除，不命於天子、國君者。是也。因其在官，故謂之官（《周官　載師》「官田」注：官田，庶人在官者，其家所受田也）。《呂氏春秋　愛士篇》「陽城胥渠處廣門之官，夜款門而謁」，高注：「官，小臣是也。」亦謂之官人。《荀子　榮辱篇》云：「志行修，臨官治，上則能順上，下則能保其職，是士大夫之所以取田邑也。循法則、度量、刑辟、圖籍，不知其義，謹守其數，慎不敢損益也，父子相傳，以持王公，是故三代雖亡，治法猶存，是官人百吏之所以取祿秩也。孝弟原慤，軥錄疾力，以敦比其事業而不敢怠傲，是庶人之所以取暖衣飽食，長生久視，以免於刑戮

也。」又〈王霸篇〉云：若夫貫日而治平，權物而稱用，則是官人使吏之事也。楊注：「官人，列官之人也。」又〈強國篇〉云：士大夫益爵，官人益秩，庶人益祿。楊注：「官人，群吏也。」據《荀子》諸文，則官人在士大夫下，僅高於庶人一等，且與使吏同稱。是官人即庶人在官者，無疑矣（或謂庶人益祿乃是庶人在官者，不知此乃《周官》工、賈、奚、隸之屬，又下府吏、胥徒一等者也）。《禮古文經　聘禮》：「官人布幕於寢門外（鄭從今文作「管」，注：管，古文作官）。」《記》：「管人為客，三日具沐，五日具浴。」〈士喪禮〉：「管人汲，不說繘，屈之（〈聘禮記〉及〈士喪禮〉注不云古文作「官」。以前注推之，疑古文亦當作「官」）。」《穆天子傳》「官人陳牲」，又云「官人膳鹿獻之（汲家竹書皆古文，故與禮古經合）」。此二書所謂「官人」，與荀卿書同，亦泛指眾小臣，無專官，亦無專職。故凡布幕、具沐浴、汲水、陳牲、膳鹿，諸勞辱事，無不役之也。蓋官本為官府百吏之大名。故《說文》宀部：「官，吏事君也。」其上者卿、大夫，謂之官正。……其次士為官師。……其下者為庶人在官，則無爵而受職役。其秩卑而員眾，故稱官人以通包之。以其為在官之庶人，別於官正、官師，或特為制字，則謂之倌。《說文》云：「倌，小臣也。從人官聲。《詩》曰『命彼倌人』。」是也。毛公、鄭君皆不知倌人、官人異文而同義，於是隨文立訓。《詩》有「夙駕」之文，傳遂云倌人主駕者。〈聘禮〉「官人布幕」，今文籍「管」為之，注即謂管猶館也，館人謂掌次舍帷幕者（館人見《左昭元年傳》。杜注：「館人，守舍人也。」與官人異）。具沐浴在客館，則又云掌客館者。或又因「官」之為「管」，則又以掌管鑰之義傅合之（見《喪大記》釋文）。疏釋家又踵其誤，而求其官以實之。賈氏《禮》疏遂謂《天官》有掌舍、掌次、幕人等，館人即掌舍，諸侯兼官，故掌次、舍、帷幕。近儒胡氏匡衷《儀禮釋官》亦沿其說。不知《穆天子傳》亦有官人，非徒侯國官名也。

《說文》「信」訓小臣，其說與毛異而最精確。段氏注乃云：小臣蓋《周禮》小臣上士四人，大僕之佐。胡氏承珙《毛詩後箋》亦主其說。不知許所謂小臣乃泛指臣之小者，猶閽下曰豎也、騶下曰廝輿也之例，並非實指其官。且《周官》小臣，無掌架之文，〈鄘風〉「命彼倌人」，不過因君出則小臣當從，故偶及之，非必命主駕也。倘倌人果為《周官》小臣，則小臣即是官名，又何別制倌字以名之乎！此皆由不知倌人即官人、官人即庶人在官之稱，本無專職，故望文生義，而卒不可通。

這裡，孫氏對古籍中倌（官）人的資料搜列齊備，考辨也十分精審。簡書中的倌（官）或倌（官）人大致也應與古籍所記相當，屬於所謂庶人在官者。

「客」在楚國古文字資料中已有較多出現。例如：

鑄客為集脰為之《三代》3‧13‧2
鑄王室客為之[1] 故宮藏匜銘
羊圢錫客《古璽彙編》5548
郢粟客璽《古璽彙編》5549

學術界對楚國這類「客」的認識，有一個發展過程。裘錫圭先生在1981年發表的一篇論文中認為：「《韓非子》把庸稱為庸客，這也是很可注意的。壽縣所出戰國晚期楚器，從器上所刻銘文看，有很多是『鑄客』所作。鑄客應該就是從事冶鑄業的高級雇工。」[2]隨後，李學勤先生進一步談到：「安徽壽縣李三弧堆楚國青銅器的

---

① 郝本性：〈試論楚國器銘中所見的府和鑄造組織〉，載《楚文化研究論集》第1集，荊楚書社1987年版。
② 裘錫圭：〈戰國時代社會性質試探〉，載《中國古史論集》，吉林人民出版社1981年版。

第四章 身分、名籍與土地制度

185

『鑄客』，可能就是外來的匠人。『客』的身分，不言而喻也是自由的。」①郝本性先生1987年刊出的論作也說「鑄客」、「室客」是官府手工業機構從外國招徠的雇工，並依據《戰國策　楚策四》春申君為汗明「著客籍」的記載，推測「這種人被稱為客，是與戰國時養士之風有關」②。李家浩先生則在兩篇關於楚國官印的論作中提出：「『某客』和『某某客』是楚國特有的一種官名。」「直到秦漢之際，在劉邦起義軍中還襲用楚國『粟客』和『客』的官名。」並通過《史記　高祖功臣侯者年表》、同書《淮陰侯列傳》與《漢書》相應表、傳的對照，指出韓信曾任的「粟客」與「治粟都尉」相當③。後來，裘錫圭先生在將他的舊作收入文集時，也改從此說④。

　　包山簡中的「客」，大致有兩類：一類為外國使者，如7號簡「齊客陳豫」，12號簡「東周之客許緹」，132號簡「宋客盛公鵬」，145號簡「東周之客紳朝」、「鄅客登余善」，等等。另一類則與學者們多所論列的「鑄客」、「粟客」等相當，具體記載主要有如下一些：

　　宣王之宛州人苛覽、登公▨之州人苛疽、苛題以受宣王之宛市之客苛適。58

　　疋陽公命敢䜏之客、葦䣂尹癸察之。東敢公舒捭、敢司馬陽牛皆言曰：疋陽之酷倌黃齊、黃▨皆以甘豆之嬰月死於小人之敢昭戊之笑邑。125既發笐，廷疋陽之酷官之客。125反

　　陰人苛冒、桓卯以宋客盛公鵬之歲荊夷之月癸巳之日，132僉殺僕之兄呵。僕以誥告子宛公，子宛公命鄅右司馬彭懌為僕篝等（志），

① 李學勤：《東周與秦代文明》，上海人民出版社2007年版，第165頁。
② 郝本性：〈試論楚國器銘中所見的府和鑄造組織〉，載《楚文化研究論集》第1集，荊楚書社1987年版。
③ 李家浩：〈楚國官印考釋（四篇）〉，載《江漢考古》1984年第2期；〈楚國官印考釋（兩篇）〉，載《語言研究》1987年第1期。
④ 裘錫圭：《古代文史研究新探》，江蘇古籍出版社1992年版，第413頁。

以舍陰之勤客、陰侯之慶李百宜君，命為僕捕之。得苛133冒，桓卯自殺。勤客、百宜君既以致命於子宛公：得苛冒，桓卯自殺。子宛公詎之於陰之勤客，思斷之。今陰之勤客不為其斷，而134倚執僕之兄絚。陰之正又執僕之父迠。135

東周之客紳朝、鄲客登余善……之実宦敘雁，肉家旦廢之，無以歸之。中舒戠歸之客。成陽赴尹成以告子司馬。145八月戊寅，子司馬詎之。

九月甲申之日，司豊之客須□書言謂：小人以八月甲戌之日，舍肉家之舒人□□歸客之□金十兩又一兩。145 反

所有債於寑戲五師而不交新客者，豖玫苛欵利之金一益<s>多</s>益。146

邧陽之酷里人昭翼、邦□、盤己，邧陽之牢中獸竹邑人宋鼎，蔡陵之戲里人石紳貸徒藋之王金不賽。徒藋之客苛刞內之。……150　客發笌150 反

方鄢左司馬競慶為大司城喪客，且政五連之邑於葬王土，不以告僕。155

鄢宦大夫命少宰尹鄋智察問大樑之戠嘼之客苛坦。苛坦言謂：鄢攻尹屈惕命解舟籚、舟羨、司舟、舟斦、車棚□斦、牢中之斦、古斦、窀笌駟倌、笌倌之嘼貸解。157

宣王窀市客苛𤪌191

上揭諸例，絕大多數稱「某客」或「某某之客」。前面所加修飾語，有的可能是表示機構或部門，如「宣王之窀市」、「敢囯」、「徒藋」；有的可能是表示職守，如「勤」、「喪」、「戠嘼」。145號簡背面的「司豊」，也許為部門之名，也許表示職守。146號簡中的「新」，含義還難以推測。150號簡背面「客發笌」一句單稱「客」，或許省略了前面的修飾語。

有的簡書記述了「客」的一些活動，可據以對其身分和職掌略作

推測。如「敢或之客」奉命與葦戠尹癸一起核查兩名「酷官」的死亡，應該也是一位官吏；「疋陽之酷官之客」因為「酷官」之死而被要求出「廷」，顯然應對此負責；「陰之勤客」奉命抓捕疑犯並作出裁決，自當是與司法有關的官吏；「司豐之客」參與對外國來賓發放黃金的工作，似屬涉外系統的官吏；「新客」、「徒盧之客」與債款、貸金有關，157號簡提到「貸解」，「飲雟之客」，可能也牽涉此類活動；「喪客」應負責操辦安葬王士。58、191號簡沒有相關記載，由稱述上看，「宣王之宦市之客」大概是宣王之宦市的管理人員。這些人都是具有某種職守的官吏，而不是普通的居民。

在「客」的來由方面，簡文也透露了一些線索。據155號簡，作為大司城喪客的競慶，本來就擔任鄢左司馬一職。58、63號簡記述之事類似，都是說某人「受」某人。63號簡「受」者與被「受」者為兄弟。58號簡中的三位「受」者與被「受」者均為同姓，可能也存在血緣關係。由此可見，作為官吏的「客」，至少有一部分本來就是楚人，而不是新從外國招徠的。

155號簡中的「大司城喪客」由鄢左司馬競慶出任。58號簡所記「宣王之宦州人苛矍」與191號簡所記「宣王宦市客苛矍」或即一人。58號簡記於許緢之歲九月戊午，191號簡記於同年十月辛巳。作為一種可能，苛矍是在這一期間由「宣王之宦州人」出任「宣王宦市客」的。《說文》：「客，寄也。」結合上揭二例分析，作為官吏名的「客」也許屬於一種臨時差遣性的非常設的職位。

總之，包山簡的有關記載，進一步證實了非外國使者類的「某客」或「某某之客」為楚國官吏的推論，並使這方面的資料更為豐富。

第四節 「典」與「溺典」

包山文書簡有幾處談到「典」。如2—4號簡記云:

魯陽公以楚師後城奠之歲冬夷之月,劌令彭圍命之於大大子而以阰
(登)劌人所幼未阰(登)劌之玉府之典。劌之少僮鹽族邯一夫,瘝一
夫,凥於鄝路區淉邑,凡君子二夫,敦是其書之。

《包山楚簡》「考釋」云:「典,典冊。」望山二號楚墓竹簡記有
「車馬器之典」,大致是指記載車馬器的簿冊。典、籍均有書冊的意
思。戰國楚簡中「典」的這種意義,古書里常以「籍」字表示。具體
就包山簡而言,彭浩先生指出:「登記名籍的簿冊稱作『典』。」[1]
是很正確的。

關於簡文「阰」字,《包山楚簡》「考釋」指出與曾侯乙編鐘銘
文「徵」字以及《說文》「征」字古文之左旁相近,是「從升得聲,
通作徵」。並引述《尚書 洪范》「念用庶徵」鄭注「驗也」,作為
對阰字的訓釋。以此為基礎,整理小組認為簡2—4號以及其他類似文
書「是關於驗查名籍的案件記錄」。從古文字學角度看,釋「阰」為
徵是有道理的。問題在於,古書中「徵」之訓「驗」並不是指查驗,
而是指效驗,為效果、徵兆之意。「考釋」引述的《尚書 洪范》鄭
注見《禮記 禮器》孔疏所引,原文作:「庶,眾也。徵,驗也。為
眾行得失之驗。」《洪范》「次八曰念用庶徵」,孔疏云:「八曰念
用天時眾氣之應驗。」《左傳》昭公元年:「天有六氣,降生五味,
發為五色,徵為五聲。」杜預注:「徵,驗也。」孔疏云:「徵驗而
為五聲。」《禮記 中庸》「久則徵」,鄭玄注:「徵猶效驗也。」

① 彭浩:〈包山楚簡反映的楚國法律與司法制度〉,載《包山楚墓》,文物出版社1991年版。

孔疏云：「徵，驗也。以其久行則有徵驗。」這方面的例證還有一些，不備舉。12—13號簡記云：

　　子左尹命漾陵宮大夫察邟室人某瘴之典之在漾陵之參鈘。漾陵大宮痎、大馴尹師、鄢公丁、士師墨、士師陽慶啟漾陵之參璽而在之，某瘴在漾陵之參鈘間御之典匜。

　　簡書先後用了三個「在」字。一、三兩個「在」字大致是存在的意思，中間一字則不好這樣理解。《詩經　大雅　文王》：「文王陟降，在帝左右。」鄭玄箋：「在，察也。文王能觀知天意，順其所為，從而行之。」簡文「啟漾陵之參璽而在之」的「在」，也是這種用法，為察看、查驗名籍一類意思。在這種情況下，「阩」不大可能同時也是表示查驗名籍的用語。我們還看到，在2—4號簡中，「阩」的對象為「所幼未阩」的「少僮」。「少僮」與「幼」相對，指未成人的少年。《漢書　高帝紀》：「蕭何發關中老弱未傅者悉詣軍。」顏注云：「孟康曰：『古者二十而傅，三年耕有一年儲，故二十三而後役之。』如淳曰：『律，年二十三傅之疇官，各從其父疇學之，高不滿六尺二寸以下為罷癃。《漢儀注》云民年二十三為正，一歲為衛士，一歲為材官騎士，習射御騎馳戰陣。又曰年五十六衰老，乃得免為庶民，就田里。今老弱未嘗傅者皆發之。未二十三為弱，過五十六為老。』師古曰：『傅，著也。言著名籍，給公家徭役也。』」雲夢睡虎地秦簡《編年記》記昭王四十五年「喜產」，秦王政元年「喜傅」。由此推知當時秦國著錄名籍的年齡為17周歲。這些秦漢時的記載顯示，由於著錄名籍與承擔徭役相聯繫，著錄年齡一般定在20歲上下。這樣，簡書所謂「阩刾人所幼未阩」，大概是出於某種特殊需要。在這之前，這些人恐怕由於不到年齡而無需著錄名籍。如然，將「阩」典解作查驗名籍也就失去了前提。

徵有徵發之意。《左傳》定公七年：「齊侯、鄭伯盟於咸，徵會於衛。」杜預注：「徵，召也。」《戰國策　宋策》「梁王伐邯鄲」章：「梁王伐邯鄲，而徵師於宋。」高誘注亦云：「徵，召也。」鑒於簡書中「阩」的結果只是「箸（著錄）之」而已，因而也不好將「阩」講作徵發。

我們知道，登與昇、徵等字音近義通，往往發生通假現象。如《左傳》僖公二十二年「公及邾師戰於昇陘」，《釋文》云：「昇陘，本亦作登陘。」《尚書　堯典》「舜生三十，徵庸」，孔疏引鄭本作「登庸」。《周禮　秋官　司民》云：「司民掌登萬民之數，自生齒以上皆書於版，辨其國中與其都鄙及其郊野，異其男女，歲登下其死生。」鄭玄注：「登，上也。男八月女七月而生齒。版，今戶籍也。下猶去也。每歲更著生去死。」這裡，登解作上、著，也就是後世所說的登記。將簡文「阩」讀作登，不僅文意順暢，而且與隨後說到的「書之」正好彼此呼應。

簡書中出現幾種「某某之典」的記載。3號簡稱「玉府之典」，「玉府」或許是存放名籍的府庫。12號簡稱「某瘴之典」，某瘴是需要查驗名籍的人名。11號簡所記「陳豫之典」，13號簡所記「間御之典」，含義可能與此不同。楚人以事紀年的稱述可有省略，如周客監臣逆楚之歲可稱為「甘臣之歲」或「甘臣」①，東周之客許緝歸胙於蔵郢之歲可稱為「許緝」。7號簡記有「齊客陳豫賀王之歲」，當可簡稱為「陳豫之歲」或「陳豫」。10—11號簡說廖衍「在陳豫之典」，「陳豫」很可能是指歲名。簡文之意是說廖衍名籍記於陳豫之歲，或者說廖衍著於陳豫之歲所記的名籍之中。間、甘二字為見母雙聲，御與臣（固）字為魚部疊韻，「間御」可能是「甘臣」的假借。12—13號簡記於許緝之歲，將間御之典看作甘臣之歲（在許緝之歲前2年）所記名

---

① 監、甘二字同為談部見母，可以通假。

籍，也是適宜的。由此推測，楚國名籍是按登記年份的不同分開存放於地方官府的。

楚國進行名籍登記的週期，簡書缺乏直接記載。在涉及名籍登記的幾件文書中，2—4、4—6號簡均記於魯陽公之歲。陳豫之歲、魯陽公之歲和甘戊之歲是三個前後銜接的年份。如果前述對陳豫之典、間御之典的理解不誤，那麼楚國的名籍登記可能是每年一次。這與《周禮　秋官　司民》「歲登下其死生」的說法在時間上正好一致。

在登記對象方面，2—4號簡總括說：「凡君子二夫。」《禮記　鄉飲酒義》「鄉人、士、君子」，鄭玄注：「君子謂卿、大夫、士也。」《荀子　解蔽》「類是而幾君子也」，楊倞注：「君子，有道德之稱也。」鹽邟、鹽瘑二人為未成年的「少僮」，君子的這些含義，恐怕不是他們所能具有的。簡文「君子」疑讀作「群子」。群、庶都有眾多的意思。群子猶言庶子，大概是指家庭中除嫡長子之外的其他諸子，地位比較低下。7—8號簡所記的「臣」指奴隸，上文已經談到。10—11、12—13號簡所記廖衍、某瘑，大約為一般平民。15—17號簡所記「倌人」，已在上節談到，為所謂庶人在官者，處於官吏集團的底層。依此看來，當時楚國名籍登記的對象，至少包括平民和奴隸這兩大階層。需要注意的是，簡書稱名籍登記的對象為「一夫」、「二夫」。《詩經　小雅　車攻》：「射夫既同」，孔疏云：「夫，男子之總名。」那些沒有稱「夫」的人，如12—13號簡中的某瘑，15—17號簡中的登髐等4人，看名字也當是男子[1]。這如非巧合，則當時楚國的名籍登記應只限於男性[2]。

簡書對名籍登記對象的記述，文例一致。如：

---

[1]　女性名字稱「少妾某」或「妾婦某」，參看本章第2節。

[2]　當時楚國成年男性登錄名籍，恐怕是為了給國家提供兵役或徭役。至於成年女性的情形，目前還不得而知。

剌戡之少僮鹽族郳一夫，瘰一夫，尻於郢路區溑邑3

惪之子庚一夫，尻郢里8

複戡上連嚻之還集廖族衍一夫，尻於複寈之少桃邑10

《國語 魯語下》：「老請守龜卜室之族」，韋昭注：「族，姓也。」《史記 五帝本紀》「棄為周，姓姬氏」，《集解》引鄭玄《駁許慎〈五經異義〉》云：「天子賜姓命氏，諸侯命族。族者，氏之別名也。」簡文「族」正指姓氏。「族」字後為登記者之名，鹽族郳即鹽郳，廖族衍即廖衍。32號簡所謂「名族」，就是指的姓名。8號簡所記為「臣」即奴隸，其人有名而無「族」，大概是身分卑賤的緣故。

「尻」見於《說文》、《廣雅》等字書，後世傳抄古書時一般改作「居」字①。《鄂君啟節》尻、居並見，包山簡32號簡則「居尻名族」連稱，顯示二字古人有別②。「居」在簡書中也用作表示居住的動詞，見於以下二例：

繁丘少司敗遠□㵒笒，言謂：繁丘之南里信有冀酉，酉以甘臣之歲為偏於喜，居隋里。90

子左尹命漾陵之宭大夫察州里人陽鋌之與其父陽年同室與不同室。大宭瘃、大駟尹師言謂：陽鋌不與其父陽年同室。鋌居郢，與其季父□連嚻陽必同室。126 27

這兩件文書都是地方官員關於轄下之人行蹤的報告。值得注意的是，冀酉被稱為「繁丘之南里人」，陽鋌被稱為「（漾陵之）州里

① 參看《說文》「尻」字下段注；《廣雅 釋詁二》王念孫疏證。
② 參看林沄：〈讀包山楚簡劄記七則〉，載《江漢考古》1992年第4期。

人」①，然而當時他們卻都住在外地。「居」用在外地的住址之前，可能有遷居或臨時居住一類意思。他們被稱為「繁丘之南里人」或「漾陵之州里人」，當因這是名籍登記中的地址。簡書里的「尻」，應是用來表示這種性質的居地②。按《周禮 地官 比長》記載，居民徙居他地，必須在官府辦理手續，否則就將「圜土內之」，收押起來。85號簡記跨缶公對宋瓹等24人提出訴訟，指控他們「受跨缶人而逃」。這些人可能是在接受了跨缶之地居民的身分之後擅自離走。跨缶公提起訴訟，正與《周禮》「圜土內之」相應。至於冀酉、陽鋋的遷居，自必經過當地官府批准，並很可能記錄在案，故而地方官員不去阻止他們的行動，並在需要時能提供這些人遷往之地的詳細情況。

在32號簡中，要求邸陽君之州里公登纓「以所死於其州者之居尻名族致命」，大概是由於除去死者名籍的需要。所謂「居尻名族」，亦即上文討論的幾個方面，大約正是名籍登記的幾個要素。

「溺典」見於5號簡和7號簡。其中「溺」字，5號簡下部從「子」，整理小組隸定為「屍」；7號簡下部從「水」，整理小組隸定為「㲻」。整理小組《考釋》說：「屍，簡7此字作㲻，讀如沒。《小爾雅 廣詁》：『沒，無也。』又，《史記 屈原賈生列傳》：『汩深潛以自珍』，徐廣注：『汩，潛藏也。』『㲻典』當是隱匿名籍。」湯余惠先生認為：「此字從休，即古溺字。《古文四聲韻》引《華嶽碑》作休。簡文㲻，從休勿聲，即『淹沒』之『沒』。勿、沒古並明紐、物部，古音極相近。㲻之為沒，猶《說文》歿或體作歾。《小爾雅 廣詁》：『沒，滅也。』5簡：『㲻典』，謂不見於名籍。246簡『㲻人』，即溺水而亡者。」③劉信芳先生贊同湯氏之說，指出：

---

① 「兼陵之州里人陽鋋」見128號簡。126—127號簡為漾陵官員自述，故省去「漾陵」等字。

② 《鄂君啟節》記「王尻於茂郢之游宮」，所指為楚王臨時所在。這大概是「尻」在名籍用語之外的另一含義。

③ 湯余惠：〈包山楚簡讀後記〉，載《考古與文物》1993年第2期。

「簡文『溺』字原有誤釋，湯余惠先生釋作『溺』，極是。『溺典』之涵義，原報告考釋認為即『隱匿名籍』，其說不可信。《釋名 釋疾病》：『溺，弱也，不能自勝之言也。』《左傳》襄公二十六年：『遇王子弱也。』杜預注：『弱，敗也，言為王子所得。』是俘虜稱『弱』。楚懷王時期，楚國人口變動極大，無戶籍者眾多，此類無戶籍者至少包括：（1）戰俘；（2）逃亡者；（3）因自然災害、社會動盪（如莊蹻暴郢）而引起大規模人口遷徙者；（4）正式登記戶籍所遺漏者。僅釋為『隱匿名籍』，顯然不能包括以上數種情況。」「『溺典』其實就是『沒有正式戶籍的人口典冊』（大略相當於現在的流散人口登記）。」①何琳儀先生認為：此字「疑沕之繁文。《集韻》『沕，沕穆，深微貌。』『沕，潛藏也。』包山簡『～典』，讀『沕典』，收藏之典。」②我們曾經提出：2—4號簡與4—6號簡中的「阩」字應讀為「登」，指登記。7—8號簡中的「內」讀「入」、讀「納」均可，為交納、呈進的意思。由這些動詞連及的「㲽典」，似乎不好看作隱匿名籍這一違法行為。簡書也沒有反映出如整理小組所說的那種意境③。

在讀到郭店竹書的資料之後，聯繫相關討論，我們形成了一種新的看法，即此字恐怕應該讀為「弱」，「弱典」是指所謂「弱冠」即男子成年之後所登錄的名冊。

在這個問題上，郭店竹書具有兩個層面上的啟示。

其一，這種字形在郭店簡中出現四次。在《老子》甲8號簡中，整理小組釋為「溺」，將「非溺」讀為「微妙」④。與這種顯然受到傳世本和帛書本影響的理解不同，劉信芳先生將此二字讀為「菲

① 劉信芳：〈包山楚簡司法術語考釋〉，載《簡帛研究》第2輯，法律出版社1996年版。
② 何琳儀：《戰國古文字典》，中華書局1998年版，第1306頁。
③ 陳偉：《包山楚簡初探》，武漢大學出版社1996年版，第124—131頁。
④ 荊門市博物館：《郭店楚墓竹簡》，文物出版社1998年版，第111頁、114頁注釋一九。

弱」①。在同篇33、37號簡中，整理小組均釋為「溺」，讀為「弱」，相關文字讀作「骨弱筋柔」和「弱也者」，與傳世本及帛書本一致②。又在《太一生水》篇8號簡中，整理小組亦釋為「溺」，讀為「弱」，相關一句讀作「天道貴弱」③。這與《老子》貴柔的思想一致。竹書隨後說到「伐於強」，「強」、「弱」相對，也是對此字釋讀的印證。這樣，在郭店簡中出現的四個場合，此字都應釋為「溺」；其中後三處，均應讀為「弱」；在第一處、即《老子》甲8號簡中，除讀為「妙」之外，也有可能讀為「弱」。我們回過頭來，反觀對包山簡此字的看法，顯然由湯余惠先生提出、得到劉信芳先生贊成的釋為「溺」一說更為準確。前引劉信芳先生的論述中，已經用「弱」來解釋「溺」。依照郭店簡的用字習慣，我們應該可以直接將包山簡此字讀為「弱」。

在將此字讀為「弱」以後，除了劉信芳先生訓為「敗」之外，還存在一種可能性。這涉及到郭店竹書的另外一層提示。《唐虞之道》25—26號簡記云：「古者聖人廿而冠，卅而有家，五十而治天下，七十而致政。」整理小組注釋說：「《禮記　曲禮》：『二十曰弱冠。』簡文『二十而冒』，系言年二十而加冠為成人。」《禮記曲禮上》給出的實際是男性人生週期的各主要環節，即：「人生十年曰幼，學；二十曰弱，冠；三十曰壯，有室；四十曰強，而仕；五十曰艾，服官政；六十曰耆，指使；七十曰老，而傳；八十、九十曰耄，七年曰悼，悼與耄雖有罪，不加刑焉；百年曰期，頤。」十、二十等，為年齡。幼、弱等，為對這一年齡的代稱。學、冠等，為在相應年齡所做的事情。整理小組注釋以「二十曰弱冠」為一句讀，是不夠確切的。《釋名　釋長幼》說：「二十曰弱，言柔弱也。三十曰

---

① 劉信芳：《荊門郭店竹簡老子解詁》，藝文印書館1999年版，第9—10頁。
② 荊門市博物館：《郭店楚墓竹簡》，文物出版社1998年版，第113頁。
③ 荊門市博物館：《郭店楚墓竹簡》，文物出版社1998年版，第125頁。

壯，言丁壯也。四十曰強，言堅強也。……」正是解釋各年齡代稱的意義，可以參證。在傳世典籍中，類似的記載還有一些。如《禮記‧曲禮上》又說：「男子二十，冠而字。」《禮記‧內則》云：「……二十而冠，始學禮，可以衣裘帛，舞《大夏》，惇行孝弟，博學不教，內而不出。三十而有室，始理男事，博學無方，孫友視志。四十始仕，方物出謀發慮，道合則服從，不可則去。五十命為大夫，服官政。七十致事。」《春秋穀梁傳》文公十二年云：「男子二十而冠，冠而列丈夫，三十而娶。」《鹽鐵論‧未通》云：「十九年已下為殤，未成人也；二十而冠；三十而娶，可以從戎事；五十已上曰艾老，杖於家，不從力役。」儘管我們對古書中的這類記載習以為常，但在出土文獻中則還是頭一次看到。這使我們了解到，雖然相關傳世典籍的成書年代有的還不夠確定，有關說法無疑在戰國中期即已流行，至少在楚地如此。這為我們將包山簡此字讀為「弱」，理解為「弱冠」，提供了必要的歷史背景。

其實，在包山簡自身，也存在有若干印證。

對於包山簡所見名籍的登錄者，往往稱為「夫」，如3號簡、7號簡、8號簡中的「一夫」，4號簡中的「二夫」。《說文》：「夫，丈夫也。從大一，一以象簪。周制八寸為尺，十尺為丈，大長八尺，故曰丈夫。」「一以象簪」下段注云：「依《御覽》，宜補『冠而後簪。人二十而冠，成人也』十二字。此說以一象簪之意。」《詩經‧小雅‧車攻》「射夫既同」孔疏：「射夫即諸侯也。其大夫亦在獲射之中，則此可以兼焉。諸侯而謂之射夫者，『夫』男子之總名。」簡書中的這些被稱為「夫」的人大概即是成年男子。

在2—6號簡中，以4號簡中的標識為界，分為前後兩條簡文。這兩條記載都是關於剕這個地方的名籍問題，時間上則前後銜接，彼此應有一定關聯。4—6號簡記有「弱典」，2—4號簡則說「阱（登）剕人所幼未阱（登）剕之玉府之典」。「幼」恐怕就是「人生十年曰

第四章　身分、名籍與土地制度

幼」的「幼」，指「弱」之前的年齡段①。相形之下，「弱」也應該是指年齡。

更為重要的是，我們以前曾經指出的問題，簡書中完全看不出「弱典」具有消極性的色彩，並不與某種違法行為有關。如果將其看作是當年齡自然增長到一定程度而需要登錄的名冊，則正與這一情形相符。

相傳古代有男子二十歲登記服役的做法。《周禮　地官　鄉大夫》云：「以歲時登其夫家之眾寡，辨其可任者。國中自七尺以及六十，野自六尺以及六十有五，皆征之。」賈公彥疏云：「七尺謂年二十。知者，案《韓詩外傳》『二十行役』，與此國中七尺同，則知七尺謂年二十。」《漢書　高帝紀》「蕭何發關中老弱未傅者悉詣軍」，顏師古注云：「傅，著也。言著名籍，給公家徭役也。」又引孟康曰：「古者二十而傅，三年耕有一年儲，故二十三而後役之。」《鹽鐵論　未通》也說：「古者，十五入大學，與小役；二十冠而成人，與戎；五十以上，血脈溢剛，曰艾壯。……今陛下哀憐百姓，寬力役之政，二十三始傅，五十六而免，所以輔耆壯而息老艾也。」這些記載應有一定的歷史背景。又《史記　孝景本紀》記景帝二年：「男子二十而得傅。」《漢書　景帝紀》亦云：「令天下男子年二十始傅。」表明這在西漢一段時間內乃是實際執行的制度。而這些大致類似的規定或說法的存在，顯然是因為男性只有到了二十歲上下，心智和體魄才臻於成熟，具有為國家效力的客觀條件。這與將「弱典」理解為在弱冠之年著錄名籍以備為國家服務正好一致。

_____

① 《禮記　曲禮上》孔穎達正義云：「『人生十年曰幼，學』者，謂初生之時至十歲。依《內則》，子生八年『始教之讓，九年教之數日，十年出就外傅，居宿於外，學書計』，故以十年為節也。幼者，自始生至十九時。故《檀弓》云：『幼名者，三月為名稱幼』。〈冠禮〉云：『棄爾幼志。』是十九以前為幼。〈喪服傳〉云：『子幼。』鄭康成云：『十五已下。皆別有義。』今云『十年曰幼，學』，是十歲而就業也。」由此可見「幼」既可特指十歲，又可泛指初生至弱冠之前的年齡段。

簡文「弱」字有從「水」、從「子」兩種寫法。後者或許正是「弱冠」之「弱」的本字。

依照這個思路理解簡書，也存在問題。在第7至第8號簡中，喜的子孫三代，只有其子庚「書之」即已登錄名籍，而庚之子晹、晹之子疕卻「未在典」即未登錄名籍。晹和疕都被稱為「夫」，均應是成年男子。其中晹為疕之父，無論如何也當超出弱冠之年。這二人「未在典」，似與將弱典解釋為弱冠之年著錄名籍不符，反而支持隱匿名籍的說法。不過，其中存在這樣一種可能，喜一家四代作為臧王之墨以之「臣」，即奴隸，在一般情形下並不必為國家所掌握並提供力役，但若遇特別情形則有此需要。7—8號簡正是這種特別情形下的記錄，所以才要由楚王專門下達命令。

如果以上推測大致不誤的話，那麼包山簡的這兩條記載對了解當時楚國的傅籍制度就具有非常重要的意義。關於先秦時代的傅籍年齡，過去依據上面引述的文獻資料，多認為是二十歲。然而睡虎地秦簡的出土提供了新的資訊。在所謂《編年記》中，記載喜這個人於昭王四十五年（西元前262年）十二月甲午出生，秦始皇元年（西元前246年）傅籍[①]。此後學者或者認為當時秦國男子是年滿十六周歲（虛齡十七）的時候傅籍，或者認為在達到一定身高的時候傅籍[②]。古人舉行冠禮的年齡存在不同記載，但二十而冠卻是最通行的說法[③]。郭店簡《唐虞之道》為此增加了一條新的證據。在另一方面，「弱」作為男子年齡代稱是指二十歲，更是古無異說。這樣，在包山簡時代——戰國中期偏晚，楚國男子登錄名籍從而為國家服役的年齡應該是以二十

① 睡虎地秦墓竹簡整理小組：《睡虎地秦墓竹簡》，文物出版社1978年版，第5—6頁。
② 依據年齡傅籍，參看徐富昌：《睡虎地秦簡研究》（文史哲出版社1993年版，第523—524頁）所引諸家之說。以身高為傅籍標準之說，參看高恆：〈秦律中的徭戍問題〉，載《秦漢法制史論考》，廈門大學出版社1994年版，第113—118頁；杜正勝：《編戶齊民》，聯經出版事業公司1990年版，第17—19頁。
③ 錢玄：《三禮通論》，南京師範大學出版社1996年版，第563—564頁。

第四章　身分、名籍與土地制度

歲、即通常認為成年而舉行冠禮之年為基準。這與前引典籍中古代男子二十歲登記服役的記載正相呼應，而與睡虎地秦簡《編年記》所反映的秦始皇初年秦國的做法不同。

第五節　土地制度

包山文書簡涉及土地方面的內容比較多，或者是田邑收授，或者是土地糾紛。有助於幫助我們了解當時楚國的相關制度。

153、154號簡內容關聯。前者記述啻苴之田的四至和包含的六邑。後者以「王所舍新大廄以啻苴之田」開頭，隨後亦記其田之四至。舍，給予。《墨子　耕柱》：「見人之生餅，則還然竊之曰：『舍余食。』」孫詒讓《間詁》：「舍，予之叚字。古賜予字或作舍。」129號簡云：「左司馬迪以王命命巫思舍葉￼王之纂一青犧之齋足金六鈞。」李零先生亦云：「舍是給予之義。」①楚國有一些以「廄」命名的官署或職官。比如61號簡中的「新大廄陳漸」與「陽廄尹郤」，69號簡中的「大廄馭司敗鼻且」、「大廄馭陳帛」，163號簡中的「中廄馱豫」，164號簡中的「大廄登僕」，184號簡中的「大廄黃￼」，174—175號簡中的「中廄馭蔡臣」，176號簡中的「新大廄屈為人」，189號簡中的「新大廄陽晉」，191號簡中的「新大廄殷親」。這些廄，均為楚國飼養、管理馬匹的機構。「新大廄」，疑是新建立的「大廄」。彭浩先生認為：啻苴之田可能是新大廄的食田，這種食田應該來自楚王的賞賜②。由於「新大廄」應是官署名，啻苴之田更可能是提供給「新大廄」飼養馬匹的。

---

① 李零：〈包山楚簡研究（文書類）〉，載《李零自選集》，廣西師範大學出版社1998年版，第142頁。

② 彭浩：〈包山楚簡反映的楚國法律與司法制度〉，載《包山楚墓》，文物出版社1991年版。

155號簡所記，我們在上章第一節已有一些討論，是徵收「五連之邑於葬王士」。這也是國家行為，是將土地收歸公用，與154號簡將土地提供給官署使用的運作方向正好相反。

151－152號簡在探討楚國土地制度方面具有特別的意義。簡文記云：

左馭番戌飤（食）田於邟戜噬邑城田，一索畔（半）畹。戌死，其子番憲後之。憲死無子，其弟番黯後之。黯死無子，左尹士命其從父之弟番欵後**151**之。欵飤（食）田，病於債，骨價之。左馭游晨骨賈之。有五勵、王士之後鄆賞間之，言謂番戌無後。右司馬適命左令默定之，言謂戌有後。**152**

城田，大概是田名，與「嗇苴之田」相當。索，劉釗先生認為是一種民間計量單位，一般認為十丈為一索。宋王禹偁《畬田詞》：「各願種成千百索，豆其禾穗滿青山。」原注謂：「山田不知畎畝，但以百尺繩量之，曰某家今年種得若干索。」如此「一索」就是「十丈」[1]。作為這方面更早的例證，《大戴禮記 主言》記云：「然後布指知寸，布手知尺，舒肘知尋，十尋而索。」尋，一般說是八尺[2]。一索合八十尺。 畹也是長度單位。《楚辭 離騷》：「余既滋蘭之九畹兮，又樹蕙之百畝。」王逸注：「十二畝曰畹。或曰田之長為畹。」《玉篇》田部：「秦孝公二百三十步為畝，三十步為畹。」《玉篇》後一句與《離騷》王逸注呼應。如以此推算，番戌食

---

① 劉釗：〈釋「價」及相關諸字〉，載《出土簡帛文字叢考》，臺灣古籍出版有限公司2004年版。

② 見《說文》。另有一尋為七尺（《史記 張儀列傳》索隱）、六尺（《廣韻 侵韻》）等不同說法。

田寬十五步。後，指繼承①。張家山漢簡《二年律令》多見「後」字的這一用法。骨，含義不詳。也可能是「谷（欲）」字之訛。償，即今「鬻」字，賣的意思。買，買的意思。間，非議。李學勤先生認為：飲田即食田。《國語　晉語四》「士食田」，韋昭注：「受公田也。」董增齡《國語正義》說：「《漢書　食貨志》『士工商受田，五口乃當農夫一人』，《周官禮　載師》疏『士之子不免農，大夫之子乃免農』，據此則士得食其自耕之田。」由這個案例可知，戰國中葉楚國的授田，已不再行井田，而是什伍，和秦簡所反映的秦國制度類似。所授之田規定由子嗣繼承，無子可以傳弟，至於由堂弟繼承，則是要特別指定的例外。案例說明，土地可以買賣。潘家的人苦於債務，把田出售，這在繼承權確定後，便得到政府的保護。左馭遊晨和番戌身分一樣，他依法也應受田，可是又買進了田地，這是兼併②。

上博竹書第七冊《君人者何必安哉》記范成勸諫楚王時也說到「食田」：「楚邦之中有食田五貞，竽瑟衡於前；君王有楚，不聽鼓鐘之聲。……玉珪之君，百貞之主，宮妾以十百數；君王有楚，侯子三人，一人杜門而不出。」貞，讀為「頃」③。《淮南子　道應訓》記云：「子發攻蔡，逾之。宣王郊迎，列田百頃而封之執圭。」可與竹書對讀。這裡的「五貞（頃）」、「百貞（頃）」，都大於番戌的「食田」。這與張家山漢簡《二年律令　戶律》所記不同等級授田的數量之別，略可對照。雖然如此，這些大型「食田」的繼承，大概與番戌之田並無二致。

包山簡還記有其他幾起土地糾紛：

---

① 彭浩：〈包山楚簡反映的楚國法律與司法制度〉，載《包山楚墓》，文物出版社1991年版。
② 李學勤：〈包山楚簡中的土地買賣〉，載《綴古集》，上海古籍出版社1998年版。
③ 參看單育辰：〈占畢隨錄之七〉，載復旦大學出土文獻與古文字研究中心網站2009年1月1日；李天虹：〈《君人者何必安哉》補說〉，載武漢大學簡帛網2009年1月21日。

䍋月辛未之日，赴命人周甫受正李圉㠯以戠田於章或鄩邑。77

遠夕之月甲寅之日，舒快訟呂堅、呂🔲、呂憚、呂壽、呂卒、呂曹，以其不分田之故。82

九月己酉之日，苛獲訟聖蒙之大夫范𦀰以𤲬田。94

䍋月癸亥之日，章越訟宋🔲以拒田。101

77號簡「戠」和94號簡中的「𤲬」，劉信芳先生讀為「畷」。《說文》：「畷，兩百間道也，百廣六尺。從田，叕聲。」畷可理解為田界，《禮記　郊特牲》：「饗農及郵表畷。」孔穎達《疏》：「畷者，謂井畔相連畷。」「畷田」亦即重修田間之道而正封疆，簡文中實指非法擴大田界①。此字也可能讀為「掇」。掇有掠奪義。《史記　張儀列傳》：「中國無事，秦得燒掇焚杅君之國。」索隱：「謂焚燒而侵掠。」

101號簡的「拒」，劉信芳先生讀為「矩」，以為猶言量田。簡文所記是借量田為名侵占他人田界，與「畷田」類似②。《韓非子　揚權》：「數披其木，無使木枝外拒；木枝外拒，將逼主處。」陳奇猷校注：「《孟子　盡心篇》『來者不拒』，《荀子　君道篇》『內以固城，外以拒侮』，是『拒』字有推而向外之意。」③拒田可能是將其田向外推移。

82號簡的含義也不大清晰。可能是舒快要求從呂堅等六人那裡分得田地，也可能是他指控呂堅等人不分割土地。從呂堅等六人同姓這一點來看，後一種可能性更大一些。如然，這或許有與商鞅變法的「分異令」類似的背景。

---

① 劉信芳：《包山楚簡解詁》，藝文印書館2003年版，第74—75頁。
② 劉信芳：《包山楚簡解詁》，藝文印書館2003年版，第95頁。
③ 陳奇猷：《韓非子新校注》，上海古籍出版社2000年版，第178頁。

第四章　身分、名籍與土地制度

第五章　司法制度

迄今為止，人們對於戰國時期的司法制度了解甚少。相形之下，早先的西周、春秋和後來的秦、漢，不僅有《尚書》、《左傳》、《史記》、《漢書》等可以信據的文獻資料，陸續出土的西周金文、秦漢簡牘也做了重大的補充。包山簡的出土，才使得這個不足在一定程度上得到補救。

對於包山簡反映的司法問題，整理小組已完成了許多基礎性的工作，彭浩先生還在附錄的論作中進行了專門考察。這裡我們擬討論訴訟事由與當事人、訴訟程序以及司法組織等問題，以期進一步梳理資料，探索戰國時楚國司法的相關問題。

第一節　訴訟事由與當事人

訴訟事由，在「疋狀」簡中，均有明確記述；在其他與司法有關的文書里，有的也有這方面的交待。總括起來，約有以下諸事：

（1）執其倌人15　7

（2）傷人80

（3）政田81

（4）不分田82

（5）殺人83、84、86、90、95、96、120 23、131 39

（6）逃亡85、87

（7）反官88、89

（8）取妾89

（9）葬於其土91

（10）喪子92

（11）敓後93

（12）贇田94

（13）敓妻97

（14）債98

（15）敓溹汸與爾澤100

（16）拒田101

（17）斷不法102

（18）竊馬而價之120 23

（19）征金140

（20）自傷141 44

依照性質的近似，上述事由有的可作些歸併。如（1）、（10）、（13）為掠取人口，（2）、（5）、（20）為人身傷害，（3）、（17）、（19）為官員處置失當，（4）、（6）、（7）、（8）大概涉及到違犯身分和名籍制度，（9）、（11）、（12）、（14）、（15）、（16）、（18）大致為財產、債務方面的糾紛。所有這些，必定均為當時楚國的法律規範所不容，因而成為訴訟的導因。這裡有一些情形比較特別，尤應注意。例如82號簡指控呂姓六人「不分田」，反映楚國可能也有兄弟分立門戶的規定。《史記 商君列傳》記：「民有二男以上不分異者，倍其賦。」可參照。83、84號簡指控殺害臣妾，尤其是84號簡以「殺其兄、臣」並列，顯示對臣妾即奴隸

不得隨意殺戮。141—144記州里公周㺇與黃欽一起專門就黃欽自傷一事面陳於左尹，似乎這也屬於違法行為。89號簡指控苛鑯「取（娶）其妾嬠」，也許表明楚國自由人不得與奴隸通婚。《孟子　告子下》記葵丘之盟盟辭說：「無以妾為妻。」《國語　楚語上》記司馬子期欲以妾為妻，被左史倚相勸止。可參看。

　　按照這樣的歸併，在知悉事由的29件訟案中[①]，由人身傷害引起的有10起，約占1/3；經濟糾紛引起的7起，約占1/4；違犯身分、名籍制度的6起，約占1/5；掠取人口和官員處置失當的各3起，分別約占1/10。這也許在一定程度上反映了當時楚國各類訟案發生的比例。其中，關於人身傷害的訟案之多，使人想到當時楚人的私下鬥毆可能非常盛行。

　　在這些案例中，原告大多是自身或其親屬受到侵害者。所謂自身，這裡指原告本人及其妻、子、臣、妾，有81、84、91、92、93、97、98、100號簡等例。在親屬受到侵害方面，有80、84、86、90、95、96、102、131—139號簡等例。這些簡書中的親屬關係，實際上均為兄弟。84號簡說「殺其兄、臣」，同時涉及到自身和親屬這兩個方面。120—123原告為余狷，受害人為余罩，二人同姓，恐怕也當是親屬。提出起訴的還有官吏和第三者。在官吏方面，有15—17號簡宵俉司敗指控昭行之大夫「執其俉人」，85號簡錡缶公指控宋孤等24人「受錡缶人而逃」，87號簡無陽大主尹指控范慶等人「受無陽之櫃官」而致其逃亡，88號簡楚斨司敗指控攸軍等人「反其官」，99號簡只陽之佸箞箞公和教令「訟其官人」、「反官」，141—144號簡秦大夫怡之州里公指控「州人君夫人之歧愴之胊一夫」逃亡被逐因而自傷。可見，這些原告均為主管官吏，被告應聽其管轄，而所告事由皆屬公務。所謂第三者，是指原告與所訟之事看來不具備上述幾種關係，可能屬於局外

_____

①　120—123號簡同時提到兩件事由，現按兩案計。

207

人。由第三者起訴的訟案，約有82、83、89號簡三例。此外，94、101號簡所記「贅田」、「拒田」兩起訟案，原告也許是受到侵害的當事人，也許是第三者。由此可見，當時楚國的訟案，關涉公務的由主管官吏提出；關涉私人事務的則主要由受到侵害的本人或其親屬提出，由第三者提出的較少，由官員提出的尚未發現。這是否是當時楚國的社會、法律制度使然，是值得考慮的。

在原告方面還有一點值得注意，就是關於私人事務的訟案，提出告訴的均只有一人；在關涉公務的訟案中，只有99號簡由兩位官員一道起訴，其他亦只見一人。據132—135號簡記載，對其兄舒明被殺一事的起訴、上訴，均由舒慶操辦，而他的父親舒逪、另一位兄長舒緹則只是出席審判。這也許意味著當時楚國訟案的提起一般限於一人，或因相關規定而以一人為宜。

被告方面的人數，或多或少。如15—17、80、81、83號簡等為一人，84、88、90、91號簡等為二人，82、87、99、102號簡等為三至五人，85號簡多達24人。這自然是事情涉及多少人，就指控多少人，不存在什麼限制。120—123號記郲拳供述說：「小人信與下蔡關里人應女返、東邗里人場賈、夷里人競不割僉殺余睪於競不割之官。」132—135號簡記舒慶說：陰人苛冒、桓卯「僉殺僕之兄明」。《說文》：「僉，皆也。」《小爾雅　廣言》：「僉，同也。」僉殺當即共同殺害[1]。137號簡說：「舒慶之殺桓卯，逪、呈與慶皆（偕）。」含義也大致類似。可見當時已有共犯的概念。

在被告身分方面，除了一般人之外，還有一些官員，如81號簡「邑司馬競丁」，102號簡「南陵大宰縊首」等人，140號簡中的畢地和▆君封邑官員。他們均被認為在履行職守時處置失當，因而受到起訴。

---

① 「僉」字之釋看劉釗：〈包山楚簡文字考釋〉，中國古文字研究會第9屆學術討論會論文。

第二節　訴訟程序

包山簡中有幾組文書篇幅較長，如15—17、120、123、131、139和141—144號簡，對案件辦理過程有較詳細記述。以這些文書為基礎，聯繫其他簡文，可以比較清楚地看出當時楚國訴訟程序的基本情形。下面分五點試加說明。

一、「告」

120號簡記云：

周客監臣蹠楚之歲享月乙卯之日，下蔡萼里人余獮告下蔡舥執事人陽城公瞿㽙。獮言謂：郏拳竊馬於下蔡而償之於陽城，又殺下蔡人余㽙，小人命為耆以傳之。

141—142號簡記云：

東周之客許緹歸胙於葴郢之歲爨月乙巳之日，秦大夫怡之州里公周□言於左尹與郲公賜、𩍂尹傑、正𡪄怤、正令翟、王丁司敗𤅩、少里喬與尹𡠗、郊路尹㞷、發尹利。□言曰：甲辰之日，小人之州人君夫人之𢼨憎之㝬一夫逸趣至州巷。小人將捕之，夫自傷。小人焉獸（守）之以告。

這二件簡書均是關於起訴的記載。簡書中也有一再告訴的例證。例如：15—17號簡記云：

僕五師宵倌之司敗若敢告視日：昭行之大夫盤何今執僕之倌登虢、登期、登臧而無故。僕以告君王，君王諨僕15於子左尹，子左尹諨之新佲赴尹丹，命為僕至典。既皆至典，僕有典，昭行無典。新佲

209

赴尹不為僕斷。僕勞官，頸事將廢，不憖新估赴 16 尹，不敢不告視日。 17

秦競夫人之人舒慶坦尻陰侯之東窮之里，敢告於視日：陰人苛冒、桓卯以宋客盛公𩏩之歲荊夷之月癸巳之日， 132 僉殺僕之兄叩。僕以誥告子宛公，子宛公命郡右司馬彭懌為僕篝等（志），以舍陰之勤客、陰侯之慶李百宜君，命為僕捕之。得苛 133 冒，桓卯自殺。勤客、百宜君既以致命於子宛公：得苛冒，桓卯自殺。子宛公詎之於陰之勤客，思斷之。今陰之勤客不為其斷，而 134 倚執僕之兄經。陰之正又執僕之父迈。苛冒、桓卯僉殺僕之兄叩，陰人陳膱、陳旦、陳越、陳劼、陳寵、連利皆知其殺之。僕不敢不告於視日。 135

按宵倌司敗若和舒慶的追述，他們先前曾分別向君王和子宛公提出過起訴，因為沒有得到合理裁決，所以複又告訴於「視日」。「視日」指楚王或其重臣。「君王」亦應即楚王。子宛公為宛郡長官。這樣，舒慶先後兩次告訴的對象地位由低而高，宵倌司敗若則均在最高層次提出，他們的後一次告劾分別類似於現代所說的上訴和申訴。

簡書中，「告」有報告、告知等意。如135號簡背面「左尹以王命告湯公」，140號簡「告成」，155號簡「不以告僕」等。而在另外一些場合，如15—17號簡中的「敢告視日」、「以告君王」，120—123號簡中的「下蔡蓐里人余猏告下蔡𢼸執事人陽城公瞿翠」，132—135號簡中的「僕以誥告子宛公」，137號簡背面的「視日以陰人舒慶之告詎僕」，141—144號簡中的「小人焉獸之以告」和「州人焉以小人告」，「所詎」類簡中的「所詎告於正妻怣」，等等，「告」則似乎專門指告劾。秦漢文書也有這種情形。如雲夢睡虎地秦簡《法律答問》說：「子告父母，臣妾告主，非公室告，勿聽。」江陵張家山漢簡《奏讞書》說：「發弩九詣男子毋憂，告為都尉屯，已受致書，行未到，去亡。」可參照。

210

15—17號與132—135號簡在程式、用語上基本一致，均為楚人訴狀的實物。江陵磚瓦廠370號墓竹簡也是幾件這樣的訴狀①。其中訴主以「僕」自稱，先通報身分，接著用「敢告視日」引出訴訟對象和事由，最後以「不敢不告於（或無「於」字）視日」結束。因為是呈遞於楚王或其重臣，所以有其特別之處（如採用「視日」的特殊稱謂）②。但楚人一般的訴狀，相信大致不會相去太遠。132—135號簡中的「誥」，原釋「詰」。此字右部與隨後及其他「告」字相同，而與卜筮簡常見的「吉」迴異，因而改釋。「誥」從言從告，可能專指訴狀而言。

　　在120—123號和141—144號簡中，分別以「狷言謂」、「𢓜言曰」引出訴辭。在「𣥂獄」簡中，有的訴訟事由也用「言謂」表示。似乎在書面起訴之外，也存在口頭起訴的做法。不過，從有些簡書來看，「言」或「言謂」也指書面內容，而不一定專指口頭陳述。如127號簡的「言謂」、137號簡背面的「言之」，顯然均指書面報告。因而口頭起訴的存在與否，還難以斷言。

　　官府對接到的告訴加以記錄。目前看到的記錄方式有兩種。一種如120—123號簡的第一部分和141—142號簡所示，內容包括：（1）年月日；（2）告訴人居地、姓名；（3）接受告訴的官員；（4）訴辭，即指控對象和事由；（5）簽署（僅見於141—142號簡）。另外一種則如「𣥂獄」簡所示，內容主要包括：（1）月日；（2）告訴人居地（或省略）、姓名；（3）指控對象及事由；（4）簽署。這兩種方式的區別主要在於：第一，在告訴時間、告訴人、接受告訴者和告訴事由等項記載方面，前者較詳而後者較略（接受告訴者全然不提）。第二，對告訴的行為前者稱「告」而後者稱「訟」。之所以有這種區

①　參看陳偉：《新出楚簡研讀》，武漢大學出版社2010年版，第34—40頁。
②　在書籍類簡冊中，也有類似記述。如上博竹書《君人者何必安哉》記范戊曰：「君王有白玉三回而不戔，命為君王戔之。敢告於視日。」

第五章　司法制度

別，大概是由於前者為正式案卷而後者是官府的工作記錄。「沒獄」簡為左尹官署所記，第三章第七節已有分析。至於120—123號簡和141—144號簡，則分別出於下蔡官府和左尹官署。由此推度，對於經手的案件，像下蔡那樣的地方官府至少要有如120—123號簡那樣的記錄，左尹官署則需要兼作上述兩種記錄。

二、「將」與「執」

官府接受告訴後，需採取措施讓被告到案，以使審理得以進行。在「沒獄」簡中，有幾處涉及審理前安排的簡短記錄。其中80、85號簡分別記作：

既發笭，執勿逸。

既發笭，將以廷。

「發笭」大致是指發出文書。「執勿逸」是說予以拘押，不使走脫。「將以廷」則是說帶來出庭受審。按現代司法觀念看，前者類似於羈押，後者接近於拘傳；雖然都屬於強制措施，但適用範圍、操作方式以及強制程度存在重要的區別。

80號簡所記，為一起人身傷害案。對被告採用「執」一類舉措，還見於另外幾件文書。120—123號簡記余狷指控邨拳犯有殺害余睪等罪，請求「為冒以傳之」，隨後「陽城公瞿睪命倞邨、解句傳邨拳得之」。「傳」有逮捕的意思。《漢書 劉屈氂傳》：「以奸傳朱安世」，顏注云：「傳，逮捕也。」《後漢書 陳禪傳》：「禪當傳考」，李賢注：「傳謂逮捕而考之也。」簡文「傳」字正應如此解。當邨拳供述他與應女返、場賈、競不割等人「僉殺」余睪後，官府又進一步對這些疑犯採取「執」的行動。在132—135號簡中，舒慶追述說，他向子宛公指控苟冒、桓卯「僉殺」其兄舒刖，「子宛公命郰右司馬彭懌為僕篝等（志），以舍陰之勤客、陰侯之慶李百宜君，命為僕捕之，得苟冒，桓卯自殺。但陰之官府不作裁處，反而將其兄舒綎、其父舒 迖「執」了起來。根據131號接136—137號簡這件陰司敗呈報的

212

文書，可知舒緙被「執」是因為桓粨、苛冒指控舒慶、舒迣、舒緙殺害桓卯並得到大批證人證實的緣故。綜觀這些記載可見，「執」的對象大致是致人死傷一類重案的被告或疑犯。

通過這些文書，還可以了解「執」的一些具體情形。例如，120—123號簡對郏拳稱「傳」，132—135號簡對苛冒、桓卯稱「捕」，大概均是為了「執」而實施的逮捕行動。137號簡背面記湯公競軍呈報說：「慶逃，緙違宿，其餘執，將至時而斷之。」「其餘執」，當包括132—135號簡所記「捕」得的苛冒在內。這表明「捕」為「執」的前奏，而不是另外一種強制措施。又如，80號簡提到「發竽」，120—123號簡提到「為冒」，132—135號簡提到「卷等（志）」，雖然詳情待考，但大致應是發出施行強制措施的官方文書。再如，120—123號簡說「郏拳未至斷，有疾，死於宿」。137號簡說「舒緙執，未有斷，違宿而逃」。《包山楚簡》考釋分別說：「宿，讀如拘，牢房。」「宿，讀作拘，意為牢房。」應大致可從。這樣，「執」具體說來即是拘禁於牢房之中。在143—144號簡中，提到鄝路尹憍執黃欽於君夫人之啟愴，並且戴有「桎」即束縛腳的刑具。我們不知道這裡的「執」屬官方性質抑或私人性質，但由此推測，那些「執」於官府之「宿（拘）」的人，有的可能也會戴上桎或其他刑具。

在「將以廷」方面，85號簡所記為一宗違犯名籍制度的案件。此外，34、39號簡要求付舉之關敔公周童耳「將付舉之關人周敔、周瑤以廷」，據91號簡記，這是因為二人涉嫌占用他人土地。視此，大概「將以廷」適用於比兇殺為輕的其他訟案。

「將以廷」也須官府行文。85號簡說「既發竽，將以廷」，發竽即是發出文書一類意思。在「受幾」簡中，多數是要「受幾」者於指定時日「將」某人「以廷」。這裡的「受幾」，蘊涵有接受文書的意思，適與「發竽」對應。

在關於「將」某某「以廷」的「受幾」簡之中，往往能看出

第五章 司法制度

「將」者和被「將」者屬於同一單位。其中，前者地位一般高於後者。「將」者多是司敗或州加公、里公等官吏，被「將」者為其屬下。如31號簡的鄖司敗之於鄖之己里人青辛，34號簡的付舉之關敔公之於付舉之關人周敓、周瑤，69號簡的大廄馭司敗之於大廄馭陳晨，71號簡的中陽司敗之於中陽之仟門人范慶，等等。在有的場合，「將」者地位也可能與被「將」者相當甚至低一些。如26號簡的鄟陽大正之於鄟陽宮大夫，36號簡的宰之於▓君，46號簡的越異司敗之於越異大師，60號簡的射台君司敗之於射台君司馬，等等。這似可理解為在特定情況下，上級官府下達的文書賦予了「將」者特別的權力。

「受幾」簡中還有少數逕直要求「受幾」者本人去「廷」的文書，如29、79號簡。這是因為他們屬於原告還是其他什麼緣故，一時還難以考究。

第二章第五節說明：58、63號簡因體例不合，應從「受幾」簡中離析出來；其內容則可能涉及某種擔保制度。其中63號簡說「執事人早暮求朔，何不以朔廷，阱門有敗」。這裡的「廷」，應該也是指出庭受審。這樣，本簡所顯示的也許是一種類似於現代司法中取保候審的制度。

三、「聽獄」

131、136號簡記云：「執事人詎（屬）陰人桓䊷、苛冒、舒迚、舒綎、舒慶之獄於陰之正，思聖之。」130號簡也用到「聖」字，作「以足金六鈞聖命於葉」。《包山楚簡》考釋云：「聖，借作聽。」本簡「聖」字也借作「聽」，聽的內容則是前面說到的桓䊷、苛冒等人之獄。聽獄是審理案件的重要環節。《尚書　呂刑》云：「民之亂，罔不中聽獄之兩辭。」《左傳》襄公十年云：「王叔之宰與伯輿之大夫瑕禽坐獄於王庭，士匄聽之。」《周禮　秋官　小司寇》：「以五刑聽萬民之獄訟，附於刑，用情訊之。至於旬，乃弊之，讀書則用法。」孫詒讓《正義》云：「是先聽之謂之訊，後斷之謂之弊，其間

相距旬日，欲其參酌詳議，以求至當也。」雲夢睡虎地秦簡《封診式》「訊獄」條云：「凡訊獄，必先盡聽其言而書之，各展其辭。」在一定意義上，聽獄也就是訊問。

聽獄時，必須兼聽當事人雙方的陳述，也就是《尚書‧呂刑》所說「兩辭」、《封診式》所說的「各展其辭」。136號簡隨後記云：

> 迮、緹皆言曰：「苛冒、桓卯僉殺舒叨，小人與慶不信殺桓卯，卯自殺。」桓榍、苛冒言曰：「舒慶、舒緹、舒迮殺桓卯，慶逃。」

所載正是相互對立的「兩辭」。《左傳》襄公十年隨後也記有王叔之宰與瑕禽各自的陳說，與簡文所載的情形非常近似。

141—144號簡大致也屬於「兩辭」的記錄。與136號簡所記不同的是，這裡雙方的陳述彼此吻合，而不存在矛盾。

相形之下，120—123號簡所載顯得有些特別。在「拳言謂」以下一段被告的陳述中，否認了原告余猾兩項指控中的一項——竊馬，對殺害余罘之事則牽扯出了另外幾名共犯。與此同時，我們卻沒有看到原告在聽獄時陳述。這是因為陳述與訴辭一致而予以省略，還是因為余猾未出庭對質，尚難斷定。

四、「盟」與「證」

136—137號簡記云：

> 夏夷之月癸亥之日，執事人為之盟證。凡二百人十一人，既盟皆言曰：「信竊聞知舒慶之殺桓卯，迮、緹與慶偕；竊聞知苛冒、桓卯不殺舒叨。」

137號簡背面記湯公競軍稱「陰之正既為之盟證」，即是指此而言。138—139號簡還提到另外一次盟證。二簡正面連讀，為一條簡

文；背面分讀，為兩條簡文。其內容依次如下：

陰人舒緹命證陰人御君子陳旦、陳龍、陳無正、陳㝵，與其勤客、百宜君、大史連中、左關尹黃惕、䣄差蔡惑、坪射公蔡冒、大喋尹連且、138大朡尹公覮必，與□三十。139

左尹以王命告子宛公：命滋上之㦰獄為陰人舒緹盟其所命於此書之中以為證。139反

思緹之仇敘於緹之所證。與其仇有怨不可證，同社、同里、同官不可證，昵至從父兄弟不可證。138反

138—139為舒緹的取證請求，所列為證人名單。139號簡背面為左尹向子宛公轉述王命。「為陰人舒緹盟其所命於此書之中以為證」，即按138—139號簡所列名單組織盟證。138號簡背面主要是對證人條件的限定[①]。

簡文雖然有時盟證連言，但盟與證實際上是兩件事。盟是兩周時流行的一種儀式。《淮南子　氾論訓》：「夏后氏不負言，殷人誓，周人盟。」高誘注：「有事而會，不協而盟。盟者，殺牲歃血以為信也。」盟在治獄中的應用，古書曾有記載。《周禮　秋官　司盟》云：「有獄訟者，則使之盟詛。」鄭玄注：「不信則不敢聽此盟詛，所以省獄訟。」《墨子　明鬼下》記述一則故事說：齊國二人爭訟久而不決，齊君乃命二人盟於神社。在讀到其中一人的盟辭時，充當犧牲的羊跳起來將他觸死。這裡與盟的為爭訟雙方，《墨子》所記還有神判的色彩。上舉簡書的盟施於證人，目的則是為了舉證的真實性（即「信」）。在138—139號簡中，舒緹只是請求「證」，139號簡

---

① 138號簡斷讀、性質，參看李守奎：〈包山司法簡致命文書的特點與138—139號簡文書內容的性質〉，載《古文字研究》第28輯，中華書局2010年版。

背面所記王命則指示「盟其所命於此書之中以為證」，顯示盟為證的附屬。

120—123號簡最後一段記「應女返、場賈、競不割皆既盟」。當時，指稱這3人共犯的郊拳已死於獄中，他們的盟恐怕是表白自己的無罪。如然，這與131—139號簡所記的盟，在參與人和目的上均有不同，而與《周禮》、《墨子》所載近似。作為另一種可能，這處「盟」也許讀作「明」。明有審察之意。「既明」也許是說他們被判明無罪。

136—137號簡「皆言曰」以下一段為證人陳述，即今人所謂證人證言。值得注意的是，這些證言得之於傳聞而不是目驗。《論語 子路》記楚葉公對孔子說：「吾黨有直躬者，其父攘羊，而子證之。」可見在楚國證人制度由來已久。如同彭浩先生所指出的，138號簡背面涉及到證人資格的認定。對證人規定種種條件，是為了使證言公允、可靠[1]。

另據15—17號簡所記，當宵佰司敗若狀告昭行之大夫執其佰人後，左尹將訟案轉付給新佶赴尹，「命為僕至典。既皆至典，僕有典，昭行無典。」這裡的「典」即名籍簿冊屬於書證的範疇。

五、「斷」與「成」

「斷」指判決，為治獄最後一環，簡書中曾多次提到。

在120—123號簡中，郊拳供述殺害余罩後，並未很快判決，致使他「未至斷」而瘐死獄中。另如131號接136—137號簡所示，在聽獄、盟證之後，也不是立即「有斷」，從而讓舒綎有機會「達荷而逃」。137號簡背面所記湯公競軍語還說「將至時而斷之」，顯示至結案尚有一些時日。據簡書記載，陰地官員為桓稍、苟冒等人之獄組織盟證是在夏夷之月癸亥之日，陰司敗將案卷呈報湯公是在夏夕之月癸丑之

---

① 彭浩：〈包山楚簡反映的楚國法律與司法制度〉，載《包山楚墓》，文物出版社1991年版。

日，湯公競軍將這份案卷上送左尹又當更晚一些。這樣，這樁訟案自聽獄、盟證之後到斷，至少要等一個月以上。因而可以相信，楚人斷獄必定在聽獄、盟證之後再隔一段時間進行。137號簡背面所說的「至時」很值得注意。《尚書・康誥》云：「要囚，服念五、六日，至於旬、時，丕蔽要囚。」孔疏云：「既用刑法，要察囚情，得其要辭，以斷其獄，當須服膺思念之，五日、六日，次至於十日，遠至於三月一時，乃大斷囚之要辭。言必反復重之如此，乃得無濫故耳。」前引《周禮・秋官・小司寇》也有類似記載。這體現了對於審斷的慎重。120—123號簡與131—139號簡所載均為致人死命的兇殺案，「斷」在聽獄、盟證之後再過一段時間舉行，也許與此有關。那些較輕微的訟案，或可較快審斷。古書中還有在一年內的特定時段進行裁斷的說法。如《呂氏春秋・孟夏記》稱「斷薄刑，決小罪，出輕系」；《孟秋紀》稱「決獄訟必正平，戮有罪，嚴斷刑」；《季秋紀》稱「乃趣獄刑，無留有罪」。楚國訟案不在審理後立即裁斷，也許與存在類似制度有關。

102號簡指控新都官員「為其兄蔡暴斷不法」。「法」應指法律。「不法」為不合法律。戰國時各國大都編有成文法，對賞功罰罪作出具體規定。《晉書・刑法志》說：「秦漢舊律其文起自魏文侯師李悝。悝撰次諸國法，著《法經》。以為王者之政，莫急於盜賊，故其律始於《盜》、《賊》。盜賊須劾捕，故著《網》、《捕》二篇。其輕狡、越城、博戲、假借不廉、淫侈、踰制，以為《雜律》一篇。又以《具律》具其加減，是故所著六篇而已，然皆罪名之制也。商君受之以相秦。」當時各國立法情形及其相互影響，由此可見一斑。在楚國方面，《左傳》昭公七年記有「僕區之法」，《戰國策・楚策一》記有「雞次之典」，《史記・蔡澤列傳》記「吳起為楚悼王立法」。關於具體律條，《韓非子・外儲說右上》云：「荊莊王有茅門之法曰：『群臣大夫諸公子入朝，馬蹄踐霤者，廷理斬其輈，戮其

御』」；《戰國策 楚策一》云：「郢人有獄三年不決者，故令請其宅，以卜其罪」，鮑彪注：「有罪則宅入官，故可請卜測知之也」；《呂氏春秋 貴卒》云：「荊國之法，麗兵於王屍者，盡加重罪，逮三族」；《史記 越世家》說陶朱公中男「殺人，囚於楚」，楚王「令論殺朱公子」。簡書中沒有「斷」的具體記載。只是120—123號簡在邡拳供述殺人之後、「斷」之前，記有「收邡拳之孥」。《國語 晉語二》：「以其孥適西山」，韋昭注：「孥，妻、子也。」「收孥」作為一種刑罰見於秦律。《史記 商君列傳》：「事末利及怠而貧者，舉以為收孥。」《索隱》云：「以言懈怠不事事之人而貧者，則糾舉而收錄其妻子，沒為官奴婢，蓋其法特重於古也。」雲夢睡虎地秦簡《法律答問》云：「隸臣將城旦，亡之，完為城旦，收其外妻、子。」所指也是收孥①。由本簡看，楚國對於殺人致死的罪犯，也處以收孥。《呂氏春秋 精通》記鍾子期（高誘注：楚人）「夜聞擊磬者而悲，使人召而問之」，得知擊磬者之父殺人處死，他母親和他本人都被沒為官奴。適可印證。簡書記收孥於「斷」之前，也許是為了防其逃逸。

　　「斷」是官府作出的裁決。而在一般案件中，爭訟雙方也可以經過調解而結案，簡書稱之為「成」。91、140號簡所記即為這方面的事例。34、39號簡一再要求付舉之關敔公帶周敖、周瑤出廷受審，而到39號簡約定的九月戊申之日，「瑤、敖與雁（即原告周雁）成」，就所訴「葬於其土」的問題達成共識。43、44號簡分別要求□君和畢地的官員於十月辛巳之日「歸登人之金（一作「板」即金版）」。而在這天兩地官員「皆告成」，說是：「小人各政（征）於小人之地，無爭。」前一例中的調解是在官府開庭審理時達成的，後一例則似乎是在私下完成的。《周禮 地官 調人》：「凡過而殺傷人者，以民成

---

① 睡虎地秦墓竹簡整理小組：《睡虎地秦墓竹簡》，文物出版社1978年版，第201頁。

第五章 司法制度

之。」孫詒讓《正義》說,「凡成、平兼有聽斷之意」,大致可從。

第三節　司法組織

本書第三章分析了楚國地域政治系統的大致情形,即國都一帶為州的分布區,在這之外的地方設置郡縣和封邑。與此相對應,司法組織也分作不同的系統。

我們先看看郡縣方面的情況。

依照第三章第一、二等節的分析,縣下的基層組織有彧—敢—邑和里。這些基層組織的官吏,有時根據縣級官員的指示,參與執法活動。如124—125號簡記泟陽之酷官黃姓二人死於敢彧東敢昭戊之笑邑,泟陽公命敢彧之客、葦戲尹癸向東敢公舒掉、敢司馬陽牛核查此事。又如120—123號簡記郏拳供述與應女返、場賈、競不割等人共同殺害余罩後,下蔡官府派這3人所在之里的官吏將他們拘執起來,並派郏拳所在之里的官吏收沒其妻小。由於包山文書簡是由左尹官署記錄或收存,所以較少看到縣下基層組織的活動。可以想像,這些組織既然處於基層,在治安、執法方面勢必涉入甚多。不過,縣下基層組織可能並不是正式的司法機關。包山楚簡整理小組認為:「楚國縣以下的基層單位有里、州。里有里公,負責全里的管理,接受里人的訴訟,當是最低一級行政組織。」整理小組相信「受幾」簡為受理告訴的記錄,因而說里公也接受訴訟(州不屬於地方政區,姑且不論)。現在我們知道,「受幾」簡實為左尹官署的工作記錄,在包山文書簡中其實找不出一件里的官吏接受告劾的事例。

有較多的證據顯示,縣級官府是最為基本的司法機關。這主要體現在三個方面:

首先,120—123號簡記下蔡尋里人余猂向下蔡訊執事人陽城公

瞿罜告發下蔡山陽里人邞拳的罪行。下蔡轄有里，應是一處楚縣，余狷、邞拳為縣中居民，瞿罜為該縣官員。這一事例表明縣級官府是接受縣中居民起訴的機構。

其次，在120—123號簡中，拘捕並審訊邞拳，以及捉拿其他疑犯、收邞拳之孥，均由下蔡官員自己或者命其屬下進行。在舒慶等人的訟案中，舒慶向子宛公提出起訴，子宛公命陰地官吏辦理；後舒慶上訴於楚王，楚王經左尹交付湯公辦處，湯公複又交付給陰地官府。120—123號簡說「未至斷」，131號接136—137號簡說「未有斷」，似乎「斷」即裁決也由縣府作出。102號簡說新都官員「斷不法」，新都可能也是縣級單位。這樣可以說，縣中居民的訟案一般應由縣級官府主理。

再次，在「受幾」簡中，左尹官署常常要求一些縣級官員「將」某人「以廷」。在這種高於縣級的審理中，縣級官府仍然起著基本的保障作用。

郡介入司法事務，目前只有131—139號簡舒慶等人訴訟這一個案例可以確認。如第三章第四節所論，子宛公和湯公競軍為宛郡官員。就簡書所見，他們沒有親自參與審理，只是在上傳下達方面做了一些事。而在「受幾」簡中，左尹官署直接向縣級官府發出指令，並不經過郡級官府一環。由此似可認為，楚國的郡在司法方面，並不起太多作用。

對縣中居民的訟案，王和左尹均有較多涉及。舒慶的上訴和舒絰的取證請求，均呈於楚王，楚王再交付左尹辦理。在「疋獄」簡、「所詎」簡以及其他某些左尹官署所記文書中，更記有大量縣中居民的告訴。這些告訴可能是直接向左尹提出，也可能是先向楚王提出再由楚王交付給左尹。後一種處理在舒慶等人訟案中已有實例，前一種情形還有待證實。就告訴的性質而言，有的可能是像在舒慶訟案中見到的上訴，有的則可能是第一次提出的起訴。90號簡記競得指控繁丘

之南里人龔悇、龔酉殺害其兄。據繁丘少司敗回復，繁丘之南里無龔悇其人，而龔酉則已移居於喜。競得對被告居地這一基本事實缺乏了解，他所提出的似當是首次告劾。同時，競得恐怕也不是繁丘當地的居民。這樣，直呈於中央、牽涉縣中居民的起訴有可能局限於那些跨地區的訟案。

漢代有所謂讞獄制度。《漢書　刑法志》記高皇帝七年詔云：「自今以來，縣道官獄疑者，各讞所屬二千石官，二千石官以其罪名當報之。所不能決者，皆移廷尉，廷尉亦當報之。廷尉所不能決，謹具為奏，傅所當比律令以聞。」江陵張家山247號漢墓所出《奏讞書》即為這方面的事例。在包山司法簡中，還沒有看到縣級官府主動將疑案報請上級裁斷的例證。在135號簡背面所記王命中，實質性內容只是「速為之斷」，並未提出傾向性意見。這似乎體現了尊重、依靠主辦官府而不作過多干預的精神。

《周禮　秋官　小司寇》記云：「歲終，則令群士計獄弊訟，登中於天府。」鄭玄注：「上其所斷獄訟之數。」包山簡整理小組認為：「所誈」類簡「當是各級司法官員經手審理或複查過的訴訟案件的歸檔登記」[1]。看作與《周禮》所記類似制度的產物。依第三章第七節所述，「所誈」類實當是左尹將告訴委付給屬員辦理的工作記錄。而在比較可靠的縣級官府辦案文書中，舒慶等人訟案的卷宗顯然是因為楚王要求「致命」才送呈上來的。120—123號簡與125號簡，也許出於類似的緣故。縣級官府主動呈交治獄文書或記錄，目前還不能確認。

在封君封地，也像縣級官府一樣設有司敗等官職。他們自然也應對封邑治安負責。不過，他們是否接受告訴、審理案件，卻缺乏記載。文書中記有一些涉及封邑居民和封君本人或其子弟的訟案。可見

---

① 湖北省荊沙鐵路考古隊：《包山楚簡》，文物出版社1991年版，第11頁。

中央有權處理封地的司法問題。

位於王畿一帶的州，設有加公、里公等官吏。這級官吏沒有受理告訴的記錄。據141—144號簡載，被鄗路尹執於秦大夫之州君夫人之㦿愴的黃欽企圖逃亡，里公周□出面追捕，黃欽引刀自傷。次日，周□即將此事當面告於左尹。由此可見，州級官吏負責維護日常治安，但州中的司法事務則應由左尹直接管轄。在左尹官署記錄的「疋獄」、「受幾」、「所詎」等類文書中，涉及州人的訟案占很大比重，恐即與此有關。

包山簡整理小組指出：中央政府的職能部門也設有司敗，負責本部門的司法工作。由此形成與上述地域關係不同的另一司法系統①。15—17號簡的五師宵倌司敗，21號簡的司豐司敗，33號簡的臨陽之馭司敗，45號簡的五師佶朡司敗，69號簡的大庣馭司敗，大致均屬於這一範疇。這些官員，也當對本部門的治安負責。對於超出本部門的爭訟，如15—17號簡所示，則需向上報告，由指派的官員來裁斷。

————————
①　湖北省荊沙鐵路考古隊：《包山楚簡》，文物出版社1991年版，第11頁。

第五章　司法制度

第六章　卜筮與禱祠

　　對於卜筮禱祠記錄的認識，有一個發展的過程。在望山楚墓的發掘簡報中，關於一號墓竹簡寫道：「從文字內容初步觀察，似屬幾篇論述『祭儀』的文稿。」①中山大學古文字研究室楚簡整理小組認為：「這批竹簡很可能是墓主人生前詳略不拘、沒有固定格式的雜事劄記，其主要內容似可以說是悼固的家臣為悼固的各種疾病向先君先王及神祇祝禱，或為其他的事貞問占卜的記錄。」②陳振裕先生引述朱德熙、裘錫圭、李家浩先生的研究成果說：「對這組竹書進行斷簡綴合與考釋研究，簡文的主要內容是為墓主悼固筮占和祭祀的記錄。」③包山簡整理小組在早期介紹中，用「卜筮祭禱簡」指稱全部卜筮禱祠記錄④。然而在資料正式發表時，卻改以「卜筮祭禱簡」或「卜筮祭禱記錄」作為「卜筮簡」與「祭禱簡」的合稱⑤，因而也稱為「卜筮

① 湖北省文化局文物工作隊：〈湖北江陵三座楚墓出土大批重要文物〉，載《文物》1965年第5期。
② 中山大學古文字研究室楚簡整理小組：〈江陵昭固墓若干問題的探討〉，載《中山大學學報》1977年第2期。
③ 陳振裕：〈望山一號墓的年代與墓主〉，載《中國考古學會第一次年會論文集》，文物出版社1980年版。
④ 包山墓地竹簡整理小組：〈包山二號墓竹簡概述〉，載《文物》1988年第5期。
⑤ 湖北省荊沙鐵路考古隊：《包山楚墓》，文物出版社1991年版，第274—275、555—563頁。

和祭禱竹簡」[①]。但在分析卜筮簡格式時，則專門指出禱辭的存在。稍後，李零先生採用古人的成辭，將包山簡整理小組所說的「祭禱」改稱為「禱祠」，認為這類簡文最好還是叫「占卜簡」，而不宜稱為「禱祠簡」或「卜筮祭禱記錄」[②]。因應李零先生的意見，我們曾經認為：對於22件「卜筮」簡而言，此說極是。另外4件「禱祠」簡，實與「卜筮」簡有關，是對某些「預卜中事」的踐履，可以視為「卜筮」簡的附錄。在這個意義上，以「卜筮簡」或「占卜簡」概括全部26件簡書，是有道理的。當然，為了表明禱祠簡與卜筮簡的區別，將那4件簡書單獨稱為「禱祠簡」，在對全部26件簡書合稱時使用「卜筮禱祠簡」或者「卜筮禱祠記錄」，應該也是可以的[③]。邴尚白先生在他的學位論文中提出：九店56號墓《日書》26號簡有「禱祠」一語，41號簡又有「祭祀、禱祠」，因此，專記禱祠之事的簡書，似可依楚人自己的說法，稱為「禱祠」簡。不過，望山一號墓簡中，除專記禱祠的簡書外（10、89、90號簡），還有一些簡可能是其他祭祀儀式的記錄（如113號簡），也未必與卜筮直接相關。這些專記禱祠和其他祭儀的簡書，性質相近，若用楚人自己的說法，似可合稱為「祭禱簡」，「祭禱」即九店簡「祭祀、禱祠」的簡稱。因而將這類簡文稱為「卜筮祭禱簡」或「卜筮祭禱記錄」，就是「卜筮簡（或記錄）」和「祭禱簡（或記錄）」的合稱[④]。目前，我們傾向於以「卜筮禱祠記錄」稱述所有記述占卜、禱祠以及可能存在的相關簡冊。祭祀為常規之祭，禱祠是非常之事，乃是兩個相關而又彼此有別的概念。《周禮　春

---

① 彭浩：〈包山二號楚墓卜筮和祭禱竹簡的初步研究〉，載《包山楚墓》，文物出版社1991年版。
② 李零：〈包山楚簡研究（占卜類）〉，載《中國典籍與文化論叢》第1輯，中華書局1993年版。
③ 陳偉：《包山楚簡初探》，武漢大學出版社1996年版，第150—151頁。
④ 邴尚白：《楚國卜筮祭禱簡研究》，暨南國際大學中國語文學系1999年碩士學位論文，第5—6頁。

官　喪祝》：「掌勝國邑之社稷之祝號，以祭祀禱祠焉。」賈疏云：「祭祀，謂春秋正祭。禱祠，謂國有故。祈請求福曰禱，得福報賽曰祠。」又《周禮　天官　女祝》：「女祝掌王后之內祭祀，凡內禱祠之事。」鄭玄注：「內祭祀，六宮之中灶、門、戶。禱，疾病求瘳也。祠，報福。」賈疏云：「禱祠又是非常之祭，故知唯有求瘳、報福之事也。」上揭邴尚白先生所引九店《日書》「祭祀」、「禱祠」並舉，則是楚人亦有此分別的例證。那些未書占卜而專記禱祠的簡，比如上述包山簡中的四組，以及葛陵簡整理者歸納為「卜筮祭禱記錄」的二、三類簡，固然應該稱為禱祠記錄[①]，那些記有占卜內容的簡，也大多兼記禱祠之事，稱為「卜筮禱祠記錄」似乎也無不可。

第一節　常規性貞問與非常規性貞問

戰國楚墓所出卜筮簡，往往包含不同種類。江陵天星觀一號楚墓發掘報告即指出：該墓所出卜筮簡的具體內容大體分三類，一類貞問「侍王」是否順利，一類貞問憂患、疾病的吉凶，一類貞問遷居新宅是否「長居之」、前途如何，等等[②]。關於包山大墓所出卜筮簡，整理小組也指出：「貞問之事主要是求貞人左尹昭佗出入宮廷侍王是否順利，何時獲得爵位，疾病吉凶三方面的內容。」[③]但也有學者以「卜瘳」概括全部包山卜筮簡[④]。

實際上，包山卜筮簡明顯分作歲貞和疾病貞這兩種類型。

① 第二種，即「小臣成」為自己祈禱的竹簡，大概是所謂「祝冊」。
② 湖北省荊州地區博物館：〈江陵天星觀1號楚墓〉，載《考古學報》1982年第1期。
③ 湖北省荊沙鐵路考古隊：《包山楚簡》，文物出版社1991年版，第12頁。
④ 李零：〈包山楚簡研究（占卜類）〉，載《中國典籍與文化論叢》第1輯，中華書局1993年版。

第六章　卜筮與禱祠

屬於歲貞的有三組11件，即盛公鵬之歲荊夷之月乙未之日3件（197—198、199—200、201—204號簡），許緹之歲夏夷之月乙丑之日3件（209—211、212—215、216—217號簡），悼慴之歲荊夷之月己卯之日5件（230—231、232—233、234—235、236—238、239—240號簡）。所有這些卜筮的命辭只是在詳略、字句和用字上小有出入，基本內容則完全一致，寫作「出內侍（事）王（本句或在下句後），自夏夷（荊夷）之月以就集歲之（或無「集歲之」3字）夏夷（荊夷）之月，盡集（卒）歲，躬身尚毋有咎」。侍指侍奉。如《論語　先進》：「閔子侍側」，邢昺疏：「卑在尊側曰侍。」事指奉事。如《易　蠱》說：「不事王侯，志可則也。」可見二字意義相近。「卒」，借作「萃」。《左傳》成公十六年：「而三軍萃於王卒」，杜預注：「萃，集也。」《方言》卷三：「萃，雜、集也。」這表明卒、集相通。

　　關於這類卜筮的貞問時限，整理小組認為：「卒，《爾雅　釋詁》：『盡也』。卒歲，盡歲，指一年。」又認為：簡文集「從亼，《說文》：『三合也……讀若集。』集歲即三歲，簡209有『三歲無咎』可證」。說「集歲」為三歲，恐不可從。《說文》云「亼，三合也。從人一，象三合之形。」這是解釋字形由來，即由三畫合成，而不是說本字有「三」的計數意義。《說文》從亼諸字，如合、僉、今等，皆無「三」的意思，亦可資證。209號簡說「三歲無咎」，屬於占辭。占辭所說時間並不一定與命辭相等。212—213號簡命辭同樣說「集歲」，占辭則說「期中有憙」。「期」或指期年即一周年，或指期月即一整月，皆與「三歲」不同。算是一個明顯的例證。古書中，「集」有會、合、成、就等意，表示事物的完整、事情的終結。從「集」之字有「褉（雜）」。《呂氏春秋　圜道》「圜周複雜」，高誘注：「雜，猶匝。」《淮南子　詮言訓》「以數雜之壽」，高誘注：「雜，匝也，從子至亥為一匝。」依此「集歲」當是整歲、匝

歲、周歲的意思①。天星觀簡有「自十月以至來歲之十月集歲尚自利」
的記載②。「來」指將來、未然之事。簡文是說從本年十月至次年十
月，正好證明「集歲」只能指周歲。至於「卒歲即盡歲」之說，曾憲
通先生指出：這「與『盡卒歲』義嫌重複」③。讀「卒」為「萃」，取
「集」字之義，將「卒（萃）歲」解為周歲，也避免了語言邏輯上的
這一問題。天星觀簡有「月貞」的提法④。相形之下，針對「卒歲」、
「集歲」的卜筮應可稱為「歲貞」。

在卜筮對象方面，命辭只作「躬身」，說「躬身尚毋有咎」；
占辭則除「躬身」外，還提到「志事」、「爵位」、「宮室」、「王
事」等，說「少有憂於躬身」、「志事少遲得」、「爵位遲踐」、
「少有惡於王事」、「少有感於宮室」，等等。躬、身為一對近義
詞，除指身體外，還均有自我一類含義。如《禮記　樂記》：「不能
反躬」，鄭玄注：「躬，猶己也。」《爾雅　釋詁》：「朕、余、
躬，身也。」郭璞注：「今人亦自呼為身。」這樣，簡文「躬身」
可能是指「我的身體」，也可能只是指「我」。由於占辭所云「志
事」、「爵位」、「王事」、「宮室」均屬於身外之物，後一種可能
性看來要大得多。

屬於疾病貞的有四組11件。即許緹之歲爨月己酉之日4件（218—
219、220、221—222、223號簡），同年遠夕之月癸卯之日1件（207—
208號簡），悼愲之歲荊夷之月己卯之日5件（236—238、239—241、
242—244、245—246、247—248號簡），同年夏夷之月己亥之日1件

---

① 參看朱德熙、李家浩：〈鄂君啟節考釋（八篇）〉，載《紀念陳寅恪先生誕辰百年學術論文
　集》，北京大學出版社1989年版。

② 彭浩：〈包山二號楚墓卜筮和祭禱竹簡的初步研究〉，載《包山楚墓》，文物出版社1991
　年版。

③ 曾憲通：〈包山卜筮簡考釋〉「釋卒歲」，載《第二屆國際中國古文字學研討會論文集》，
　香港中文大學中國語言及文字學系1993年版。

④ 見上引彭浩文。又見黃錫全：《湖北出土商周文字輯證》，武漢大學出版社1992年版，圖版
　179。

（249—250號簡）。這些卜筮的命辭均圍繞疾病展開，例如：

病腹疾，以少氣，尚毋有咎。207 08
既有病，病心疾，少氣，不內食，尚毋有恙。223
既腹心疾，以上氣，不甘食，久不瘥，尚速瘥，毋有奈。242 44
以其有瘇病，上氣，尚毋死。249

心腹之疾為古人常見。如《左傳》襄公三年云，「子重病之，遂遇心疾而卒」；宣公十二年記叔展說「河魚腹疾奈何」；哀公六年記楚昭王說「除腹心之疾」，恰好都是楚人的事例。《周禮 天官 疾醫》：「冬時有嗽上氣疾」，鄭玄注：「上氣，逆喘也。」《考釋》已援引以說明「上氣」。「上氣」又見於《黃帝內經》，如《四時刺逆從論》云：「春刺肌肉血氣環逆令人上氣」。「少氣」亦見於《黃帝內經》，如《氣交變大論》云：「民病瘧少氣咳喘」，王冰注：「少氣謂氣少不足以息也。」瘥，《說文》：「瘉也。」《方言》卷三：「南楚病瘉者謂之差，或謂之間。」瘥實應指疾病痊癒[1]。

占辭在「恆貞吉」一類習語外，還有以下一些內容，也均與疾病有關：

少未已。207 08
甲寅之日，病良瘥。有祟，祐見琥。218 19
庚辛有間，病速瘥。220
有祟見新王父、殤。221 22
疾難瘥。236 38
疾弁，有續，遞瘥。239 41

---

① 周鳳五：〈包山楚簡文字初考〉，載《王叔岷先生八十壽慶論文集》，大安出版社1993年版。

230

病遞瘥。242　44

不死，有祟見於絕無後者與漸木立。249　50

「間」、「已」與「瘥」近似，亦指病癒[①]。《禮記　玉藻》「弁
行」，釋文云：「弁，急也。」《漢書　王莽傳下》「予甚弁焉」，
顏注云：「弁，疾也。」「疾弁」是說病情緊急。「續」，指病情延
續。葛陵簡甲一22記云：「恆貞吉，無咎。疾一續一已，至九月有良
間。」「續」與「已」對言。祟，字從「攵」從「示」作，考釋云：
「讀如祟。」當是。古人往往認為疾病與祟有關，因而發病時有卜祟
之舉。《論衡　祀義》云：「世信祭祀。以為祭祀者必有福，不祭祀
者必有禍。是以病作卜祟，祟得修祀，祀畢意解，意解病已。」《左
傳》昭公元年記：「晉侯有疾，鄭伯使公孫僑如晉聘，且問疾。叔
向問焉，曰：『寡君之疾病，卜人曰實沈、台駘為祟，史莫之知，
敢問此何神也？』」同書哀公六年記：「昭王有疾，卜曰：『河為
祟』。」《戰國策　東周策》「趙取周之祭地」章記：「趙取周之祭
地，周君患之，告於鄭朝。鄭朝曰：『君勿患也，臣請以三十金複取
之。』周君予之，鄭朝獻之趙太卜，因告以祭地事。及王病，使卜
之。太卜譴之曰：『周之祭地為祟。』趙乃還之。」《呂氏春秋　精
諭》記云：「晉襄公使人於周曰：『弊邑寡君寢疾，卜以守龜曰：
『三塗為祟。』弊邑寡君使下臣願藉途而祈福焉。』」放馬灘秦簡日
書乙種350、192號簡記云：「占病祟除：一天殹，公外。二【地】，
社及立。三人鬼，大父及殤。四【時】，大遏及北公。五音，巫陰雨
公。六律，司命、天口。七星，死者。八風，相芟者。九水，大水
殹。」[②]在簡牘文獻方面提供了新的例證。

---

① 參看上揭周文；李零：〈包山楚簡研究（占卜類）〉，載《中國典籍與文化論叢》第1輯，中
　華書局1993年版。
② 陳偉：〈放馬灘秦簡日書《占病祟除》與投擲式選擇〉，載《文物》2011年第5期。

231

第六章　卜筮與禱祠

據上所述，將這類卜筮簡概括為「疾病貞」，應該是適當的。

在貞卜時間方面，歲貞占卜一年的吉凶，所以大致每年舉行一次；疾病貞則視病情而定，有的年份完全不施（如盛公黼之歲），有的年份卻一再舉行（如許緹之歲、悼愲之歲）。兩類卜筮有時在同一天施行（如悼愲之歲荊夷之月己卯之日），但彼此命辭、占辭判然有別，毫不混淆。這也顯示出彼此不能替換或兼容。《周禮 春官 大卜》：「以邦事作龜之八命，一曰徵，二曰象，三曰與，四曰謀，五曰果，六曰至，七曰雨，八曰瘳。」所指即是8種占卜種類。《禮記 少儀》云：「不貳問。」鄭玄注：「當正己之心，以問吉凶於蓍龜。不得於正，凶則卜筮其權也。」「不貳問」也許是說卜筮時每次只能貞問一件事。

以上談的是兩類卜筮辭的區別。在卜筮辭之後，絕大多數簡書還都附有「說」辭。這是因為占辭中含有凶咎，需要「以其故說之」，求得平安。有的「說」辭中有「同說」、「聑敓」、「迻敓」的說法。「同敓」見於220號簡。本簡記有「不逗於延陽」，正是對應於218—219號簡「逗於延陽」而言的。這兩件簡書記於同日，當時的貞問順序當如整理小組所列，即218—219號簡在先，220號簡在後。這樣，後簡所云「同說」，必定是指苛光之「說」同於前簡所記的許吉之「說」。這二簡所記均係疾病貞。「迻說」見於209—211、212—215號簡。據隨後所記的禱祠內容可知，209—211號簡中的「迻應會之說」是指201—204號簡所記應會「說」辭，212—215號簡中的「迻應會之說」、「迻石被裳之說」分別是指201—204號簡所記應會「說」辭和199—200號簡所記石被裳「說」辭。這兩組前後關聯的簡書，雖然隔了一年的時間，但都同屬於歲貞一類。「聑說」見於201—204、223、239—241和242—244號簡等四件。201—204號簡所指當為199—200號簡所記「石被裳之說」，223號簡所指當為221—222號簡所記「郍胧之說」。這裡，前一組均係歲貞，後一組均係疾

病貞。記述疾病貞的239—241、242—244號簡並稱「羿鹽吉之說」。鹽吉在這同一天施有二貞，即226—227號簡所記的歲貞和236—238號簡所記的疾病貞。從簡書記列的禱祠對象及用牲情況看，239—241、242—244號簡所指顯然均為同樣屬於疾病貞的236—238號簡所記「說」辭，而不是屬於歲貞的226—227號簡所記。彭浩先生分析說：「所謂移祝，即在某次貞問時，沿用以前貞問的貞人之祝，祭禱同一祖先和神靈，祈求福佑。」羿說「即一般是出現在同屬一組的前後二、三次貞問活動中，在後來的貞問中與前某次的貞問對舉」。這裡可以補充的是，迻說、羿說和同說均在同一類卜筮中施行。由此也可看出歲貞與疾病貞均自成體系，互不相涉。

與此對應，包山卜筮簡的編次原本大概是分類進行的，而不應像整理者的釋文那樣合在一起。

包山卜筮禱祠簡保存良好，類別也比較清晰。相形之下，望山、葛陵同類簡殘斷嚴重，類別也沒有這麼明朗。我們曾先後對望山簡、葛陵簡作過討論。關於望山一號墓竹簡，我們寫道[1]：

從保存前辭、命辭或占辭的簡文看，編號為9、13、17、36、37、38、39、40、41、42、43、44、45、47、48、52、54、58、59、60、61、62、63、64、65、66、67、69、115、150、151、153諸簡記有病情（既危、不內食、足骨疾等）或預後（遲瘥、速瘥、有間、有瘳、不死等）；編號為14、22、23、24、25、26、27、28、29、30、31、32、33、34、73、74、75諸簡記有「出入侍王」、「爵位」、「志事」、「有戚於躬身與宮室」等語，第29、30等號簡還說到「自荊【夷】」、「以就集歲之荊【夷】」，顯示其卜筮時

① 陳偉：〈望山楚簡所見的卜筮與禱祠——與包山楚簡相對照〉，載《江漢考古》1997年第2期。「感」、「就」等字今改用修訂後的釋寫。

第六章　卜筮與禱祠

間為「集歲」即一年。對照包山簡可見，前者應是「疾病貞」，後者
則屬於「歲貞」。

葛陵卜筮簡的大部分，也可看到類似的分別。甲三33記云：「齊
客陳異致福於王之歲獻馬之月，穌□以龙霭為君卒歲……」對照乙四
34、乙四38等簡，可知後文當有「貞」或「之貞」。這幾枚簡記的大
概都是歲貞。而一些帶有病情記述的簡文則應屬於疾病貞。這些簡數
量較多，內容稍微完整一些的如甲三114、113號簡說：「（王徙於）
鄩郢之歲夏夕之月乙卯之日，應嘉以衛侯之筮為坪夜君貞：既有疾，
尚速瘳，毋有……」；甲三233、190號簡說：「……葉小司馬陳瞧愆
以白靈為君平夜君貞：既心疾，以合於背，且心悗……」

不過，葛陵簡中也有一些不便歸入上述兩類，值得注意。依照我
們的理解，這些簡大致可分為三類。下面先看第一類：

……八月乙卯之日，鄭卜子悕以□頁之□為君三歲貞……乙四98
……君七日貞：尚大……零329

這裡的貞問時限一個是「三歲」，一個是「七日」，都有一個具
體的時段。就目前材料講，我們傾向於認為這兩條與常見的「歲貞」
類似，屬於常規性貞問，卜筮的目的是詢求某個時間範圍之內的休
咎。不同的只是這個時段一個長達三年，是歲貞的三倍；一個只有七
天，比歲貞短了許多。在天星觀楚簡中，還有「月貞」的實例。在已
披露的資料中，即有兩條。一條見於滕壬生先生所撰《楚系簡帛文字
編》附錄天星觀楚簡照片之一①，另一條見於黃錫全先生所撰《湖北出

---

① 　滕壬生：《楚系簡帛文字編》，湖北教育出版社1995年版，第1171頁。

土商周文字輯證》①。這應該也屬於常規性貞問，所貞時段小於三歲和卒歲（或「集歲」），而大於「七日」。

第二類簡文稍多，這裡選錄幾條：

王徙於鄩郢之歲享月己巳之日，□生以衛簧為君貞：將逾取稟，還……乙一26、2

……宛□為君貞：在郢為三月，尚自宜順也。□占之：亡……乙四35

……君貞：既在郢，將見王，還返毋有咎。趄□……乙四44

……筮為君貞：居郢，還返至於東陵，尚毋有咎。占曰：卦亡咎。有祝……乙四100、零532、678

上引第一條，是關於「逾取稟」的貞問。比照甲一12，可在後面補上「返尚毋有咎。生占之曰」②。取，也許讀為「趣」，前往義。此貞當是在平輿君前往稟地時，占問返回時是否吉利。隨後三條則當是平輿君居住郢都期間和將要返回東陵時的貞問③。這些都是因事而貞，出於某種即時的特別需要。可以與疾病貞歸於一大類，是非常規性的貞問。天星觀簡有云：「右師呼聘於楚之歲夏夕之月己丑之日，應奮以大刺為邸陽君乘貞：既始凥其新室，尚宜安長凥之。」④也是疾病貞之外的一次非常規性貞問。

第三類只有一條，見於零135所記。這枚簡損壞得很厲害，只存有6個字，即「悗，為集歲貞：自」。簡文明確說到「為集歲貞」，應該屬於我們所說的歲貞。然而其前的「悗」是一個描述疾病的詞，在葛

① 黃錫全：《湖北出土商周文字輯證》，武漢大學出版社1992年版，第286頁。
② 零169號簡存有「返尚」二字，從句意和又口看，應與本簡綴合。
③ 東陵又見於甲三207，甲三269，乙四149、150，零303等簡，疑是平輿君封邑所在。
④ 滕壬生《楚系簡帛文字編》，湖北教育出版社1995年版，第1174頁。

第六章　卜筮與禱祠

陵簡中屢次出現。以前在望山簡和天星觀簡中也可看到。由於出現這個字，此貞似乎又與疾病有關。如果確認這一點，則關於歲貞與疾病貞、或者常規性貞問與非常規性貞問的劃分便發生問題。不過，無論就葛陵簡抑或包山簡而言，在相當於此處「悶」字的位置上，無一例外都是卜筮工具。所以此簡這個字，大概也應是卜筮用具名，而不好看作疾病用語或者疾病貞的標誌 ①。

在對葛陵簡的討論中，我們提出「常規性貞問」與「非常規性貞問」的概念，試圖把先前從包山簡中得到的經驗加以拓展，從而能夠概括更加複雜的情形。現在看來，這種劃分的表述及其內涵，還有推敲的餘地。比如，像包山簡歲貞那樣常規性的貞問，大概只限於高級官員和貴族；而在非常規性貞問中，疾病貞恐怕是最為流行的一種（秦家嘴簡可作為楚國下層的例證 ②）。我們期待今後能有進一步探討。

第二節　卜筮規則

包山簡顯示出當時楚地卜筮中的一些規則：

第一，卜筮簡格式，學者中有不同看法 ③。彭浩先生將卜筮簡文分作兩個部分：自「以其故敓之」開始為第二部分；在這之前為第一部分。前一部分由通常所說的前辭、命辭、占辭組成，與商周卜辭大

---

① 陳偉：〈葛陵楚簡所見的卜筮與禱祠〉，載《出土文獻研究》第6輯，上海古籍出版社2004年版。關於零135號簡，宋華強先生有不同理解，詳看宋氏著《新蔡葛陵楚簡初探》，武漢大學出版社2010年版，第48—50頁。

② 晏昌貴：〈秦家嘴「卜筮祭禱」簡釋文輯校〉，載《湖北大學學報》2005年第1期。

③ 見李學勤：〈竹簡卜辭與商周甲骨〉，載《鄭州大學學報》1989年第2期；彭浩：〈包山二號楚墓卜筮和祭禱竹簡的初步研究〉，載《包山楚墓》，文物出版社1991年版；李零：〈包山楚簡研究（占卜類）〉，載《中國典籍與文化論叢》第1輯，中華書局1993年版；邢文：〈早期筮占文獻的結構分析〉，載《文物》2002年第8期。

致相當。後一部分不見於商周卜辭，並且可有、可無（如234—235號簡），可同、可异、可逐，屬於相對獨立的部分。因而彭浩先生之說顯得更合理一些。對後一部分包含的兩層意思，最好依簡文稱為「說辭」和「占辭」。為了與前一部分中的占辭相區別，後一部分中的占辭似可叫作「後占辭」或者「再占辭」。

第二，在各次貞事中，施用一貞的兩次（許緹之歲遠夕癸卯、悼惛之歲夏夷己亥），施用三貞的兩次（盛公聯之歲荊夷乙未、許緹之歲夏夷乙丑），施用四貞的一次（許緹之歲爂月己酉），施用五貞的兩次（悼惛之歲荊夷己卯的歲貞與疾病貞）。施用四貞的那次有一貞為「習貞」（223號簡），把這個特殊貞例除開則亦為三貞。這樣，在每次貞事中，一貞兩次，三貞三次，五貞兩次，每次均為奇數。《尚書　洪范》云：「立時人作卜筮，三人占則從二人之言。」《左傳》成公六年記有人引述這句話說：「《商書》曰：『三人占，從二人。』眾故也。」《春秋公羊傳》僖公三十一年云：「求吉之道三。」何休注：「三卜，凶吉必有相奇者，可以決疑，故求吉必三卜。」這是因為三卜如不能得出一致結果，也必定會有占居多數的意見。《白虎通　蓍龜》說：「天子占卜九人，諸侯七人，大夫五人，士三人。」一次作五貞，或七貞、九貞，可有與三貞一樣的效果。至於一貞，就更只能有一種結論。昭佗每貞均用奇數，應即出於這一緣故。

第三，在一次施行三貞、五貞的時候，並不是一位貞人連續來做，而是由不同的三人、五人各施一貞。「習貞」者也是在他所「習」之貞中沒有出現的另一人。依據「弄說」、「同說」的意義，可知這三人或五人並非同時施貞，而是有先有後。由於「弄說」、「同說」的材料太少，對於先後順序的了解有限。如201—204號簡在199—200號簡之後，220號簡在218—219號簡之後，223號簡在221—222號簡之後，239—241號簡與242—244號簡均在236—238號簡之後，都是可以

第六章　卜筮與禱祠

確認的。

第四，對於貞事中用卜抑或用筮，存在不同的意見。有的學者只將帶有卦畫的看作筮；有的學者則從簡書所記貞用材料的考釋出發，認為有更多的筮例 [①]。由於卦畫出現較少而簡文考釋又多少帶有不確定性，這個問題最好換一個角度考察。在包山簡所載22次貞事中，共用到10種卜筮材料。各種材料使用次數為：保家六次，訓䈝一次，央著一次，長則三次，丞㥁三次，少寶一次，彤筶一次，共命兩次，長靈兩次，駁靈兩次。簡書中共出現六次卦畫，其中使用央著的一次，使用丞㥁的三次，使用共命的兩次。對比上列各種材料的使用次數可見：採用央著、丞㥁、共命施貞時皆有卦畫，而以其他材料施貞時皆無卦畫；在有卦畫的一邊，共命出現兩次，丞㥁出現三次，在沒有卦畫的一邊，長靈、駁靈各出現兩次，長則出現三次，保家則出現六次。對於這些使用頻率較高的貞用材料來說，或者均有卦畫，或者均無卦畫。據此可以相信，央著、丞㥁、共命為筮用材料；其他均為卜用材料，使用這些材料的是卜而不是筮。這驗證了只認為有卦畫之貞為筮的看法。

依照這一判斷，在簡書所記的卜筮中，筮只用了六次，卜則用了十六次，後者占了絕大多數。具體就各次貞事而言，僅用一貞的兩次皆是卜；使用三貞的有兩次為二卜一筮，一次為三卜；使用五貞的兩次均為三卜二筮。這體現了以卜為主的傾向。在唯一的「習」貞之例中，「習」者和被「習」者均是用卜，這似乎意味著只有同種材料才能相「習」。

在上文確認的一次施用數貞的場合，筮後於卜的有兩例，即201—204號簡後於199—200號簡，239—241號簡後於236—238號簡；筮先於卜的則沒有看到。這似乎也反映了卜的優勢地位。

---

① 　見前揭李零先生文、彭浩先生文。

第五，《周禮・春官・占人》云：「凡卜筮既事，則系幣以比其命，歲終，則計其占之中否。」鄭玄注：「既卜筮，史必書其命龜之事及兆於策，系其禮神之幣，而合藏焉。《書》曰：『王與大夫盡弁，開金縢之書，乃得周公所自以為功，代武王之說。』是命龜書。」李學勤先生曾據以說明將卜辭記在竹簡之上，應該是古代通行的方式[1]。與此相關的是，包山所出卜筮簡屬於前後銜接的三個年份，那些往年的簡書為什麼會被墓主收存下來。從209—211號簡「三歲無咎」的記述來看，有的占辭會涉及三年的事情。為了「計其占之中否」，有必要把卜筮簡保存三年。在另一方面，前曾舉出的幾次「逐說」，被逐的都是前一年的「說」辭。為了使「逐說」得以進行，顯然有必要把前一年的卜筮簡保留下來。212—215號簡中還有「逐故蔽」的記載。據禱祠內容，所逐之蔽當非前一年（盛公鼆之歲）的簡書，而應是指記於更早一些的卜筮。這樣，卜筮簡的保存期限至少應該為三年。

葛陵簡的卜筮記錄，包含一些包山簡未曾出現的因素，比如連續貞問和「繇」。

葛陵甲三198、199—2與甲三112都記有同一個貞人之名「嘉」，前者保留有簡尾，後者保留有簡首。結合文意看，二簡應先後相續。其文字如下：

……悗，且疥不出，以有痼，尚速出，毋為憂。嘉占之曰：恆貞吉，少 甲三 198、199　　　遲出。▦▦。又為君貞：以其遲出之故，尚毋有奈。嘉占之曰：無亟奈。▦▦。又為君貞：以其無亟奈之故……甲三112

① 李學勤：〈竹簡卜辭與商周甲骨〉，載《鄭州大學學報》1989年版第2期。

這裡共出現三次命辭，即：「……悗，且疛不出，以有瘥，尚速出，毋為憂」；「以其遲出之故，尚毋有奈」；「以其無亟奈之故……」其中第二次完整，第一次上文有缺而第三次下文有缺。占辭共出現二次，即「恆貞吉，少遲出」與「無亟奈」。卦畫也有二組，分別與兩次占辭相配。這裡連續進行了三次貞問。此外，甲二19、20記「……且君必徙尻安善。▤▤▤。又為君貞：……」甲三132、130記「……或（又）為君貞：以其不安於是尻也，亟徙去……」甲三184—2、185、222記「……□未良瘥。▤▤▤。又為君貞：以其不良恚瘥之故，尚毋有奈。倉占之」，也均當屬於一條卜筮記錄中出現一次以上貞問的情形。這種一次數貞、步步深入的做法，與我們在包山卜筮簡中習見的一條記錄只有一次貞問的情形頗不相同。

葛陵簡有兩處提到繇。一處是甲三15、60，簡文作：「……隹潒栗恐懼，用受元龜、巫筮曰」；一處是甲三31，簡文作：「……其繇曰：氏（是）日未兌，大言絶絶，小言惙惙，若組若結，終以……」。

甲三31原釋文作：「其繇（謠）曰：氏（是）日繇未兌大言，讋＝（讋言）□言，惙＝（惙惙）若組若組，終以……」是以「繇」字讀為「謠」。禤健聰先生將此句改讀作：「其謠曰：是日未兌，大言讋讋，□言惙惙，若組若結，終以……。」認為此段當是句式整齊而且押韻的真正的「謠」。並說：「此簡內容似與卜筮祭禱和遣冊無關，而且字體草率，字距促狹，和其他竹簡區別明顯。據此，很可能新蔡楚簡本別有一類，記錄文獻資料；惜簡文殘缺破損嚴重，難以尋找更多線索。」[①]禤先生對斷讀的調整當是。「言惙惙」前一字尚存右半，從殘筆和上文看，當是「少」字，讀為「小」。這可以進一步證實斷讀調整之是。不過，

---

① 禤健聰：〈新蔡楚簡短劄一則〉，載簡帛研究網2003年12月28日。

禤先生依從原釋文將繇讀為「謠」，卻可能有問題。繇，在傳世古書中通常寫作「繇」，指貞問時所得的文辭。我們試看《左傳》中的幾個例子：

僖公四年：「初，晉獻公欲以驪姬為夫人，卜之，不吉；筮之，吉。公曰：『從筮。』卜人曰：『筮短龜長，不如從長。且其繇曰：「專之渝，攘公之羭。一薰一蕕，十年尚猶有臭。」』必不可！」杜預注：「繇，卜兆辭。」孔疏云：「筮卦之辭，亦名為繇。但此是卜人之言，知是卜兆辭也。卜人舉此辭以止公，則兆頌舊有此辭，非卜人始為之也。卜人言其辭而不言其意，不知得何兆，此義何所出也。」

僖公十五年：「初，晉獻公筮嫁伯姬於秦，遇歸妹之睽。史蘇占之曰：『不吉。其繇曰：士刲羊，亦無衁也。女承筐，亦無貺也。西鄰責言，不可償也。』」孔疏云：「《易　歸妹》上六爻辭：『女承匡無實，士刲羊無血，無攸利。』此引彼文，而以『血』為『衁』、『實』為『貺』，唯倒其句，改兩字而加二『亦』耳。其意亦不異也。二句以外，皆史蘇自衍卦意而為之辭，非《易》文也。《易》之爻辭，亦名為『繇』，故云『其繇曰』。」

襄公十年：「故鄭皇耳帥師侵衛，楚令也。孫文子卜追之，獻兆於定姜。姜氏問繇。曰：『兆如山陵，有夫出征，而喪其雄。』姜氏曰：『征者喪雄，禦寇之利也。大夫圖之！』衛人追之，孫蒯獲鄭皇耳於犬丘。」杜預注：「繇，兆辭。」孔疏云：「《周禮　大卜》：『掌三兆之法：一曰玉兆，二曰瓦兆，三曰原兆。其經兆之體，皆百有二十。其頌皆千有二百。』鄭玄云：『頌謂繇也。』是言灼龜得兆，其兆各有繇辭，即下三句是也。此傳唯言兆有此辭，不知卜得何兆。但知舊有此辭，故卜者得據以答姜耳。其千有二百，皆此類也。此繇辭皆韻。」

哀公十七年：「衛侯夢於北宮，見人登昆吾之觀，被髮北面而噪

曰：『登此昆吾之墟，綿綿生之瓜。余為渾良夫，叫天無辜。』公親
筮之，胥彌赦占之，曰：『不害。』與之邑，置之，而逃奔宋。衛侯
貞卜，其繇曰：『如魚竀尾，衡流而方羊裔焉。大國滅之，將亡。闔
門塞竇，乃自後逾。』」杜預注：「此皆繇辭。」孔疏云：「劉炫以
為卜繇之辭文句相韻，以『裔焉』二字宜向下讀之。知不然者，詩之
為體，文皆韻句，其語助之辭，皆在韻句之下。……『裔焉』二字為
助句之辭。且繇辭之例，未必皆韻。此云『闔門塞竇，乃自後逾』，
不與『將亡』為韻。又『一薰一蕕，十年尚猶有臭』，不與『攘公之
翰』為韻。是或韻或不韻，理無定準。」

　　通觀這幾條《左傳》之文和古人注疏，可知：（1）卜兆和筮卦都
有繇辭。（2）這些繇辭備有成文，卜筮時可方便地引述。（3）繇辭
的語言近乎詩句，有的還前後押韻。葛陵簡的主體是卜筮記錄，甲三
31「其繇曰」三字與《左傳》多處「其繇曰」相當，其後言辭簡短有
韻，作為繇辭顯然比作為一般歌謠之辭的可能性要大。

　　我們回過頭來看簡甲三15、60。這裡說的「用受繇元龜、巫
筮」，正應是通過卜筮獲得判斷吉凶的繇辭，可與對簡甲三31的理解
相互印證。

第三節　神祇系統

　　說辭中所述禱祠，均為擬議中事。但這些禱祠的提出，當具有
內在根據。其中一些禱祠，據幾枚禱祠簡和某些卜筮簡的附錄，也
確曾得到踐履。因此，說辭所述可以作為了解楚人禱祠制度的可靠
資料。

　　說辭列出的神祇，具有一定規律。如同已有學者指出的那樣，昭
王、文坪夜君、郚公子春、司馬子音、蔡公子家在不同場合提到時均

作同樣的順序；而在所有神祇中，太或蝕太總是居於首位①。然而總的看來，簡書所記神譜卻不免顯得散亂。

簡書所記禱祠均是針對卜筮中的消極性結論而構擬的。貞人的不同，消極因素以及消極程度的不同，都可導致不同的禱祠構想。這與神譜的散亂是有關係的。不過，各種禱祠構擬均應遵循共同的祭祀制度，彼此之間自然也可互為印證和補充，從而有助於神祇系統的復原。簡書所記神譜的散亂，實應另尋原因。

如前所述，卜筮簡中的說辭有的是由負責本貞的貞人自己提出的，有的則以「弄」和「迻」等方式，沿用先前的說辭。先前說辭所云原本就是一個獨立的禱祠方案。因而，在利用含有「弄說」、「迻說」的簡書復原神祇系統的時候，應將有關內容分別看待，或者歸併入所「弄」、所「迻」的禱祠構擬之中，而不能混同起來。這樣，在每次構想的禱祠中，同一神祇最多只出現一次，並且大致都是人鬼在後，其他神祇居前。

與此有關的另外一個問題是，既然「弄說」、「迻說」與所「弄」、所「迻」之「說」對應，它們針對的必定是相同的神祇。前引彭浩先生之說，已經談到了這層意思。在有些「弄說」、「迻說」記載中，提到的神祇與所「弄」、所「迻」之「說」不同，這當是因為對同一神祇採用了不同的稱謂。例如199—200號簡記「石被裳之說」說「一禱於夫人戠貓」，212—215號簡「迻石被裳之說」則說「賽禱新母戠貓」；201—204號簡記「應會之說」說「與禱於宮地主一粘」，212—215號簡「迻應會之說」則說「賽禱宮后土一粘」。既然後者是對前者的沿襲，「新母」當即「夫人」，「宮后土」當即「宮地主」。古書中有稱母為夫人之例。如《春秋》莊公元年云「夫人孫

① 吳郁芳：〈包山2號墓墓主昭佗家譜考〉，載《江漢論壇》1992年第11期；劉信芳：〈包山楚簡神名與《九歌》神祇〉，載《文學遺產》1993年第5期。

第六章　卜筮與禱祠

於齊」，四年云「夫人姜氏享齊侯於祝丘」，「夫人」即指魯莊公之母文姜；《左傳》隱公元年云「夫人將啟之」，「夫人」即指鄭莊公之母武姜。《左傳》昭公二十九年云「土正曰后土」，杜預注：「土為群物主，故稱后也。」《周禮　春官　大宗伯》云「王大封，則先告后土」，鄭玄注：「后土，土神也。」土與地義通。《左傳》昭公二十九年云「后土為社」，《說文》則逕云：「社，地主也。」據此可以說明這些異名的由來。

古人將鬼神世界分作三境。《周禮　春官　大宗伯》云：「大宗伯之職，掌建邦之天神、人鬼、地祇之禮，以佐王建保邦國。」鄭注云：「立天神地祇人鬼之禮者，謂祀之，祭之，享之。」葛陵簡甲二40有「【上】下內外鬼神」，大概也是類似的說法。楚卜筮禱祠簡中，對於神靈的敘列，即大致以天神、地祇、人鬼為序。

一、天神

1. 太、蝕太

這是迄今所見楚簡中地位最高的神，出現時總是位於禱祠諸神之首，祭品也最高貴。「太」為劉信芳、李零先生所釋，認為指太（泰）一①。太、一都有極至的含義，所以《老子》用來作為「道」的代名詞，戰國、秦漢時人則往往以「太一」連稱。如《老子》二十五章云：「有物混成，先天地生，寂兮寥兮，獨立不改，周行而不殆，可以為天下母。吾不知其名，字之曰道，強為之名曰大（太）。」四十二章云：「道生一，一生二，二生三，三生萬物。萬物負陰而抱陽，沖氣以為和。」《莊子　天下》概括說：關尹、老聃「主之乙太一」。《呂氏春秋　大樂》云：「太一出兩儀，兩儀出陰陽。」郭店竹書存有《太一生水》的道家佚書。因此，說太即「太

---

① 劉信芳：〈包山楚簡神名與《九歌》神祇〉，載《文學遺產》1993年第5期；李零：〈包山楚簡研究（占卜類）〉，載《中國典籍與文化論叢》第1輯，中華書局1993年版。

一」似可信從。作為天神，太一似不只一個。《史記　天官書》云：「中宮天極星，其一明者，太一常居也。」《正義》引劉伯莊云：「泰一，天神之最尊貴者也。」《天官書》又云：「前列直斗口三星，隨北端兌，若見若不，曰陰德，或曰天一。」《正義》云：「太一一星次天一南，亦天帝之神，主使十六神，知風雨、水旱、兵革、饑饉、疾疫。占以不明及移為災也。」《楚辭　九歌　東皇太一》洪興祖補注：「說者曰：太一，天之尊神，曜魄寶也。《天文大象賦》注云：天皇大帝一星在紫微宮內，勾陳口中。其神曰曜魄寶，主御群靈，秉萬機神圖也。其星隱而不見。其占以見則為災也。」蝕指天體間的遮掩現象。「蝕太」可能是「其星隱而不見」、「見則為災」的天皇大帝（曜魄寶）。

2．日、月

包山248號簡記云：「思攻解日、月與不辜。」日、月與不辜並列，同為攻解的對象，可見地位並不高[1]。

3．歲

包山238號簡記云：「思攻解於歲。」李零先生認為歲為太歲[2]。晏昌貴先生以為是歲星[3]。

二、地祇

1．社、后土、地主、野地主

前文引述「宮后土」亦即「宮地主」的材料，實際上說明「后土」與「地主」相通，並且同時也觸及到「后土」與「社」的聯繫。「社」與「后土」的具體關係，歷來存在不同看法。《周禮　春官大宗伯》「王大封，則先告后土」句下孫詒讓《正義》寫道：

---

① 晏昌貴：《巫鬼與淫祀——楚簡所見方術宗教考》，武漢大學出版社2010年版，第114頁。
② 李零：〈包山楚簡研究（占卜類）〉載，《中國典籍與文化論叢》第1輯，中華書局1993年版。
③ 晏昌貴：《巫鬼與淫祀——楚簡所見方術宗教考》，武漢大學出版社2010年版，第116頁。

注云「后土，土神也，黎所食者」者，即上五祀之土神，兆於南郊者也。《左傳》昭二十九年杜注云：「土為群物主，故稱后也。」賈疏云：「言后土有二。若五行之官，東方木官句芒，中央土官后土，此等后土土官也。黎為祝融兼后土，故云黎所食者。若《左氏傳》云『君戴皇天而履后土』，彼為后土神，與此后土同也。若句龍生為后土官，死配社，即以社為后土，其實社是五土總神，非后土，但以后土配社食，世人因名社為后土耳。此注本無言后土社，寫者見《孝經》及諸文注多言社后土，因寫此云后土社。故鄭答趙商云：『句龍本后土，後遷為社，王大封，先告后土。』玄云后土，土神，不云后土社也。」《詩 小雅 甫田》孔疏云：「趙商問：『《郊特牲》：「社祭土而主陰氣。」《大宗伯職》曰：「王大封則先告后土。」注云：「后土，土神也。」若此之義，后土則社，社則后土，二者未知云何？敢問后土祭誰，社祭誰乎？』答曰：『句龍本后土，後遷之為社，大封先告后土，玄注云「后土，土神」不云后土社也。』田瓊問：『《周禮》「大封先告后土」，注云「后土，社也」。前答趙商曰，當言后土，土神，言社非也。《檀弓》曰：「國亡大縣邑，或曰君舉而哭於后土。」注云：「后土，社也。」《月令》仲春「命民社」，注云：「社，后土。」《中庸》云：「郊社之禮，所以事上帝也。」注云：「社，祭地神。不言后土，省文。」此三者皆當定之否？』答曰：『后土，土官之名也。死以為社，社而祭之，故曰后土社。句龍為后土，後轉為社，故世人謂社為后土，無可怪也。欲定者定之，亦可不須。』」案：據賈、孔說，蓋此注有別本「土神」作「社神」，《大祝》「后土」，注云「社神」，即誤本之未盡刊正者也。孔引鄭眾文，尤詳備。蓋趙商、田瓊並誤以此注「土神」為即指社，故疑而發問。通校諸經注義，后土蓋有三：一為大地之后土，即《左傳》「履后土」是也；一為五祀之土神，即此經「告后土」是也；一為社，則因后土為社，遂通稱社亦曰后土，鄭二

《禮》注謂后土即社，《左傳》昭二十九年杜注亦云「后土在野則為社」是也。據《周書 作雒篇》，王封諸侯，取大社之土授之，則謂告大社，亦未嘗不可通。但此經通例，凡言社者，皆不云后土，故鄭釋此后土為土神。《檀弓》國亡縣邑君哭於后土之文，據侯國而言。《曲禮》諸侯方祀，容有不祭后土者，故鄭別以社釋之，說自不誤。《公羊》僖公二十一年傳云：「諸侯祭土。」何注云：「土謂社也。」亦與鄭同。但經「后土」，本為五行之祇，而鄭謂土神者，則以人神之黎當之，固非其實。又黎本食火，后土趏是句龍所食。此云黎所食，不云句龍者，鄭從先師說，以句龍為社，因以黎兼食火土，其說尤牽強。賈謂《左氏》所云后土，與此后土同，亦非。

又《左傳》昭公二十九年「土正曰后土」句下杜預注：「土為群物主，故稱后也。其祀句龍焉。在家則祀中霤，在野則為社。」孔疏注云：

賈逵云：「句芒祀於戶，祝融祀於灶，蓐收祀於門，玄冥祀於井，后土祀於中霤。」今杜云「在家則祀中霤」，是同賈說也。家謂宮室之內，對野為文，故稱家。非卿大夫之家也。言在野者，對家為文，雖在庫門之內，尚無宮室，故稱野。且卿大夫以下，社在野田。故《周禮 大司徒》云：「辨其邦國都鄙之數，制其畿疆而溝封之，設其社稷之壇而樹之田主，各以其野之所宜木，遂以名其社。」鄭玄云：「社稷，后土及田正之神。田主，田神后土、田正之所依也。詩人謂之田祖。所宜木，謂若松柏栗也。」是在野則祭為社也。此野田之社，民所其祭，即《月令》「仲春之月擇元日，命民社」是也。劉炫云：天子以下，俱荷地德，皆當祭地。但名位有高下，祭之有等級。天子祭地，祭大地之神也。諸侯不得祭地，使之祭社也。家又不得祭社，使祭中霤也。霤亦地神，所祭小，故變其名。賈逵以句芒祀

於戶云云，言雖天子之祭五神，亦如此耳。杜以別祭五行神，以五官配之，非祀此五神於門、戶、井、灶、中霤也。門、戶、井、灶，直祭門、戶等神，不祭句芒等也。唯有祭后土者，亦是土神，故特辨之。云「在家則祀中霤。在野則為社」，言彼社與中霤亦是土神，但祭有大小。《郊特牲》云：「社所以神地之道也。地載萬物，取財於地，教民美報焉。家主中霤，而國主社，示本也。」是在家則祀中霤也。

參看這些論述，簡書「后土」、「地主」、「野地主」，可能均為社的異名，屬於土地神。

2. 宮后土、宮地主

「宮地主」即「宮后土」，已如前述。《禮記 郊特牲》云：「社所以神地之道也。……家主中霤而國主社，示本也。」鄭玄注：「中霤，亦土神也。」前引《左傳》昭公二十九年杜預注更進一步指出后土「在家則祀中霤，在野則為社」。依孔疏，這裡的「家」是指宮室。然則，宮后土或者宮地主實指五祀之神中的中霤。

葛陵簡零282有「就禱五祀」的記載。包山大墓出土五塊形狀奇特的小木牌，分別寫有戶、灶、室、門、行等字，應即五祀木主。《禮記 月令》記五祀為戶、灶、中霤、門、行。同書《祭法》鄭玄注：「中霤，主堂室居處。」《包山楚墓》據此以為中霤亦可稱室，昭佗五祀與古書相符 [1]。按《禮記 月令》鄭玄注：「中霤，猶中室也。土主中央，而神在室。古者複穴，是以名室為霤雲。」更直接點明室與中霤的同一。《論衡 祀義》稱中霤為「室中霤」，似乎正是對此神兩個異名的連稱。宮、室意義相通。包山大墓所出五祀木主把古書中的中霤記作「室」，也有助於說明宮后土、宮地主與中霤的關係。當

---

① 湖北省荊沙鐵路考古隊：《包山楚墓》，文物出版社1991年版，第336頁。

然，「室」本身也當是在簡書之外所見的中霤的另一異名。

3. 門、戶

如上所述，門、戶是五祀中的兩個神靈。包山233號簡有「閱於大門」。望山一號墓178號簡有「門既成」。葛陵簡中有更多禱祠門、戶的記載，如甲三76記「靈君子、戶、步、門……」，甲三213記「戶、門」，乙一28記「就禱門、戶屯一羧」，零422記「……禱門、戶」。門指大門，戶指小門。在葛陵簡中，「戶」有時敘於「門」的前面。

4. 行、宮行

包山209—211、228—229號簡均記有「與禱宮行一白犬」，整理小組釋文在「宮行」二字之間斷開，看作兩個神祇。簡書在對一位以上的神祇並列禱祠時，於所用祭品必稱「各」幾件。「宮行」只用一白犬，當非二神。墓中所出木主有「行」無「宮行」；簡書中行與宮行一般接在「地主」、「后土」或「社」之後，但從不同時出現，可能分別指宮室外之「行」和宮室內之「行」，也可能是同神異名，實指一事。

5. 司命

包山簡整理小組引《周禮　春官　大宗伯》鄭玄注，以為「司命」是文昌第四星。在包山、望山、葛陵卜筮簡中，司命多記在后土或者地主之後，恐不當是天神。《禮記　祭法》云：「王為群姓立七祀，曰司命，曰中霤，曰國門，曰國行，曰泰厲，曰戶，曰灶。王自為立七祀。諸侯為國立五祀，曰司命，曰中霤，曰國門，曰國行，曰公厲。諸侯自為立五祀。」鄭玄注：「此非大神所祈報大事者也，小神居人之間，司察小過，作譴告者爾。《樂記》曰：『明則有禮樂，幽則有鬼神。』鬼神謂此與？司命，主督察三命。中霤，主堂室居處。門、戶，主出入。行，主道路行作。厲，主殺罰。灶，主飲食之事。《明堂月令》：『春曰其祀戶，祭先脾。夏曰其祀灶，祭先肺。中央曰其祀中霤，祭先心。秋曰其祀門，祭先肝。冬曰其祀行，祭先

腎。』《聘禮》曰使者出，『釋幣於行』；歸，『釋幣於門』。《士喪禮》曰『疾病』，『禱於五祀』。司命與厲，其時不著。今時民家，或春秋祠司命、行神、山神，門、戶、灶在旁，是必春祠司命，秋祠厲也。或者合而祠之。山即厲也，民惡言厲，巫祝以厲，山為之，繆乎！」同書《王制》：「天子祭天地，諸侯祭社稷，大夫祭五祀。」鄭玄注：「五祀，謂司命也，中霤也，門也，行也，厲也。」簡文司命恐即此神。其與五祀的關係，尚待釐清。

6. 司禍

禍，簡文作「褐」。李零先生據慈利楚簡讀為「禍」[①]。包山212—215號簡記云：「賽禱太，備玉一環；后土、司命、司禍，各一少環；大水，備玉一環；二天子，各一少環；峗山，一珡。」禍有罪的意思。《荀子 成相》：「罪禍有律，莫得輕重威不分。」楊倞注：「禍，亦罪也。」傳說灶為司罪之神。《論語 八佾》：「王孫賈問曰：『與其媚於奧，寧媚於灶，何謂也？』子曰：『不然。獲罪於天，無所禱也。』」《抱樸子 微旨》：「灶神亦上天白人罪狀。」視此，司禍或即五祀中的灶。

7. 大水

包山簡整理小組以為即天水，劉信芳先生進一步說明是天漢即銀河[②]。依簡文記列順序，太（蝕太）為天神，位置最前；后土即社，居第二；五祀諸神在中；大水、二天子、峗山在後。二天子、峗山為地祇，大水似不能例外。《大戴禮記 夏小正》有「玄雉入於淮為蜃」的記載。《禮記 月令》、《呂氏春秋 孟冬紀》述此事並作「雉入大水為蜃」，鄭玄、高誘注均云：「大水，淮也。」由此可知大水為淮水別名。《史記 封禪書》記述西周制度說：「天子祭天下

---

① 李零：〈考古發現與神話傳說〉，載《學人》第5輯，江蘇文藝出版社1994年版。
② 劉信芳：〈包山楚簡神名與《九歌》神祇〉，載《文學遺產》1993年第5期。

名山大川，五嶽視三公，四瀆視諸侯，諸侯祭其疆內名山大川。四瀆者，江、河、淮、濟也。」又述秦制說：「於是自殽以東，名山五，大川祠二。曰太室……恆山，泰山，會稽，湘山。水曰濟，曰淮。」可見淮水在先秦已受到祭祀。簡書大水似即指此。

8. 二天子

《山海經　中山經》「洞庭之山」云：「帝之二女居之，是常游於江淵。澧沅之風，交瀟湘之淵，是在九江之間，出入必以飄風暴雨。」郭璞注：「天帝之二女而處江為神也。」劉信芳先生據以釋二天子為「帝之二女」[1]。帝可訓天，子亦指女。如《史記　鄭世家》「夢帝謂己」，《集解》引賈逵說：「帝，天也。」《左傳》莊公二十八年「小戎子生夷吾」，杜預注：「子，女也。」由見劉說可從。依《山海經》原文，帝之二女應是山神。郭璞以為江神，恐不可據。《史記　秦始皇本紀》記：秦始皇「浮江，至湘山祠。逢大風，幾不得渡。上問博士曰：『湘君何神？』博士對曰：『聞之，堯女，舜之妻，而葬此。』」於是始皇大怒，使刑徒三千人皆伐湘山樹，赭其山」。博士所述與《山海經》之說為同一故事，所以「洞庭之山」應即湘山，二天子為湘山之神。由前引《史記　封禪書》可知，湘山祠為山東五名山之祠中的一個，與大水（淮水）地位相當。

9. 峗山、五山

峗山見於包山212—215號簡。又包山236—238號簡有「佹山」，葛陵乙四26有「郳山」，應是同一神名的異寫。峗山、五山均應為山神。《漢書　地理志》南郡「高成」縣下原注：「洈山，洈水所出，東入繇。」峗山不知是否即這處洈山。239—241號簡記「與禱五山各一牂」，可見「五山」指五座山而非一山之名。不知五山有無五嶽之

① 劉信芳：〈包山楚簡神名與《九歌》神祇〉，載《文學遺產》1993年第5期。

第六章　卜筮與禱祠

意。有學者懷疑峗山為五山之一^①。「二天子」不知是否也在其中。

三、人鬼

人鬼可粗略分為二類。一類是與事主不存在血緣關係的厲鬼，屬於攻解的對象，如不辜（無辜而死者。見於包山217號簡、望山78號簡、天星觀166號簡）、強死者（天星觀166號簡）、兵死（死於兵刃者。見於包山241號簡）、水上、溺人（包山246號簡）。一類多為禱祠對象，與事主具有或親或疏的血緣關係，與楚國先公、先王系統和親屬制度、宗法制度有關，情形比較複雜，我們將著重討論。

（一）楚先、三楚先

依資料發表順序，「楚先」的記載最早見於包山簡，有二例，即：

（1）與禱楚先老僮、祝融、毓熊，各一牂包山216、217
（2）與禱楚先老僮、祝融、毓熊，各兩牂包山236、238

出土在先而刊佈在後的望山一號墓竹簡，比較殘碎。整理者對照包山簡，進行了一些綴合^②，包含有五個簡號、三條資料，即：

（3）【楚】先老僮、祝【融】、毓熊各一牂 望山 120、121
（4）【楚】先老僮、【祝】融各一□ 望山 122、123
（5）楚先既禱 望山 124

最後刊出的葛陵簡相關內容最多。據賈連敏先生整理，共19例^③，即：

---

① 李零：〈包山楚簡研究（占卜類）〉，載《中國典籍與文化論叢》第1輯，中華書局1993年版。

② 對於綴合的說明，看《望山楚簡》，中華書局1995年版，第102—103頁注釋101、102。

③ 賈連敏：〈新蔡竹簡中的楚先祖名〉，載《華學》第7輯，中山大學出版社2004年版。為便於討論，順序與賈氏所列有異。

（6）就禱三楚先屯一牂，纓之卦玉，壬辰之日禱之葛陵乙一17

（7）就禱三楚先各一牂葛陵乙三41

（8）就禱三楚先屯一牂葛陵甲三214

（9）三楚先、地主、二天子、郦山、北【方】葛陵乙四26

（10）薦三楚先葛陵甲三105

（11）就禱三楚【先】葛陵零314

（12）就禱三楚【先】葛陵乙三31

（13）舉禱楚先老童、祝融、梳熊各兩牂葛陵甲三188、197

（14）是日就禱楚祧老嬭、祝葛陵甲三268

（15）融、空熊各一牂，纓之卦玉，壬辰之日禱之葛陵乙一24

（16）有敚（祟）見於司命、老嬭、祝融、空熊葛陵乙一22

（17）【祝】融、空熊葛陵零288

（18）【老】童、祝融、穴熊葛陵甲三35

（19）【祝】融、穴【熊】、昭【王】葛陵零560、522、554

（20）【祝】融、穴熊葛陵零254、162

（21）【祝】融、穴【熊】、昭王、獻【惠王】葛陵甲三83

（22）【司】命、老童葛陵零429

（23）禱楚先與五山葛陵甲三134、108

（24）于楚先與五山葛陵零99

　　老童的「童」，或從「人」（例1、2），或從「示」（例3、4），或從「女」（例14、16），葛陵簡中還有三例只作「童」（例13、18、22）。《史記　楚世家》：「楚之先祖出自帝顓頊高陽。高陽者，黃帝之孫，昌意之子也。高陽生稱，稱生卷章，卷章生重黎。」《集解》引徐廣曰：「《世本》云老童生重黎及吳回。」又引譙周曰：「老童即卷章。」《索隱》云：「卷章名老童，故《系本》云『老童生重黎』。」老童又見於《大戴禮記　帝系》，記作：「顓

頊娶於滕氏，滕氏奔之子謂之女祿氏，產老童。」《楚辭　離騷》「帝高陽之苗裔兮」，王逸《注》引〈帝系〉曰：「顓頊娶於騰隍氏女而生老僮，是為楚先。」這與今本《大戴禮記》有所不同，或是以意引之。無論如何，「老童」之名與他作為「楚先」的地位，古書與竹簡所載可以說是一致的①。

《左傳》僖公六年記云：「夔子不祀祝融與鬻熊，楚人讓之。」杜預注：「祝融，高辛氏之火正，楚之遠祖也。」這是古書中祝融受到楚人祭祀的佳證。然而，作為楚人遠祖的祝融，身分並不大明晰。《史記　楚世家》：「重黎為帝嚳高辛居火正，甚有功，能光融天下，帝嚳命曰祝融。共工氏作亂，帝嚳使重黎誅之而不盡。帝乃以庚寅日誅重黎，而以其弟吳回為重黎後，復居火正，為祝融。」《索隱》云：「案：《左氏傳》少昊氏之子曰重，顓頊氏之子曰黎。今以重黎為一人，仍是顓頊之子孫者，劉氏云『少昊氏之後曰重，顓頊氏之後曰重黎，對彼重則單稱黎，若自言當家則稱重黎。故楚及司馬氏皆重黎之後，非關少昊之重』。愚謂此解為當。」又云：「此重黎為火正，彼少昊氏之後重自為木正，知此重黎即彼之黎也。」而《尚書　堯典》孔穎達疏卻指出：「《史記》並以重黎為楚國之祖，吳回為重黎，以重黎為官號，此乃《史記》之謬。故束皙譏馬遷並兩人以為一，謂此是也。」《國語　鄭語》記史伯語云：「且重黎之後也。夫黎為高辛氏火正，以淳耀敦大，天明地德，光照四海，故命之曰『祝融』，其功大矣。」韋昭注：「重、黎，官名。《楚語》曰：『顓頊乃命南正重司天，北正黎司地。』言楚之先為此二官。」以為重、黎為二人。清人董增齡則引上揭《史記　楚世家》文認為：

---

① 李鍇：《尚史》（清乾隆三十八年悅道堂刊本）卷一〇五按：「卷章即老童之訛。」《離騷纂義》則推測「蓋字形相近而誤。」另《山海經　西山經》「騩山」云「神耆童居之」，郭璞《注》：「耆童，老童，顓頊之子。」是老童的又一異寫。參看游國恩主編：《離騷纂義》，中華書局1980年版，第9頁。

「此是重黎非單名證也。此文史伯言黎者，承上重黎而省文也。」[①]
主張重黎系一人。《世本》於此竟存在不同的傳本。前揭《史記　楚
世家》、《集解》引徐廣敘《世本》云：「老童生重黎及吳回。」而
《山海經　大荒西經》云：「顓頊生老童，老童生重及黎，帝令重獻
上天，令黎邛下地。」郭璞注引《世本》作：「老童娶於根水氏謂之
驕福，產重及黎。」這樣，就現有資料而言，楚人祭祀的遠祖祝融，
是古書中的黎、重黎，還是吳回，尚難定論。

上文我們寫作「毓」的字，本作。其釋讀在學者中有不同意見。
毓熊相當於哪一位楚人遠祖，以及他與「穴熊」的關係，也存在多種
說法。包山簡資料剛剛披露的時候，李學勤先生認為：從世系知道，
楚先祖名某熊的有穴熊、鬻熊二人。這個字是從「女」、「蟲」省
聲，古音在東部。它和在質部的「穴」字不會有什麼關係，因而這一
楚先祖名是穴熊的可能性應該排除。鬻熊的「鬻」是喻母覺部字。竹
簡此字可與通假。包山簡提到的這個楚先祖不是別人，乃是文獻中的
鬻熊[②]。李先生此說為包山楚簡整理小組所採納，並得到多位學者的
贊同[③]。

郭店簡、上博簡的資料，引起此字讀為「鬻」具體路徑的新思
考。曾憲通先生指出：郭店楚簡和上博竹書公佈後，人們發現所謂
「蚩」符其實有著不同的來源。通常釋為「融」字的「蚩」符是蟲的省
變，而一般釋為「流」字的「蚩」符則來源於毓字的省文即「㐬」形的
訛變，有的「蚩」符旁邊還保留著圓圈形，蚩便是倒子頭形的割裂，後

① 董增齡：《國語正義》，巴蜀書社1985年版，第1043—1044頁。
② 李學勤：〈論包山簡中一楚先祖名〉，載《文物》1988年第8期。
③ 許學仁：〈包山楚簡所見之楚先公先王考〉，載《魯實先先生學術討論會論文集》，臺灣師
範大學國文學系1993年刊佈；曾憲通：〈從「蚩」符之音讀在論古韻東冬的分合〉，載《第
三屆國際中國古文字學研討會論文集》，香港中文大學中國語言及文學系1997年版；李零：
〈古文字雜識（二則）〉，載《第三屆國際中國古文字學研討會論文集》，香港中文大學中國
語言及文學系1997年刊佈；何琳儀：《戰國古文字典》，中華書局1998年版，第276頁；劉信
芳：《包山楚簡解詁》，藝文印書館2003年版，第231頁。

第六章　卜筮與禱祠

來更連倒子的頭部也省略了，最後訛成了「蚩」形。於是兩個來源不同的「蚩」形遂混而為一①。董蓮池先生則認為：簡文鬻字作娀，表明「娀」之讀音近於鬻，過去囿於字從蟲省，需要運用通轉理論才能講通。今既知其從女從帶有水液表示的倒子，此字實應直接釋為毓，毓字見《說文》，與鬻上古均覺部喻母，古音相同，無需通轉，故見於《史記 楚世家》中的「鬻熊」在簡文中可以寫作「毓熊」②。黃德寬先生更指出：「由郭店、上博楚簡的『流』字，進而釋楚先祖名『娵』者，即『毓』字，讀為『鬻』，是一個進步。」③

與上述明確主張讀為「鬻」的意見不同，望山簡整理者在考釋中寫道：「簡文娵酓是指《山海經》的長琴，還是指《史記》的穴熊或鬻熊，待考。」作為望山簡整理者之一，李家浩先生在一篇論文中進一步認為：蚩應分析為從二蟲從「女」聲，疑即「蚤」或「蚤」的異體。蚤酓既不是穴熊，也不是鬻熊，而是《山海經 大荒西經》中的長琴④。1994年10月，葛陵楚簡的資料部分披露。李家浩先生1996年2月在這篇論文末尾補記說：「該墓竹簡所記祭禱的楚先，位於『老僮、祝融』後的『蚤酓』之『蚤』作『穴』下『土』。我們認為這個字從『穴』從『土』聲，《史記 楚世家》的『穴熊』之『穴』即其訛誤。上古音『土』屬透母魚部，『女』屬泥母魚部，韻部相同，聲母都是舌音，故可通用。葛陵楚簡的發現，不僅證明本文在包山楚簡蚩的釋讀是合理的，同時還證明《山海經》的長琴與《楚世家》的穴熊應該是同一個人。本將長琴與穴熊作為二人，現在看來應予糾正。」

① 曾憲通：〈再說「蚩」符〉，載《古文字研究》第25輯，中華書局2004年版。
② 董蓮池：〈釋戰國楚系文字中從蚩的幾組字〉，載《古文字研究》第25輯，中華書局2004年版。
③ 黃德寬：〈新蔡葛陵楚簡所見「穴熊」及相關問題〉，載《古籍研究》2005 卷下（總第48期），安徽大學出版社2005年版。
④ 李家浩：〈包山竹簡所見楚先祖名及其相關的問題〉，載《文史》第42輯，中華書局1997年版。

葛陵簡的資料全部公佈後，人們看到其中包含對於李家浩先生上揭意見的反證。其一，有一例相當於包山、望山簡毓熊的先祖名首字從「示」從「巟」（例13），顯示「示」或「女」是義符，不能把「女」看作聲符而將此字釋為「蜺」或「蚔」。其二，穴熊之「穴」七見，三例從「土」（例15—17），四例徑作「穴」（例18—21），表明「土」為義符，字當釋為「穴」。《上海博物館藏戰國楚竹書（三）》公佈的《周易》56號簡「取皮在穴」，「穴」從土，而馬王堆帛書本和傳世本《周易》此字皆作「穴」，更是一個直接的證明[1]。

其實，葛陵簡毓熊與穴熊交錯出現，也給關心這個問題的其他學者帶來挑戰。誠如黃德寬先生所概括的那樣：如果「毓熊」即楚先祖「鬻熊」，那麼很自然與「穴熊」就非一人。望山、包山和新蔡簡又確實出現了「老童、祝融、鬻熊」三位先祖的組合，這就與新蔡簡「老童、祝融、穴熊」的組合形成並列，「三楚先」是指前者還是指後者，目前還難以確定。按漢語表達的慣例，只有在對象明確的情況下，才會有以數字稱代這樣的簡稱，「三楚先」應該只會指代其中一組祭祀對象，而不大可能是兩組中的任意一組。從新蔡簡看，以「穴熊」與「老童、祝融」組合為祭禱對象者占絕對優勢；而從分布看，三批出自不同地點的楚簡（望山、包山、新蔡）卻都有以「鬻熊」與「老童、祝融」組合的，也不能排除「三楚先」中最後一位可能指的是「鬻熊」。因此，看似明確的「三楚先」問題，實際上並未真正解決[2]。

圍繞這兩種先祖名關係的討論，有時涉及到二者首字的釋讀，我

---

① 賈連敏：〈新蔡竹簡中的楚先祖名〉，載《華學》第7輯，中山大學出版社2004年版；賈連敏：〈戰國文字中的「穴」〉，載《楚文化研究論集》第6輯，湖北教育出版社2005年版；黃德寬：〈新蔡葛陵楚簡所見「穴熊」及相關問題〉，載《古籍研究》2005　卷下（總第48期），安徽大學出版社2005年版。

② 黃德寬：〈新蔡葛陵楚簡所見「穴熊」及相關問題〉，2004年中國古文字研究會第十四次年會論文。

第六章　卜筮與禱祠

們看到的意見如下：

（1）賈連敏先生認為：蚩不一定是「蟲」字省體，而可能是與「穴」讀音相近的另外一個字，或許就是《說文》中的「蚰」字。蚰讀若昆，古音屬見紐文部，「穴」古音屬匣紐質部，聲母同屬牙音，為旁紐，多相通。從新蔡簡辭例看，將蚰熊讀為「穴熊」，要比讀為「鬻熊」適當[①]。

（2）黃德寬先生認為：由於「穴熊」是確定無疑的，也不能排除另一種可能，即所謂「鬻熊」的「毓」，不讀「鬻」而讀為「穴」。古音學家將「㐬」聲的「流」、「旒」、「琉」等歸入幽部（來母），而從「穴」聲的「狖」（狖）也在幽部（喻母），因此，讀「毓」為「穴」也不是完全沒有可能。如果這種解釋正確，那麼「三楚先」就是「老童、祝融、穴熊」，與新蔡簡以此組合為絕對優勢的情況就比較吻合了[②]。

（3）魏宜輝、周言先生也贊成毓熊和穴熊應為一人，但與黃德寬先生相反，主張後者向前者歸併。他們認為所謂「穴」字可能是「六」的變體。「六」古音為來紐、覺部，與「㐬」、「鬻」讀音很近[③]。

（4）劉信芳先生將「三楚先」與「楚先」分別看待，認為前者特指「老童、祝融、穴熊」三位先祖，後者稱先祖、先公中三位最傑出者，指「老童、祝融、鬻熊」。他從三個方面說明：①依據目前所能見到的文例，「三楚先」與「楚先」也許是兩個不同的概念，前者所指為「老童、祝融、穴熊」，後者所指為「老童、祝融、鬻熊」，尚未有例外。②如果認為「三楚先」中最後一位是「鬻熊」，勢必將楚

---

① 賈連敏：〈新蔡竹簡中的楚先祖名〉，載《華學》第7輯，中山大學出版社2004年版。
② 黃德寬：〈新蔡葛陵楚簡所見「穴熊」及相關問題〉，2004年中國古文字研究會第十四次年會論文。
③ 魏宜輝、周言：〈再談新蔡楚簡中的「穴熊」〉，載簡帛研究網2004年11月8日。

簡「嫞熊」與「穴熊」理解為同一個人，這是很難做出合理說明的。黃德寬先生讀「毓」為「穴」，尚缺乏更充分的證據。魏宜輝、周言先生將「穴熊」讀為「鬻熊」，是將簡文「穴」字統統解為從「六」之字的誤字，再通假讀為「鬻」，恐怕不足憑信。③如果認為「三楚先」包括「嫞熊」，勢必將其劃入楚人祀譜中的先祖譜系，然而《史記　楚世家》記熊通曰：「吾先鬻熊，文王之師也，蚤終。成王舉我先公，乃以子男田令居楚。」此先公特指鬻熊，因為其他先公與楚受周封無關。楚人既有稱「鬻熊」為「先公」的成例，將「嫞熊」劃入楚人祀譜中的先公譜系較為妥當①。

（5）宋華強先生認為：嫞熊沒有問題就是文獻中的鬻熊，「三楚先」無疑就是簡文中的「楚先老童、祝融、鬻熊」。「楚先」包括「三楚先」和不包括「三楚先」的可能性都是存在的。宋氏不同意嫞熊與穴熊同一的看法。對於上揭黃氏、賈氏與魏、周二氏的意見，他逐一作了反駁：段玉裁早就指出，《說文》「豩」字說解中「穴」聲的「穴」是「冗」的誤字。清代治《說文》其他三大家也都支持段玉裁的看法。可見黃先生這個證據是靠不住的。楚簡「蚰」字有寫作「蟲」形的，但從沒有寫作「蚩」形的，賈說不可信。楚簡「六」字和「穴」字的差異明顯，雖然「形體很近」，卻未必「很容易相混」。所以魏宜輝、周言所舉的這條理由也是沒有說服力的。宋氏進一步指出，其實穴熊屬於「三楚先」的看法本身就是有問題的。根據較為完整的簡文，可以從三個方面來說明：①凡是前面標明「楚先」的，後面出現的先祖名都是「老童、祝融、鬻熊」這樣的組合（包括包山簡和新蔡簡）；而凡是出現「老童、祝融、穴熊」這樣組合的簡文，前面都沒有「楚先」兩字，這說明「三楚先」只能是老童、祝融、鬻熊

① 　劉信芳：〈楚簡「三楚先」、「楚先」、「荊王」以及相關祀禮〉，載《文史》第73輯，中華書局2005年版。

第
六
章

卜
筮
與
禱
祠

三位先祖的組合，而不是老童、祝融、穴熊三位先祖的組合，因為後者並不被稱為「楚先」。②「老童、祝融、穴熊」的組合可以和昭王以下的先王合祭，三楚先或「楚先老童、祝融、鬻熊」這樣的組合並沒有與其他先王合祭的現象。③「老童、祝融、穴熊」的組合前面還曾出現司命，而三楚先和「楚先老童、祝融、鬻熊」這樣的組合前面從不出現其他神靈。這些情況都說明穴熊所在的組合與「三楚先」或鬻熊所在的組合是不同的①。

宋氏之論後出，對先前發表的嬛熊、穴熊合一的三種推論，他的批評無疑是有說服力的。不過，如果考慮更複雜的因素，他將「穴熊」排除於「楚先」之外的根據也有推敲的餘地。他就第三條理由所說的「『老童、祝融、穴熊』的組合前面還曾出現司命」，應該是指葛陵乙一22（例16）。而在包山236—238號簡提出的禱祠方案中，與「楚先老童、祝融、鬻熊」同時列出的神靈還有太、后土、司命、二天子（列於「楚先」前）以及高丘、下丘（列於「楚先」後）。包山簡中另有兩條簡文：

（25）有祱（祟）見新王父、殤。以其故祱（說）之。與禱，牲牛，饋之；殤因其常牲。包山 222

（26）有祱（祟）見於絕無後者與漸木立。以其故祱（說）之。與禱於絕無後者，各肥豬，饋之。命攻解於漸木立，且徙其尸而梪之。包山 249—250

簡文中的前一個「祱」，整理小組考釋讀如「祟」。可從。後一個「祱」，整理小組讀如「說」。李零先生讀為「奪」，認為是攘奪

---

① 宋華強：〈《離騷》「三后」即新蔡簡「三楚先」說——兼論穴熊不屬於「三楚先」〉，載《雲夢學刊》2006年第2期。刊物發表時有誤字，引述時據宋先生賜示電子版校正。

之義 ①。曾憲通先生認為敓即奪之古文，當讀為挩，今通作脫，義為解脫 ②。這幾種解釋實質差異並不大。至此，我們可以看出，簡文前段的「有敓（祟）見」的神靈，也就是後段禱祠或攻解的對象 ③。在這種情形下，包山236—238號簡中司命與楚先老童、祝融、鬻熊同時接受禱祠及其先後順序與葛陵乙一22號簡中司命與老童、祝融、穴熊同時「有（祟）見」（例16）當可等量齊觀。

實際上，葛陵乙一22（例16）與同見上揭的甲三35（例18）、乙一24（例15），從字形、內容看，或許可以連讀，即 ④：

有敓（祟）見於司命、老童、祝融、穴熊。癸酉之日舉禱 乙一22 於司命一勑，舉禱於 甲一15 【老童、祝】融、穴熊各一牂，纓之 玉，壬辰之日禱之。乙一24

如果這一處理不誤，那麼宋先生所說「司命」與「老童、祝融、穴熊」的組合就在同一條簡文中再次出現，而這條簡文與包山236—238號簡中「司命」與「楚先老童、祝融、鬻熊」在神祇組合上的相同也更加確定。由於楚人禱祠的神祇組合有其內在規定性，宋先生將穴熊排除在「三楚先」之外的這條材料，恰恰具有相反的意味。

---

① 李零：〈包山楚簡研究（占卜類）〉，《中國典籍與文化論叢》第1輯，中華書局1993年版。
② 曾憲通：〈包山卜筮簡考釋（七篇）〉，載《第二屆國際中國古文字學研討會論文集》，香港中文大學中國語言及文學系1995年刊佈。
③ 陳偉：〈葛陵楚簡所見的卜筮與禱祠〉，載《出土文獻研究》第6輯，上海古籍出版社2004年版。
④ 沈培先生看到拙稿後，來信指出葛陵乙一22、甲一15以及甲三35可能連讀，可以支援拙說「簡文前段的『有敓（祟）見』的神靈，也就是後段禱祠的物件」。甲一15的從虎之字，原釋文從鹿作。沈先生大函寫作從「虎」。宋華強先生也有此說，見所撰〈釋新蔡簡中的一個祭牲名〉，載武漢大學簡帛網2006年5月24日。得沈先生提示，我們發現乙一24接在乙一22、甲一15之後的可能性更大一些。因為乙一24與乙一22「穴熊」寫法相同（「穴」均從土，熊均作「嘼」），而甲三35徑作「穴熊」。

我們還看到，葛陵乙一17（例6）所記對於「三楚先」的祭品，與乙一24（例15）所記對於「老童、祝融、穴熊」的相同。根據包山簡得到的經驗，在一定情形下，對於同一神祇的祭品相同。這也傾向於表明穴熊列於「三楚先」之內，或者說三楚先也指老童、祝融、穴熊。

劉信芳先生對黃德寬先生與魏宜輝、周言先生之說的反駁，應可憑信。不過，他自己的論說也有一些不夠周詳。其一，在整理者提供的葛陵簡釋文中，「三楚先」的表述與「楚先」不同，從未後續具體先祖名。因而我們無從得知它只是指「老童、祝融、穴熊」三人，也無從得知它與「楚先」是兩個不同的概念。如前所述，楚卜筮簡中，對於神靈往往採用異名。「三楚先」與「楚先」後敘列三位先祖名屬於同神異稱的可能性目前還看不到確切的否證①。其二，《史記 楚世家》記云：「周文王之時，季連之苗裔曰鬻熊。鬻熊子事文王，蚤卒。其子曰熊麗。熊麗生熊狂，熊狂生熊繹。熊繹當周成王之時，舉文、武勤勞之後嗣，而封熊繹於楚蠻，封以子男之田，姓芈氏，居丹陽。」相形之下，〈楚世家〉後文記熊通語（「成王舉我先公，乃以子男田令居楚」），無論看時代，還是看爵位，顯然都是在說熊繹。不能當做鬻熊列在楚人先公譜系的證據。

我們注意到，古書中實際上存在穴熊亦稱鬻熊的線索。《大戴禮記 帝系》云：「季連產付祖氏，付祖氏產內熊，九世至於渠。」《路史》卷十七「高陽」條「附敘始封於熊，故其子為穴熊」句下，羅蘋《注》引《大戴》作：「附祖氏產穴熊。」聯繫《史記 楚世家》所載，《大戴禮記 帝系》今本「內熊」之「內」當為「穴」字

---

① 賈連敏先生指出：值得注意的是，例2（偉按：即本文例7，也就是乙三41）從簡文字距看，原來只書寫「楚先」，後又加「三」字，改為「三楚先」。寫明「三楚先」，其後就不再綴這三位先祖的具體名字（《新蔡竹簡中的楚先祖名》）。這一分析應可採信。也就是說，「楚先」後加三位先祖名與「三楚先」，也許只是詳略之別，後者為前者的縮略表述。

之誤①。孔廣森《補注》：「《楚世家》云：附沮生穴熊，其後中微，弗能紀其世。廣森謂鬻熊即穴熊聲讀之異，史誤分之。穴熊子事文王蚤卒，其孫以熊為氏，是為熊麗。歷熊狂、熊繹、熊艾、熊䵣、熊勝、熊楊至熊渠，凡九世也。但穴熊上距季連劣及千歲，所云產者，亦非父子繼世。」〈帝系〉「九世至於渠」之後的文句是：「妻鯀出自熊渠，有子三人。」「妻鯀出自」云云，難以索解②。這給孔廣森的解讀帶來一些不確定因素。不過，孔氏將穴（誤作「內」）熊與鬻熊視為一人，從〈帝系〉所記世次看，應該說有其道理。

關於鬻熊、穴熊合一的最新並且最為確切的證據來自清華簡。在《楚居》中，季連之後記述的楚君即穴熊，穴熊生麗季，即熊麗；其後楚君為熊狂、熊繹。《史記　楚世家》記云：「周文王之時，季連之苗裔曰鬻熊。鬻熊子事文王，蚤卒。其子曰熊麗。熊麗生熊狂，熊狂生熊繹。」彼此相合。楚卜筮禱祠簡中的「穴熊」亦即鬻熊，當可定讞③。

（二）「荊王」與「文王以就」
對「荊王」的禱祠記錄較少，目前僅見四例，即：

（27）與禱荊王，自熊麗以就武王，五牛、五豕包山246
（28）賽禱於荊王以逾順至文王以逾葛陵甲三5
（29）荊王、文王以逾至文君葛陵零301、150
（30）荊王就禱荊牢，卦；文王以逾就禱大牢，卦葛陵乙四96

---

① 黃懷信、孔德立、周海生：《大戴禮記匯校集注》，三秦出版社2005年版，第795頁。黃錫全先生在〈楚簡中的娄酓裚酓與空酓穴酓再議〉（載《簡帛研究二〇〇四》，廣西師範大學出版社2006年版）一文中也指出《大戴禮記　帝系》所載從熊渠上數九代為穴熊的問題。
② 關於對相關文字的不同校勘意見，參看黃懷信、孔德立、周海生：《大戴禮記匯校集注》，三秦出版社2005年版，第794—750頁。
③ 李學勤主編：《清華大學藏戰國竹簡（壹）》，中西書局2010年版，第180—194頁。

熊麗的「麗」，整理小組釋為「羃」，讀為「繹」，以為是熊繹。何琳儀先生把它與包山190號簡的「鹿」字比較，只是下方多一「匕」形，為「鹿」之異體①。李家浩先生也釋為「鹿」，讀為「麗」，而以為所多一「匕」形為誤書②。此外，湯余惠先生也釋為「鹿」，但以為借為「繹」③。在新刊佈的楚簡中，可見更多的「鹿」字，如上海博物館藏楚竹書《容成氏》41、45號簡以及《鬼神之明》6號簡所書，均與這個字形相近，但沒有多出這一個「匕」形。因而這個字的主體部分作鹿，是比較確定的。但是否就是「鹿」字，還多少有些問題。我們姑且依從何、李二氏之說，釋為「鹿」，讀為「麗」④。

　　楚始封之君，傳世古書多說是熊繹。除前引《史記　楚世家》之外，《漢書　地理志》、《左傳》昭公十二年杜預注等，亦持此說。不過，《墨子　非攻下》記「好攻伐之君」質疑墨子說：「昔者楚熊麗始封此睢山之間，越王繄虧出自有遽，始邦於越，唐叔與呂尚邦齊、晉。此皆地方數百里，今以並國之故，四分天下而有之。」這裡說的是楚、越、齊、晉四國的始封之事，熊麗與唐叔、呂尚並列，自當也是立國之君⑤。梁玉繩認為：「麗是繹祖，睢為楚望。然則繹之前已建國楚地，成王蓋因而封之，非成王封繹始有國耳。」其說可從。

　　針對包山246號簡（例27）所載，聯繫《戰國策　楚策一》「威王問於莫敖子華」章記楚威王說：「自從先君文王以至不穀之身，亦有不為爵勸，不為祿勉，以憂社稷者乎？」我們曾經推測，楚人將熊麗

① 何琳儀：〈包山竹簡選釋〉，載《江漢考古》1993年第4期；何琳儀：〈楚王熊麗考〉，載《中國史研究》2000年第4期。

② 李家浩：〈包山竹簡所見楚先祖名及其相關的問題〉，載《文史》第42輯，中華書局1997年版。

③ 湯余惠：〈包山楚簡讀後記〉，載《考古與文物》1993年第2期。

④ 清華簡《楚居》3號簡中的熊麗之「丽（麗）」從「丽」從「鹿」作，為規範寫法。

⑤ 越王繄虧的情形不詳，參看吳毓江：《墨子校注》，中華書局1993年版，第241—242頁注132、133。

至武王與文王以後的楚君看作兩個系列①。這個看法在葛陵簡中得到很好的印證。

我們知道，「逾」在楚地有「降」、「下」的用法。《鄂君啟節 舟節》的「逾油（淯）」、「逾漢」、「逾江」，指順流而下。郭店《老子》甲組19號簡「以逾甘露」、馬王堆漢墓帛書《老子》甲乙種「以俞甘露」，與傳世本的「降」字對應，指自天而降②。不過，在葛陵簡中，有些帶「逾」字的文句卻不大容易斷讀。例28、29整理者原釋文斷讀作：

賽禱於荊王，以逾順至文王，以逾
荊王、文王、以逾至文君

何琳儀先生把例28改讀作③：

賽禱於荊王以逾，順至文王以逾。

看例30「荊王」與「文王以逾」並列，可知整理者對例28、29的處理不確。看例27「荊王」具體指「自熊麗以就武王」諸君，而且在例29、30中，「荊王」皆與「文王以逾」並列，可知何琳儀先生的斷讀亦有未安。秦家嘴墓地有三枚簡寫道④：

（31）五世王父以逾至親父 秦家嘴 M1：2

① 陳偉：《包山楚簡初探》，武漢大學出版社1996年版，第171—172頁。
② 陳偉：〈鄂君啟節之「鄂」地探討〉，載《江漢考古》1986年第2期；陳偉：《郭店竹書別釋》，湖北教育出版社2003年版，第19—21頁。
③ 何琳儀：〈新蔡楚簡選釋〉，載《安徽大學學報》2004年第3期。何先生提出簡文「以逾」猶「以降」。
④ 晏昌貴：〈秦家嘴「卜筮祭禱」簡釋文輯校〉，載《湖北大學學報》2005年第1期。

（32）塞禱五世以至親父母 秦家嘴M13：1

（33）禱之於五世王父王母順至親父母 秦家嘴M99：10

相形之下，可見例31的「以逾至」與例32的「以至」和例33的「順至」略同。這也可佐證我們對於例28、29的斷讀。需要注意的是，例30「文王以逾」之後沒有接著說「至（或「順至」）某某」。這大概是承前省略了後面的文字。至於例28中的「文王以逾」，可能是承前省略，也可能是殘去了這些內容。我們沒有理由因為這兩個句例而在所有「以逾」之後斷讀。

簡文中對系連不同禱祠對象的措辭值得注意。為便於討論，下面再錄出三條簡文：

（34）祭竟平王以逾至文君 葛陵甲三 201

（35）冊告自文王以就聖桓王，各束錦加璧 葛陵甲三 137

（36）冊告自文王以就聖桓【王】 葛陵甲三 267

竟平王即平王 ①，聖桓王即聲王 ②。文君又稱「平輿文君」、「平輿文君子良」，即曾侯乙墓竹簡中的「平輿君」、包山簡中的「文平輿君子良」。見於《左傳》哀公十七年，為昭王之子、惠王之弟 ③。葛陵一號墓墓主平輿君成與平輿文君的關係，整理者認為是祖孫 ④。宋華強

① 李零：〈楚景平王與古多字諡〉，載《傳統文化與現代化》1996年第6期。

② 湖北省文物考古研究所、北京大學中文系：《望山楚簡》，中華書局1995年版，第90頁考釋24。

③ 河南省文物考古研究所：《新蔡葛陵楚墓》，大象出版社2003年版，第183頁。關於包山簡中的文平輿君子良的研究，參看何浩：〈文坪夜君的身分與昭氏的世系〉，載《江漢考古》1992年第3期；吳郁芳：〈包山二號楚墓墓主昭佗家譜考〉，載《江漢論壇》1992年第11期。

④ 河南省文物考古研究所：《新蔡葛陵楚墓》，大象出版社2003年版，第184頁。劉信芳先生於此作有更展開的說明，看所撰〈新蔡葛陵楚墓的年代以及相關問題〉，載《長江大學學報》2004年第1期。

先生從三個方面證明是父子關係，更為可信 ①。基於這些背景知識，回過來看上揭諸例，可以發現：由熊麗至武王稱「就」（例27），由文王至聲王亦稱「就」（例35、36）；而由荊王到文王稱「逾」（例28），文王到文君、平王到文君皆稱「逾」（例29、34），五世王父到親父亦稱「逾」（例31）。「就」，訓即、至。在《鄂君啟節》中，表示由前一地至於後一地，例如車節的「自鄂市，就陽丘，就方城」；舟節的「就彭射，就松陽」。同樣在舟節中，用「逾」表示順水而下的行為，與「就」字的用法形成對照。例27「自熊麗以就武王」、例32、33「自文王以就聖桓王」，都是在同一系列內的系聯；而例28的「荊王以逾順至文王以逾」、例29的「文王以逾至文君」、例34的「竟平王以逾至文君」，以及例31的「五世王父以逾至親父」，或者是從「荊王」系列過渡到「文王」，或者從「自文王以就聖桓王」系列過渡到非王身分的「文君」，或者是由「王父」系列過渡到「親父」，與「就」判然有別。

　　對於戰國時期的楚人而言，「自文王以就」的楚王應是最後一位去世者，因而這是一個末端開放的系統 ②。比如在簡王之世，當是作「自文王以就惠王」；而降至聲王之世，則改成「自文王以就簡王」。因而，這是一個動態的、向下延伸的系列，而不像「楚先」、「荊王」那樣包含著確定的神靈，屬於凝固的系列。我們姑且用「文王以就」來稱述。

① 宋華強：〈試論平夜君成即平夜文君之子〉，載武漢大學簡帛網2006年5月17日。在包山簡中，「夫人」與「親母」是同神異名。這可以佐證宋氏之說。另外，例29稱「荊王、文王以逾至文君」，例34稱「竟平王以逾至文君」，均以文君作為禱祠先人系列的終點，也有助於這一說法。
② 我們目前還不瞭解楚人的這一祭祀系列是不是在文王身後即已形成。或者說，春秋中後期即已如此。《左傳》昭公二十三年記沈尹戌說：「無亦監乎若敖、蚡冒至於武、文，土不過同，慎其四竟，猶不城郢。」以荊王系列與文王並言，不知是否可以與當時的先君系列聯繫。

（三）「五世王父」與「三世之殤」

在包山簡中，多次提到禱祠昭王以至親父五世。在望山簡中也有禱祠五代祖先的跡象。我們曾經推測，連續禱祠五代先人，大概是戰國中期楚國貴族中的流行做法①。在秦家嘴簡和葛陵簡中②，可以看到更確切的材料。除前揭例31至33外，尚有：

（37）五世王父、王【母】秦家嘴M13：5

（38）賽禱於五世王父、王母秦家嘴M99：11

（39）巫思郫亥敓於五世……葛陵乙四27

例39因為後文殘缺，「五世」是不是同一意義上的用法，並不確定。姑且附列於此。

《爾雅 釋親》云：「父之考為王父，父之妣為王母。王父之考為曾祖王父，王父之妣為曾祖王母。曾祖王父之考為高祖王父，曾祖王父之妣為高祖王母。」《釋名 釋親屬》云：「祖，祚也，祚物先也。又謂之王父。王，旺也，家中所歸旺也。王母亦如之。」王父、王母即祖父、祖母。「五世王父、王母」當是指與當事人相隔「五世」、輩分在祖父、祖母以上的祖先。《禮記 喪服小記》云：「有五世而遷之宗，其繼高祖者也。是故祖遷於上，宗易於下。」關於五世的計數，孔疏作有具體說明：「繼高祖者，至子五世。繼曾祖者，至孫五世。繼祖者，至曾孫五世。繼禰者，至玄孫五世也。是皆五世，不復與四從兄弟為宗，故云『皆至五世則

---

① 陳偉：〈望山楚簡所見的卜筮與禱祠——與包山楚簡相對照〉，載《江漢考古》1997年第2期。

② 晏昌貴：〈秦家嘴「卜筮祭禱」簡釋文輯校〉，載《湖北大學學報》2005年第1期。葛陵簡原釋文零282「五世」，宋華強先生改釋為「五祀」，見所撰〈新蔡簡兩個神靈名簡說〉，載武漢大學簡帛網2006年7月1日。

遷』，各自隨近相宗。」孔疏還指出：「此五世合遷之宗，是繼高祖者之子，以其繼高祖之身，未滿五世，而猶為宗。其繼高祖者之子，則已滿五世，禮合遷徙，但〈記〉文要略，唯云『繼高祖』，其實是繼高祖者之子也。」即「五世」是指以當事人為零點，上數五輩。這與「父子曰世」的說法相合[①]。以此推算，「五世」王父母是指當事人高祖父的父母；四世指高祖父母，即〈釋親〉所謂「高祖王父」、「高祖王母」；三世指曾祖父母，即〈釋親〉所謂「曾祖王父」、「曾祖王母」；二世指祖父母，即〈釋親〉所謂「王父」、「王母」。「五世王父、王母」在傳世古書中未見有對應稱謂，是很有意義的發現。

葛陵簡還有一條記載也值得重視，即：

（40）就禱三世之殤葛陵乙四109

參照上述分析，這裡「三世」的計數應該是以當事人為零點，向上計數三代，包括父、祖與高祖之輩。與王父、王母只能是長輩不同的是，殤作為未成年死者之名[②]，既可指長輩，也可指晚輩。因而如果再向下計數，則還應包括子、孫、曾孫三世。

在以上論述基礎上，我們再接著探討幾個相關問題。

（一）先君譜系：遠祖、先公與先王

在研究包山簡、葛陵簡祭祀對象的時候，學者往往談及先公、先王問題。許學仁先生1993年發表的一篇論文即以〈包山楚簡所見之楚

---

① 見《尚書 畢命》鄭玄注。又孔疏云：「父子易人為世。《大禹謨》云：『賞延於世。』謂緣父及子也。」

② 《儀禮 喪服傳》云：「年十九至十六為長殤，十五至十二為中殤，十一至八歲為下殤，不滿八歲以下皆為無服之殤。」《儀禮 喪服》「子、女子子之長殤、中殤」，鄭玄注：「殤者，男女未冠笄而死，可殤者。」

先公先王考〉為名，首次涉及這個話題。1996年，我們提出「楚先」是楚人遠祖，「荊王」相當於「先公」，自武王以降的已故楚王相當於「先王」①。1997年，李家浩先生發表的論文寫道：簡文所記祭禱的楚人先祖，分「楚先」和「荊王」兩類進行。「楚先」指楚的先公，「荊王」指楚的先王②。2000年，何琳儀先生寫道：「楚先」屬先祖系統，「荊王」屬先王系統③。2004年，賈連敏先生在討論葛陵簡先祖名時，贊同我們先前提出的意見④。劉信芳先生在2005年發表論文將楚人祭祀之例歸納為：稱先祖為「三楚先」，特指「老童、祝融、穴熊」；稱先祖、先公中三位最傑出的代表人物為「楚先」，特指「老童、祝融、鬻熊」；稱熊鹿以下、武王（或文王）以前之先公為「荊王」；稱先王為「某王」（單字諡）或「某某王」（二字諡）⑤。劉氏此說與我們先前的看法大體相同，但以為「三楚先」與「楚先」有異，後者分跨先祖、先公二系列；又對先公起點是鬻熊還是熊麗、終點是武王還是文王問題，遊移未決。

　　古書所載先公、先王，實際有天子、諸侯兩個系統。

　　天子系統以周室為例。《詩經　周頌　天作》序：「祀先王先公也。」鄭玄箋：「先王，謂大王已下。先公，諸盩至不窋。」孔疏云：「周公之追王自大王以下。」《禮記　大傳》記牧野之役後，「追王大王亶父、王季歷、文王昌」。這是鄭玄以為周先王系列上延至古公亶父的緣故。在先公方面，鄭玄還有一個略呈差異的說法。《詩經　小雅　天保》：「禴祠烝

① 陳偉：《包山楚簡初探》，武漢大學出版社1996年版，第170—172頁。
② 李家浩：〈包山竹簡所見楚先祖名及其相關的問題〉，載《文史》第42輯，中華書局1997年版。
③ 何琳儀：〈楚王熊麗考〉，載《中國史研究》2000年第4期。
④ 賈連敏：〈新蔡竹簡中的楚先祖名〉，載《華學》第7輯，中山大學出版社2004年版。
⑤ 劉信芳〈楚簡「三楚先」、「楚先」、「荊王」以及相關祀禮〉，載《文史》第73輯，中華書局2005年版。

嘗，于公先王。」鄭玄箋：「公，先公，謂后稷至諸盩。」孔疏云：「『先公，謂后稷至諸盩』，俗本皆然，定本云『諸盩至不窋』，疑定本誤。《中庸》注云：『先公，組紺以上至后稷也。』《司服》注云：『先公，不窋至諸盩。』《天作》箋云：『諸盩至不窋。』所以同是先公，而注異者，以周之所追太王以下，其太王之前皆為先公。而后稷，周之始祖，其為先公，書傳分明，故或通數之，或不數之。此箋『后稷至諸盩』，《中庸》注『組紺以上至后稷』也，組紺即諸盩，大王父也。一上一下，同數后稷也。《司服》注『不窋至諸盩』，《天作》箋『諸盩至不窋』，亦一上一下，不數后稷。皆取便通，無義例也。何者？以此及《天作》俱為祭詩，同有先王先公，義同而注異，無例明矣。」可見，周人先王系列是指稱王以後的諸君，先公是指受封立國以後的諸君。先公上限或是后稷，或是后稷之子不窋，大概是由於后稷是周人始祖的原因。如果后稷以始祖受祭，則可能不與其他先公混同。

諸侯的情形可以看《左傳》襄公十一年亳之盟載書，其云：「或間茲命，司慎、司盟，名山、名川，群神群祀，先王、先公，七姓十二國之祖，明神殛之。」杜預注：「先王，諸侯之大祖，宋祖帝乙，鄭祖厲王之比也。先公，始封君。」《國語　魯語上》「曹劌諫莊公如齊觀社」章記曹劌曰：「諸侯祀先王先公，卿大夫佐之受事焉。」韋昭注亦云：「先王，謂若宋祖帝乙、鄭祖厲王之屬也。先公，先君也。」對於那些由王子分封的諸侯而言，先王指受封的王子之父，先公指受封之後的歷代國君。

相形之下，我們很容易看出，楚人的先公、先王系列，顯然與周人略同，屬於天子系列。也就是說，「荊王熊麗以就武王」屬先公，文王以下過世諸王屬先王。這應該是楚人稱王之後在祭祀方面的典制。至於「楚先」、「三楚先」，則與后稷類似，位於先公之前。我

們似可用「遠祖」稱之①。

（二）宗法制度：大宗與小宗

上文討論了幾座墓葬中出土禱祠簡的共性。其中我們幾乎沒有談到天星觀簡的資料。而在另外幾批資料中，其實情形也頗有差異。

在五批卜筮禱祠簡的資料中，包山二號墓和葛陵一號墓墓主關係最為密切。葛陵一號墓墓主平輿君成是昭王之孫、平輿文君子良之子，已見前述。包山二號墓墓主昭佗也是昭王、子良之後。彭浩先生指出：墓主人生前曾多次一禱昭王，每次都排列在首位，用牲均為「戠牛」。墓主昭氏，按照先秦時期有以王號為後代之氏的習慣，楚昭王應是昭佗這一支的始祖。從一禱時墓主人先輩的排列，我們可以得出這樣一個從早到晚的次序：昭王、文平輿君、邸公子春、司馬子音、蔡公子家。司馬子音被昭佗稱為「親王父」，蔡公子家則被稱為「親父」。邸公子春可能是昭佗的曾祖父輩，文平輿君可能是他的高祖父輩②。二墓禱祠記錄有許多共同點，但也有重要差異。其一，擬對「楚先」、「荊王」禱祠的頻率，前者大大低於後者。其二，對昭王之前的先王，前者完全沒有涉及，後者則數次提到。其三，對昭王之後的先王，前者完全沒有涉及，後者則又是多次提到③。

平輿君成與昭佗的差別，主要有三點：第一，年代上，昭佗晚出數十年。第二，爵位上，昭佗為大夫，而平輿君成是封君，可能為

---

① 如果稱「始祖」，則只能指老童一人。《左傳》僖公二十六年：「夔子不祀祝融與鬻熊。」杜預注：「祝融，高辛氏之火正，楚之遠祖也。鬻熊，祝融之十二世孫。」即指祝融為遠祖。由於鬻熊與祝融並列，應該也可以放在遠祖中。

② 彭浩：〈包山二號楚墓卜筮和祭禱竹簡的初步研究〉，載《包山楚墓》，文物出版社1991年版。參看上揭何浩、吳郁芳二氏之文。

③ 葛陵簡禱祠昭王之後的先王有惠王（甲一5，甲一21，甲三83，甲三213，甲三241，乙一21、33，乙一29、30，乙四12，零361）、簡王（甲一21）、聲王（甲三137，甲三267）。而昭佗活動於懷王之世。對他來說，昭王之後的先王，除上列三位外，還有悼、肅、宣、威四位。

卿一級①。第三，在由子良分出的支族中，平輿君成為大宗，昭佗為小宗。幾十年的間隔，就有這樣大的變化，雖然不敢說絕對不可能，但機率恐不會太大。年代居於二者之間的天星觀簡、秦家嘴簡與葛陵簡、包山簡都有重大差異②。望山簡年代與天星觀簡、秦家嘴簡相當③，但禱祠先人系列卻和二墓相異而與包山簡類似。這也使我們相信時間當非造成這一差別的原因。邸陽君番乘與平輿君成相當，但所禱祠的先人迥異，表明爵位也不是原因所在。上述平輿君成與昭佗的第三點差別，需要稍加說明。平輿君成襲用其父平輿文君子良的封號，當是由子良所建支族的繼承人。昭佗的曾祖邸公子春大概是平輿君成之弟，故未繼承封君之位。《禮記　大傳》云：「別子為祖，繼別為宗，繼禰者為小宗。」從宗法的角度講，平輿文君子良為別子，是昭氏之祖。平輿君成「繼別為宗」，是昭氏大宗的宗子。邸公子春為庶子，其長子「繼禰者為小宗」④。昭佗就是昭氏小宗的後人。《儀禮　喪服傳》云：「諸侯之子稱公子，公子不得禰先君。公子之子稱公孫，公孫不得祖諸侯。」鄭注云：「不得禰、不得祖者，不得立其廟而祭之也。」又《喪服小記》云：「庶子不祭祖者，明其宗也。」孔

① 湖北省荊沙鐵路考古隊：《包山楚墓》，文物出版社1991年版，第334—337頁；河南省文物考古研究所：《新蔡葛陵楚墓》，大象出版社2003年版，第184—185頁。

② 天星觀墓年代，看湖北省荊州地區博物館：〈江陵天星觀一號楚墓〉，載《考古學報》1982年第1期。秦家嘴楚墓資料尚未發表，99號墓15號簡有「秦客公孫鞅聘於楚之歲」，應與天星觀竹簡「秦客公孫鞅問王於藏郢之歲」相當。秦家嘴99號墓12號簡所記貞人範獲志（參看晏昌貴：〈天星觀「卜筮祭禱」簡釋文輯校〉，載《楚地簡帛思想研究（二）》，湖北教育出版社2005年版），又見於天星觀簡。表明二墓年代接近。秦家嘴13號墓與99號墓的年代相近，可由下注所示陬豹之事推定。

③ 望山一號墓年代，參看陳振裕：〈望山一號墓的年代與墓主〉，載《中國考古學會第一次年會論文集》，文物出版社1980年版。上注所述見於秦家嘴99號墓竹簡和天星觀簡的貞人範獲志，亦見於望山簡（參看晏昌貴《天星觀「卜筮祭禱」簡釋文輯校》）；見於秦家嘴13號墓3號簡的陬豹，亦見於望山簡（參看晏昌貴《秦家嘴「卜筮祭禱」簡釋文輯校》）。顯示望山簡與天星觀簡、秦家嘴13號墓年代接近。

④ 也就是司馬子音一輩。關於宗法制度，參看金景芳：〈論宗法制度〉，載《東北人民大學人文科學學報》1956年第2期；後收入金氏著《古史論集》，齊魯書社1982年版。

第六章　卜筮與禱祠

疏云：「今既云『庶子不祭祖』，故知是宗子庶子俱為適士。適士得立二廟，自禰及祖，是適宗子得立祖廟祭之，而已是祖庶，雖俱為適士，得自立禰廟，而不得立祖廟祭之，故云『庶子不祭祖』。」《禮記　曲禮下》云：「支子不祭，祭必告於宗子。」孔疏云：「支子，庶子也。祖禰廟在適子之家，而庶子賤，不敢輒祭之也。」以宗法制度大宗、小宗不同的祭祀許可權來解釋平輿君成與昭佗祭祀的差異，應該是適當的。

望山一號墓墓主悼固是悼王之後。朱德熙、裘錫圭、李家浩先生分析說：從簡文看，墓主所祭祀的先人，有簡王、聲王、悼王等及先君東厎公和王孫桌等人。東厎公之名有時緊接在悼王之後出現，他應該是悼王之子，同時也是悼固這一支的始祖。所以悼固以悼為氏，這與楚莊王之後以莊為氏同例。王孫桌大概是東厎公之子。東厎公是王子，所以他的兒子稱王孫。悼固不稱王孫，輩分應低於王孫桌。他跟王孫桌的關係以相差一輩的可能性最大 [①]。悼固在祭祀先公、先王上，與昭佗的情形類似，大概屬於悼氏的小宗。

天星觀一號墓的墓主是邸陽君番乘。他禱祠「番先」，卻不提「楚先」，也不提「荊王」系列或者文王以後的任何一位楚君對象 [②]。番氏，通常以為即潘氏，楚公族，最早可追溯到《左傳》文公元年所記穆王師潘崇 [③]。關於潘崇所出，《左傳》杜預注、《國語　楚語上》韋昭注、《史記　楚世家》三家注，皆無道及。《元和姓纂》卷四　二十六桓「潘」條始引《潘岳家譜》云：「潘氏，楚公族，芈姓

---

① 湖北省文物考古研究所、北京大學中文系：《望山楚簡》，中華書局1995年版，第136頁。

② 晏昌貴：〈天星觀「卜筮祭禱」簡釋文輯校〉，載簡帛網2005年11月2日。晏氏指出：「『番先』當指邸陽君番勝的先人，即下文之卓公、惠公。值得注意的是，包山楚簡、望山楚簡、新蔡楚簡均祭禱楚先公、先王，但天星觀楚簡中祭禱的物件卻只有『番先』，不見『楚先』。」此說頗敏銳，不過謂「番先」即卓公、惠公卻未必。

③ 湖北省荊州地區博物館：〈江陵天星觀一號楚墓〉，載《考古學報》1982年第1期；劉信芳：〈《包山楚簡》中的幾支楚公族試析〉，載《江漢論壇》1995年第1期。許學仁〈包山楚簡所見之楚先公先王考〉亦指番乘祭禱楚先祖為「卓公」、「惠公」。

之後。崇子尫，生黨。」《通志　姓氏略三　以字為氏》「楚人字『潘氏』」條云：「羋姓，楚之公族，以字為氏。潘崇之先，未詳其始。或言畢公高之子季孫食采於潘，謬矣。潘岳《家風詩》自可見。晉亦有潘父，恐自楚往也。」天星觀簡中的「番先」當與「楚先」相當，是番氏始祖或遠祖。番乘祭祀番先而不及楚先與楚先公、先王，不大可能是楚人同宗，當另有來源 [①]。陳振裕先生曾經指出：天星觀一號墓祭祀祖先時沒有祭祀楚國先王，只祭祀其先君章公、惠公等人。它說明戰國時期的楚國，只有王族的人在祭祀祖先時才能祭祀楚國先王 [②]。這一見解的基本方面應該是正確的。

秦家嘴三座墓葬出土的竹簡，均不見對楚先君的祭祀。其墓主或者非楚族，或者是楚族中比較疏遠的支脈。

（三）親屬制度：五世與三世

楚簡所見禱祠五世王父王母以至父母的記錄，大概與親屬制度有關。在先秦古人的親屬制度中，五世是一個很重要的界限。《禮記　大傳》云：「四世而緦，服之窮也。五世祖免，殺同姓也。六世，親屬竭矣。」鄭玄《注》：「四世共高祖，五世高祖昆弟，六世以外，親盡無屬名。」孔《疏》云：「『四世而緦，服之窮也』者，四世，謂上至高祖以下至己兄弟，同承高祖之後，為族兄弟，相報緦麻，是服盡於此，故緦麻服窮，是『四世』也。為親兄弟期，一從兄弟大功，再從兄弟小功，三從兄弟緦麻，共承高祖為四世，而緦服盡也。『五世祖免，殺同姓也』者，謂其承高祖之父者也，言服祖免而無正服，減殺同姓也。『六世，親屬竭矣』者，謂其承高祖之祖者也，言不服祖免，同姓而已，故云『親屬竭矣』。」《禮記　喪服小

---

① 黃盛璋先生以為天星觀一號墓墓主是春秋番國之後。說見所撰〈當陽兩戈銘文考〉，載《江漢考古》1982年第1期。

② 陳振裕：〈望山一號墓的年代與墓主〉，載《中國考古學會第一次年會論文集》，文物出版社1980年版。其中「章公」為「卓公」之誤。

記》云：「有五世而遷之宗，其繼高祖者也。是故祖遷於上，宗易於下。」《禮記　文王世子》云：「五廟之孫，祖廟未毀，雖為庶人，冠、取妻必告，死必赴，練、祥則告。」《禮記　曲禮上》孔疏引《古周禮》云：「複襑之義不過五世。」大概都是起因於此。《孟子　離婁下》記孟子語云：「君子之澤，五世而斬。小人之澤，五世而斬。予未得為孔子徒也，予私淑諸人也。」所云雖是取譬之語，其背景依然是親屬關係的五世之限。楚簡所見禱祠父母以上五世的習慣，恐怕正是基於這一親屬制度。

《儀禮　喪服》有對殤服喪制度的系統記載。〈殤大功〉章記云：「大功布衰裳、牡麻絰，無受者：子、女子子之長殤、中殤。叔父之長殤、中殤，姑姊妹之長殤、中殤，昆弟之長殤、中殤，夫之昆弟之子、女子子之長殤、中殤，適孫之長殤、中殤，大夫之庶子為適昆弟之長殤、中殤，公為適子之長殤、中殤，大夫為適子之長殤、中殤。」〈殤小功〉章云：「小功布衰裳、澡麻帶絰五月者：叔父之下殤，適孫之下殤，昆弟之下殤，大夫庶子為適昆弟之下殤，為姑姊妹、女子子之下殤，為人後者為其昆弟、從父昆弟之長殤。為夫之叔父之長殤。昆弟之子、女子子，夫之昆弟之子、女子子之下殤。為姪、庶孫丈夫婦人之長殤。大夫、公之昆弟、大夫之子為其昆弟、庶子、姑姊妹、女子子之長殤。大夫之妾為庶子之長殤。」又〈緦麻三月〉章記「殤緦麻」有：庶孫之中殤；從祖父、從祖昆弟之長殤；從父昆弟姪之下殤，夫之叔父之中殤、下殤；從母之長殤；夫之姑姊妹之長殤；從父昆弟之子之長殤，昆弟之孫之長殤，為夫之從父昆弟之妻。如果以男性主要親屬為例，納入喪服系列的殤自上而下包括四個等級：①叔父、從祖父（父之堂兄弟）；②昆弟、從父昆弟（同祖兄弟）、從祖昆弟（同曾祖兄弟）；③子、昆弟之子、從父昆弟之子、從祖昆弟之子；④孫、昆弟之孫。作為晚輩的殤，有子、孫二世。作為長輩的殤，則只有叔父、從祖父一世。胡培翬《儀禮正義　喪服

三》引郝敬曰：「尊屬之殤，止於叔父、姑。自世父以上，長於父，則無殤。」是在試圖解釋這一情形。這裡計數的世次，與上文的推論有所不同。如果比照〈喪服〉所載，葛陵簡「三世之殤」似有兩種可能：其一，指父輩、子輩、孫輩（同輩不構成一世）；其二，在與當事人同輩的諸昆弟中以及晚一世的子輩中，有的是通過更高層級而發生關聯的。其中從父昆弟以及其子為同祖（二世）所出，從祖昆弟以及其子為同曾祖（三世）所出，「三世之殤」是指同曾祖以下所出之殤。

綜上所述，楚人對人鬼的禱祠，儼然有規律可尋，且往往與古書記載吻合。對於楚先君的祭祀，只是楚公族之事。天星觀楚墓墓主邸陽君番乘祀「番先」而非「楚先」，當非楚族。秦家嘴三墓也不祀楚先君，如果不是異族，則應是楚族遠支。至於包山簡、望山簡、葛陵簡，雖然都禱祠楚先君，卻明顯有別。昭佗、悼固以祭祀本支所出的近王為主，蓋因屬於小宗。平輿君成對遠祖、先公的禱祠頻率，遠高於昭佗、悼固。他對先王的禱祠，也超越近王，而包舉文王以降的諸君，並且還多次提到昭王（昭氏所出）以後的幾位先王。這些，大概應該用他的大宗地位來解釋。

在秦家嘴墓地頻頻出現的「五世王父、王母」，以及在包山簡、望山簡顯露的禱祠自親父以上五世祖先的現象，表明楚人的親屬制度與《禮記》等書所載相符，是將自高祖父之父以下的五世看作比較密切的血緣集團。而「三世之殤」的記載，亦與《儀禮　喪服》所載略同，顯示三世是這個集團中更為親近的單元。

第四節　享祭制度

包山卜筮禱祠簡記述的祭品有四類，即玉飾、衣冠、酒食和

犧牲。

玉飾有環、少環、玦。見於212—215號簡。進獻對象為太、后土、司命、司禍、大水、二天子和峗山，未見用於人鬼的例子。其中兩次提到環都稱「備（佩）玉一環」，表明環屬於佩玉。玉器用於祭祀屢見於記載。《楚辭·九歌·湘君》就說：「捐余玦兮江中，遺余佩兮醴浦。」

衣冠有冠帶、繃珮和衣裳，分別見於218—219號簡和242—244號簡。進獻對象為太和東陵連囂。《左傳》僖公二十八年記子玉夢見河神索要「瓊弁、玉纓」，依杜注、孔疏，二者是指冠和繫冠的帶子。《禮記·喪大記》記有用衣服為死者招魂的習俗。不知與用衣裳祭祀有無聯繫。

酒食見於199—200、201—204號簡等8件簡書，進獻對象主要是文坪夜君以下的昭氏先人；其他神祇只用於行（宮行），但先後達4次之多。《國語·楚語下》記觀射父說祭祀時需要「敬其粢盛」，「禋其酒醴」，大概應即「酒食」的內容。另外，屬於禱祀類的205號簡記：「一禱於昭王戠牛，大瀸，饋之。」疑瀸讀為「湆」。《儀禮·士昏禮》云：「大羹湆在爨。」鄭玄注：「大羹湆，煮肉汁也。大古之羹無鹽菜。」賈疏云：「湆與汁一也。知『大古之羹無鹽菜』者，《左傳》桓二年臧哀伯云：『大羹不致。』《禮記·郊特牲》云『大羹不和』，謂不致五味，故知不和鹽菜。唐虞以上曰大古，有此羹。三王以來更有銅羹，則致以五味。雖有銅羹，猶存大羹，不忘古也。」胡培翬《正義》引敖氏則說：「此上牲之肉汁也。以其重於他羹，故曰大。」《左傳》桓公二年孔疏根據古書使用大羹的記載指出：「是祭祀之禮有大羹也。」「大瀸」似指大羹，是對於昭王的特別禮遇。無論酒食或大瀸，均是附於犧牲之後進呈的，沒有單獨供祭的例子。

犧牲為祭品中的大宗，共有馬、牛、豕、羊、犬五種牲畜。

馬僅見於247—248號簡，稱「與禱大水，一犧馬。」《包山楚

簡》考釋云：「借作犧，《尚書 微子》：『今殷民乃攘竊神祇之犧牷牲用』，傳：『色純曰犧』。」可從。

牛，簡書多作「䵣牛」，有時也寫作「𤙦」（見205號簡，為「䵣牛」合文）、「牪」（見222號簡，為「牪牛」合文）。整理小組將「牪」析書為直牛，以為即特牛，指一牛；又認為「䵣」似讀作「特」。222號簡「牪」字有合文符號，可析書為牪牛。牪、特通假字。如《周禮 春官 小胥》：「士特懸」，《釋文》：「特本亦作牪。」又《禮記 少儀》：「不牪弔」，《釋文》牪作特，云：「本又作牪。」禱祠簡224、225號是對卜筮簡221—222號「說」辭的踐履。對新王父的用牲，一作「䵣牛」，一作「牪牛」，乃是「䵣」與「牪」相通、亦應讀作「特」的最好證據。簡書記「䵣牛」、「䵣豢」、「䵣豬」均不使用數詞，而於「犧馬」、「𧱏」、「狢」、「𤟒」、「𦏰」、「白犬」則必稱「一」或「兩」，245—246號簡還有「五牛、五豕」的記載，可見舊注訓特為「一」是有道理的。不過，簡書中「䵣」只冠於牛、豕之前，並且只用於自昭王至新母的直系親屬，恐怕還帶有另外的含義。

豕有多種叫法。245—246號簡單記作「豕」，而在其他簡書中，還有「䵣豢」、「䵣豬」、「肥豕」、「冢豕」、「狢」、「肥豬」等名稱。李家浩先生指出：「古代『豢』、『豜』同屬元部，二字聲母亦近。」因而懷疑豢讀作「豜」，指大豕[1]。湯余惠先生「疑狙之異」[2]。《說文》：「狙，豕屬。」豕，湯余惠先生讀為豵[3]。豵，《爾雅 釋獸》說是豕生三月，《說文》說是六月，《詩經 七月》毛傳說是一歲。《廣爾雅 廣獸》云：「豕之大者謂之豜，小者謂之豵。」總之應是小豬。201—204號簡記應會之說稱「舉禱東陵連囂肥豕」，

① 〈信陽楚簡「澮」字及從「豩」之字〉，載《中國語言學報》第1期，商務印書館1982年版。
② 湯余惠：〈包山楚簡讀後記〉，載《考古與文物》1993年第2期。
③ 湯余惠：〈包山楚簡讀後記〉，載《考古與文物》1993年第2期。

209—211號簡「迻應會之說」稱「賽禱東陵連囂豟豟」，可見「肥豟」亦即「豟豟」。豟，《包山楚簡》考釋云：「借作豤，《說文》：『牡豕也』。」可從。

羊有羖、牂、羒（膚）三種稱謂。羖，《包山楚簡》考釋讀作「殺」，可從。《爾雅　釋畜》：「羊牡羒，牝牂。夏羊，牡羭，牝羖。」《廣雅　釋獸》：「吳羊：牡，一歲曰牡羜，三歲曰羝；其牝，一歲曰牸羜，三歲曰牂。吳羊羠曰羳，殺羊羠曰羯。」《爾雅》郭璞注：「今人便以牂、羖為白黑羊名。」依此，簡書中的殺、牂可能存在三種對應關係：黑羊與白羊，公羊與母羊，以及黑色公羊與白色母羊。236—238號簡記鹽吉之說稱「舉禱太一羒」、「舉禱大水一牂」，242—244號簡「弄鹽吉之說」對太和大水用牲均作「牂」。「膚」與從「甫」得聲的字古音相近，或可通假。《易　剝》：「剝床以膚」，《釋文》引京本膚就作「簠」。因此，羒（牂）也許假作「羒」。依上引《廣雅》，指閹割了的公羊。羊主要施用於天神、地祇，人鬼中僅有「楚先」得到進獻。

犬僅用白色一種。進獻對象則僅限於行（宮行）、門兩種。

對某一神祇採用某種祭品，一般說來，應與該神祇的身分、地位有關。《周禮　春官　肆師》云：「立大祀，用玉帛牲牷；立次祀，用牲幣；立小祀，用牲。」《國語　楚語上》云：「其祭典有之曰：國君有牛享，大夫有羊饋，士有豚犬之奠，庶人有魚炙之薦。」大致就是講的這類情形。簡書對昭王一再用「戠牛」，適與《國語》「國君有牛享」之說相符。問題在於，較多神祇具有享用一種以上祭品的記錄。例如司馬子音有戠牛和戠豢，蔡公子家有戠豢和戠豬，夫人有戠豬和肥豟，尤其是后土，竟先後提到過少環、豢、豬和牂四種祭品。如果把某一神祇可以享用的若干祭品稱為該神祇的享祭範圍，那麼，為什麼對同一神祇需要給出這樣一個範圍？在給定範圍內採用何種祭品，是出於隨意還是基於某種規則？在分析這些問題的時候，我們試

將出現頻率較高的幾種天神地祇及其享用的物品如表6-1所示：

　　表中各神祇享祭的變化顯然具有對應或者說同步的關係。這主要表現為：

　　（1）凡在某一場合享用同一祭品的神祇在另一場合祭品亦必相同。如太和大水或者同時用環，或者同時用牂。又如后土、司命、二天子或者都用少環，或者都用牂；后土、司命還有同時用的記錄。

表6-1

	太	后土	司命	大水	二天子	峗山
207　08		黏	黏			
209　11	豢	豬				
212　15	環	少環	少環	環	少環	玦
236　38	牂	牂	牂	牂	牂	黏
247　48		豬		犧馬		

　　（2）凡在某一場合享用不同祭品的神祇在另一場合祭品亦必不同。如太和大水用環時，后土、司命、二天子用少環，峗山則有和玦；而太和大水用牂時，后土、司命、二天子用牂，峗山則用黏。太與后土、后土與大水還有分別採用豢與豬、豬與犧馬的記錄。

　　類似情形在人鬼中也有反映。如在新父、新母間，前者享用戠豢時，後者享用豬（199—200號簡）；而當前者改用戠豬時，後者則用肥冢（201—204號簡）。在上表中，環當大於少環；與此相對應，豢、牂的規格應高於豬、牂。這樣，在新父用戠豢、新母用戠豬的時候，前者的享祭規格較後者為高。而當新父改用戠豬時，新母改用肥冢，前一場合呈現的高下之別在後一場合還依然存在。

　　據此可以相信，某一神祇在其享祭範圍內，採用何種物品，必定受到某種規則的支配。

第六章　卜筮與禱祠

281

224、225號簡是對221—222號簡的踐履。據224、225號簡，殤東陵連囂在本次禱祠中享用肥豕，與201—204號簡所記相同；新王父司馬子音則享用戠牛，這同於昭王用牲，而與子音本人在其他幾次均享用戠豢的情形有別。221—222號簡記道，本次禱祠是由於「有祟見新王父、殤」，具體安排則是「舉禱，牼牛，饋之；殤因其常牲」。「牼牛饋之」實對於新王父而言，這由224號簡可見，本簡表述上有些省略。「殤因其常牲」則是對殤東陵連囂子發而說的。「因」在古書中有仍、依、就一類意思，《管子 心術》更有「因也者，無益無損也」的說法。《禮記 少儀》「馬不常秣」，釋文云：常，「恆也」。《國語 越語下》「無忘國常」，韋昭注：「常，舊法。」《太玄經 玄首》云：「常，因故。」「常」正與「因」相應，「常牲」指常規用牲；「因其常牲」就是因仍常規的犧牲，不作損益。這裡需要對殤特別說到這句話，當是因為同時禱祠的新王父用牲發生變化，即由通常的戠豢改為牼牛，犧牲規格有了提升。由此，可得出兩點推斷：第一，享祭範圍可能是在常規祭品的基礎上，加以損益隆殺形成的；第二，常規祭品及其隆殺，並不一定會在簡文中表述出來。基於這一認識，並利用220—221號簡與224、225號簡提供的具體線索，可對一些神祇的享祭範圍試作分析。下面是依據幾件簡書中自昭王至東陵連囂的享祭記錄製作的表格：

表6-2

	昭王	文坪夜君	郚公子春	司馬子音	蔡公子家	夫人	東陵連囂
199 00	戠牛	戠豢	戠豢	戠豢	戠豢	戠豬	
201 04					戠	肥豕	肥豕
205 06	戠牛	戠豢	戠豢	戠豢	戠豢		
239 41	戠牛	戠豢	戠豢	戠豢	戠豢		
242 44	戠牛						豕豕

其中，242—244號簡東陵連囂用冢豕（肥冢），為常牲；昭王用戠牛，亦應為常牲。昭王多次享祭均用戠牛，《國語　楚語下》明確說到「國君有牛享」，可驗證這一推測。在199—200、205—206、239—241號簡中，昭王均用戠牛，文坪夜君至蔡公子家4人均用戠豢，夫人用戠豬，應該也都是常牲。前面談到司馬子音用戠牛，為豐隆之牲，也可反證這一推定。唯一似有不合的是，201—204號簡記蔡公子家用戠豬，夫人、東陵連囂均用肥冢。依照前面的分析，蔡公子家用戠豬，規格應低於平常享用的戠豢；夫人用肥冢，應低於平素享用的戠豬。就是說，蔡公子家和夫人這次均採用減殺之牲。但與此同時，東陵連囂仍採用常牲肥冢，沒有作相應的減損。本簡記對蔡公子家和新母的禱祠之禮例外地寫作「袼」，也許在本次禱祠中只是對這二人採用了減殺之禮。

245—246號簡記云：「舉禱荊王，自熊麗以就武王，五牛、五豕。」這與其他大量禱祠記載有兩點不同：第一，沒有歷數每位神祇。第二，其他場合對每位神祇均各用一牲或兩牲，本簡則合稱「五牛、五豕」；自熊麗至武王約有19君，即使以熊麗為熊繹，也有17君，無論如何也不夠一人一牲。祭禮有所謂袷祭。《說文》：「袷，大合祭先祖親疏遠近也。」《公羊傳》文公二年：「大袷者何？合祭也。其合祭奈何？毀廟之主，陳於大祖，未毀廟之主，皆升，合食於大祖。」本簡所記，也許是對先公一系施行的袷祭。

楚簡對於神祇禱祠用品的系統性，在望山簡、葛陵簡也有所見[1]。因為資料比較零碎，這裡不再一一論列。

① 　陳偉：〈望山楚簡所見的卜筮與禱祠——與包山楚簡相對照〉，載《江漢考古》1997年第2期；宋華強：《新蔡葛陵楚簡初探》，武漢大學出版社2010年版，第213—218頁。

第七章　喪葬記錄

　　楚喪葬簡冊早先通常叫遣策。但若細加分析，可見其中實包括遣策和賵書兩類。後者是其他人向喪主贈送物品的記錄，前者才是喪主為死者提供隨葬品的清單。遣策通常作分類記敘，有時還分區存放。這與「事死如生」的觀念有關，在反映喪葬習俗的同時，也在很大程度上顯現了世俗社會多方面的情狀。車輿在喪葬簡冊中時常可見，大致分為軍事用車和日常用車兩種。其中軍車有時呈現出特定的陣勢，可能與當時的車陣有關。

　　喪葬記錄多為種種名物的稱謂，是楚簡冊中最難解讀的一類。本章將對上面提到的幾個問題試作論列。

第一節　遣策與賵書

　　包山喪葬簡「用車」類的編次，存在較大問題。李家浩先生指出：「這樣連接有不合理之處，即記『正車』的簡文出現兩次叫作『面』的東西：『四馬之面』和『白金錫面』，記其他車簡牘文字都沒有這種情況。根據文義，我們認為記『甬車』的267號、268號簡與272號簡連接，而記『正車』的271號簡與276號、269號、270號連接。

這樣連接不僅避免了上面所說的不合理之處，而且簡文所記正車上的裝備物和車馬器與牘文所記正車上的裝備物和車馬器也比較一致。」①「甬車」當讀作「用車」，是包舉全部記車簡的，下文將有說明。267、268、272號簡所記之車，其實是「軒」。除此之外，李先生的意見我們都贊同。

在「用車」簡中，274、275號簡篇幅都很短。二簡分別記述「楄轂」和「羊車」。這二輛車可能比較簡單，所以記述無多。整理小組說這兩枚簡「未寫完」，恐不可信。整理小組又將276號簡接於275號簡之後，更是有問題的。因為即使275號簡未寫完，也不大可能空下大半截竹簡，而將內容記在下一枚簡上。

在將276號簡從「羊車」簡離析出來後，必須把它放進其他記車簡內，從而導致這些記車簡編次的調整。在其他三乘車中，記述「韋車」的273號簡末端留有較多空白，內容也首尾連貫，不容再加接他簡。這樣，276號簡的安排實際上只能在「軒」和「正車」中考慮。

在另一方面，269、270號簡所記的「𦥑」、「帛」為旌旗，「戔（殘）」和「虜（甲）」、「軸（冑）」為兵器②。這些都是兵車上的設備。《周禮 夏官 司兵》云：「軍事，建車之五兵。」《考工記 廬人》云：「六建既備，車不反覆，謂之國工。」孫詒讓《正義》引戴震說：「六建當為五兵與旌旗。」正車屬於兵車，自應配有這些裝載。也是記述「正車」的牘1具有同樣的裝備。曾侯乙墓竹簡記正車的12號下半截殘斷，無法了解旌旗的情況；但據123號簡所記，可以確知這輛正車的人馬均配有甲冑。這兩處「正車」的情況可

---

① 李家浩：〈包山楚簡的旌旆及其他〉，載《第二屆國際中國古文字學研討會論文集》，香港中文大學中國語言及文學系1993年版。李先生對「面」字的意見，參看所撰〈包山遣冊考釋（四篇）〉，載《古籍整理研究學刊》2003年第5期。
② 參看前引李家浩先生文。對「帛」、「虜」、「軸」，《考釋》已有類似的判斷。

驗證上述推斷。至於軒，乃是男女貴族的平時用車，一般倒是不應有這類裝載。准此，269、270號簡只能接於「正車」簡之後；相應地，沒有記述這類對象的272號簡則應連於記「軒」簡之下。

這些可以作為李家浩先生關於調整「用車」簡編次的補充證據。

如果將調整後的記「正車」4簡與牘1加以對照，可以看到二者所記物件及其細節描述絕大多數相同。而在記錄順序上，除了少量出入，絕大部分也是一致的。

在前面引述的李家浩先生的論作中，還對簡牘記述的旗杆、一種叫「鈱」的兵器和人馬甲冑進行了非常細緻的分析，並與墓葬南室出土的實物一一對照，發現彼此附飾、顏色相當一致；只是必須把牘1所記除開，數量才基本吻合（僅「鈱」即小刺矛少一件）。因此，李先生一再提到，竹牘所記之物似未隨葬。

這個問題也許可以換一個角度看。牘1開頭說：「大司馬悼愲救郙之歲享月丙戌之日，舒寅受一帉正車。」「受」即「授」。《說文》：「授，予也。」牘文指贈予，應無疑義。因而牘1實為關於饋贈的記錄。治喪時的饋贈可以用於隨葬，也就可以出現在記錄隨葬物品的遣策上。在這種場合，彼此所記只是角度不同，內容則相一致。曾侯乙墓202號簡記「鄴君之帑車」，65號簡記「黃犴馭鄴君之一乘畋車。」「帑」大概指貽贈[1]，與牘1的「受」相當。曾侯乙墓竹簡65號簡屬「入車」之列，與包山簡「用車」略同。由於曾侯乙墓這兩條簡文所記顯然是同一乘車，所以可確切證實這種情形的存在。

除牘1外，277號簡寫明「苟郙受」，亦為貽贈記錄。本簡將日用器「二鑒」與兵器、車馬飾記在一起，車馬飾又不與車輛配套，也與真正屬於遣策的其他簡判然有別。277號簡所記，有的似乎也見於遣策。如「正車」簡比牘1多出的「靈光結頓」、263號簡所記的「二

---

① 湖北省博物館：《曾侯乙墓》，文物出版社1989年版，第521頁注175。

第七章 喪葬記錄

鑒」，可能即由苛鄌所「受」。就此而論，遣策中的「正車」是以牘1所記之車為基礎，進行了一些改動。二者並不完全等同。

關於治喪時饋贈記錄與隨葬記錄的區別，古書有明確載述。《儀禮　既夕禮》云：「書賵於方，若九、若七、若五。書遣於策。」鄭玄注：「方，板也，書賵奠賻贈之人名與其物於板。每板若九行，若七行，若五行。策，簡也。遣，猶送也。謂所當藏物茵以下。」這是說二者分開書寫：一用方，一用簡；一個記明饋贈之人，一個則無需及此。《既夕禮》又云：「主人之史請讀賵，執筭從。柩東，當前束，西面。不命毋哭。哭者相止也。唯主人、主婦哭。燭在右，南面。讀書，釋筭則坐。卒，命哭，滅燭，書與筭，執之以逆出。公史自西方東面，命毋哭，主人、主婦皆不哭。讀遣，卒，命哭。滅燭，出。」這是說兩者分開宣讀：一個由主人之史來做，讀時面對喪主；一個由公史來做，讀時面對靈柩。《禮記　檀弓上》記云：「既葬，子碩欲以賻布之餘具祭器。子柳曰：『不可。吾聞之也，君子不家於喪。請班諸兄弟之貧者。』」鄭玄注：「惡因死者以為利。」這表明賵贈在隨葬之餘，也可由死者親屬留用。同書〈曲禮下〉記云：「書方、衰、凶器，不以告，不入公門。」鄭玄注：「此謂喪在內，不得不入，當先告君耳。方，板也。〈士喪禮〉下篇曰：『書賵於方，若九、若七、若五。』凶器，明器也。」這似乎顯示賵方並不必定是由收受者來記，而可能是由饋贈者寫好連同饋贈物一起攜入。

對照這些記載，可以很容易看出：喪葬記錄中只有251—276號簡可以稱為遣策，277號簡和牘1實質上屬於賵方的範疇。其中，277號簡大概是由昭佗家人記錄的；牘1則除反面下端似由昭佗家人記錄外，主要內容或許是由舒寅方面所書。

我們說277號簡和牘1屬於賵方範疇，是因為它們內容同於賵方，而在形式即書寫材料上卻有不同。依《說文》「牘」欄位注，牘、方、版（板）實為一事。但牘1帶有棱角，更接近古書記載的觚。至於

簡、方的區別就更大了。書寫賵贈材料與古書記載的不同，可能出於地域或時代差異的緣故。考慮到這一因素，對於墓葬中出土的賵贈記錄，也許最好採用《儀禮 既夕禮》所用「書」的叫法，統稱為「賵書」。

第二節 分區與分類

與已經公佈的戰國遣策相比，包山墓所出很有特色。就是對內容分類記述，並且分別放在不同槨室，與所記器物的位置往往靠近。在分類記述的開頭，一概寫有總括或者引導性文句。除了記車簡的「用車」之外，這些文句主要還有如下一些：

東室　　食室之金器 251
　　　　食室之食 255
　　　　食室所以卹箕 257
西室　　相遷之器所以行 258
南室　　大卯（庖）之金器 263

整理小組指出：「遣策稱東室為『食室』，稱食品為『食室之食』。」由於「食室」簡所記器物和食品基本上與東室存放的實物對應，說「食室」實指東槨室，當可憑信。

整理小組又說：「遣策稱西室為『相（箱）尾』。簡259謂：『相（箱）尾之器所以行』，意即此箱中放置的對象是墓主人『行器』。」比照遣策稱東室為「食室」的做法，整理小組所云大致可信。只是「相遷」簡所記對象除出於西室外，還有一部分出於北室；而北室又恰好未置遣策。因而「相遷」可能應斷開來讀，分別指西室和北室。長沙五里牌406號楚墓所出遣策殘簡也記有器物存放位置，其中說到「在長遷」或「在医陬」。這裡的「長」應是修飾「遷」

第七章　喪葬記錄

的，「医賦」則與包山簡中的「相」大致相當①。比照之下，也可見「相邊」以斷讀為宜。

整理小組認為「相」通「箱」，可從。古書中，「箱」又與「廂」通用。《爾雅‧釋宮》云：「室有東西廂曰廟，無東西廂有室曰寢。」《文選‧東京賦》「下雕輦於東廂」，李善注：「殿東西次為廂。」《漢書‧周昌傳》「呂后側耳於東箱聽」，顏注云：「正寢之東西室皆曰箱，言似箱篋之形。」由此可見，廂或箱是位於主體建築（廟、殿或正寢）東西的側室。如果「相、邊」分別指西、北二室的推測不誤，從方位上講，相（廂、箱）就當是西梆室的名稱。「相邊」簡兼記西、北二室器物而置於西室，應以西室為主；簡文「相邊」連言而「相」字在前，從邏輯關係上看，也有助於判定這一點。

邊，《包山楚簡》釋文逕作「尾」。一些學者有不同看法。高智先生將此字分析為從「尾」從「少」得聲，認為是尾梢之「梢」的本字②。似較可信。這樣，「邊」大概是指主體建築之後的部分。我國古今建築慣於採用坐北朝南的佈局。在這種情形下，正好是指北室③。

「大卯（庖）」的「卯」，整理小組釋為「兆」，並提出了兩種設想。在對簡冊綜述中寫道：「『大兆』即大葬，『大兆之……器』即下葬之日盛葬祭所用之祭器。」考釋則以為：「兆，借作祧。《說文》：『祭也。』字亦作祧，《廣雅‧釋天》：『祧，祭先祖也。』大祧，大祭。」

我們認為：既然「食室」、「相邊」為梆室名稱，「大兆」首

① 商承祚：《戰國楚竹簡彙編》，齊魯書社1995年版，第128頁；曾憲通：〈楚文字釋叢（五則）〉，載《中山大學學報》1996年第3期。
② 高智：〈釋楚系文字中的「邊」及相關文字〉，「紀念容庚先生百年誕辰暨中國古文字學國際學術研討會」論文，1994年。
③ 上海博物館藏戰國楚竹書第四冊《簡大王泊旱》9—10號簡云：「王以告相屬與中謝」，「相屬中謝對」。周鳳五先生讀為「隨」，以為「相隨」，官名，為楚王近侍之官。而包山遣策簡「相隨之器所以行」即相隨之官所掌管的出行攜帶物品（〈上博四《柬大王泊旱》重探〉，載《簡帛》第1輯，上海古籍出版社2006年版）。

先應考慮為槨室之名。因而懷疑「兆」應讀為「朝」。我國古代君臣議事的場所稱「朝」。而在先秦時，貴族家中也有性質類似的「朝」。《左傳》襄公二十七年的「崔氏之朝」和《國語 魯語下》的「季氏之朝」，就是這方面的例證。簡書「大兆」恐當讀作「大朝」，是指上述當時設於各級貴族家中叫作「朝」的那類建築。「大兆」之器則是陳列於這種建築之中的各種禮器。《國語 魯語下》中，公父文伯之母先後經過朝和寢門而入於寢，顯示朝在前而寢在後。由我國古今建築大多坐北朝南的情形推測，朝一般應在宮室的南部。「大兆」簡出於南室，方位也正好相當。不過，「大兆」簡放在南室，所記器物則出於東室，彼此位置並不相同。我們曾猜測，其所以如此，可能是因為在將「用車」簡所載車馬器放入南室之後，本應放在這裡的「大兆」之器已無法納入，只好改置於東室。至於車馬，在真實生活中，當然是另外存放。因而有的大墓採取附設車馬坑的做法。昭㐌墓未辟車馬坑，所以只能堆放在槨室之中[1]。

對於整理小組所釋的「兆」字，李家浩先生和劉國勝博士提出質疑，認為從字形看，實為「卯」字的變體，讀為「庖」，指庖廚[2]。《詩經 小雅 車攻》：「徒御不驚，大庖不盈。」朱熹集傳：「大庖，君庖也。」依這一釋讀，先秦貴族家中的主要廚房應該都可以稱「大庖」。

就目前認識看，「大卯（庖）」之釋在字形上更為妥帖，而「大兆（朝）」在槨室的意涵上似結合得較好。因而這個問題似乎還有討論的餘地。不過，二說均以為此名對應於槨室、取義墓主生前的宮室，則是一致的。

---

① 陳偉：《包山楚簡初探》，武漢大學出版社1996年版，第195—197頁。
② 劉國勝：〈包山二號楚墓遣冊研究二則〉，載《考古》2010年第9期。

《荀子　禮論》云：「故壙壟其貌象室屋也；棺槨其貌象版蓋斯象拂也。」《呂氏春秋　節喪》云：「題湊之室，棺槨數襲。」這都談到死者棺槨模仿生者宮室的做法。在一些戰國、秦漢墓的棺槨上，往往繪有或鑿出門窗①，顯示這些葬具確在象徵著人間的宮室。包山簡從古文字資料的角度證實了這一點。

長臺關遣策、望山遣策的保存狀況遠不如包山簡，但記述也呈現分類傾向。例如長臺關2—08號簡「□人之器」，1—09號簡「□【室】之器」，2—012號簡「集廚之器」，2—018號簡「樂人【之】器」，望山二號墓1號簡「車與馬之器」，46號簡「☑金器」。這些遣策在入葬之時，雖然不像包山簡一樣分室放置，但大概也是分類記述，與墓主生前的居室甚至生活習慣密切相關。

第三節　車輿與車陣

先秦時期，車輿為貴族代步工具，也是身分的象徵。《論語　先進》記云：「顏淵死，顏路請子之車以為之槨。子曰：『才不才，亦各言其子也。鯉也死，有棺而無槨。吾不徒行以為之槨。以吾從大夫之後，不可徒行也。』」可見一斑。此外，商周以至戰國，馬車在戰爭時也會廣泛使用，是主要的軍事裝備。

級別較高的楚墓所出喪葬記錄，往往記有車輿。比如五里牌406號墓、長臺關一號墓、望山二號墓、曾侯乙墓、包山二號墓。這些墓葬中也大都出土車輿或其配件，與喪葬記錄呼應。

在包山楚簡中，267號簡寫道：「大司馬悼愲救郙之歲享月丁

---

① 王立華：〈試論楚墓木槨中的門窗結構及反映的問題〉，載《楚文化研究論集》第3輯，湖北人民出版社1994年版。

亥之日，左尹葬。甬車：一乘軒……」整理小組考釋云：「甬，似讀如華。《說文》：『大車駕馬也。』《廣雅　釋器》：『華，車也。』……」我們認為，「甬」實應讀為「用」。《左傳》成公二年：「宋文公卒。始厚葬，用蜃炭，益車馬始用殉。」又昭公四年：「叔孫未乘路，葬焉用之。」為從葬、隨葬稱「用」的例證。軒，整理小組釋為從「車」從「戈」，已有多位學者訂正[1]。此字的釋讀實與對「用車」的判斷相關。將「甬」讀作「用」，而不把「甬車」當車名，「一乘軒」的「軒」就必當看作車名。或者反過來說，將「軒」看作車名，把「一乘軒」與「一乘正車」、「一乘韋車」等同起來，「甬車」就必須與下文斷開，看作統攝諸車的文句。

　　曾侯乙墓1號簡記云：「大莫敖陽為適豧之春八月庚申，罿趄執事人書入車。」望山二號墓1號簡記云：「☒周之歲八月辛□之日來，車與器之典。」與包山267號簡開頭所記略同。在這些簡冊中，這類文句都用在遣策的開頭以說明背景，然後才是對具體內容的記敘。因而，267號簡開頭一句話（「大司馬悼惛救郙之歲享月丁亥之日，左尹葬」）也可能是統攝全部遣策簡的。

　　包山簡記載有5乘車，望山二號墓簡記有3乘車，長臺關簡至少記有2乘車，五里牌簡至少記有一乘車。相形之下，曾侯乙墓竹簡記有79乘車[2]，是用車最多的一例。顯然，用車多少與身分高下關聯。

　　曾侯乙墓竹簡所記車名眾多，共有38種，即路車、大路、戎路、朱路、輻路、王僮車、遊車、畋車、安車、墨乘、政車、魚軒、圓

①　劉釗：〈包山楚簡文字考釋〉，中國古文字研究會第九屆學術討論會論文，修訂本刊於香港《東方文化》1998年（1、2期合刊）；黃錫全：〈《包山楚簡》部分釋文校釋〉，《湖北出土商周文字輯證》附錄，武漢大學出版社1992年版；湯余惠：〈包山楚簡讀後記〉，載《考古與文物》1993年第2期；李天虹：〈《包山楚簡》釋文補正〉，載《江漢考古》1993年第3期；何琳儀：〈包山楚簡選釋〉，載《江漢考古》1993年第4期。
②　蕭聖中博士統計。看所撰《曾侯乙墓竹簡釋文補正暨車馬制度研究》，科學出版社2011年版，第5頁。

第七章　喪葬記錄

軒、左軒、輺車、乘輺、輺軒、乘車、軧車、荊車、峙梓車、大斾、左斾、右斾、左襜（彤）斾、右彤斾、廣車、乘廣、少廣、行廣、大殿、左殿、右殿、左彤殿、右襜（彤）殿、端轂、栂軺車、卑車^①。包山簡車名有軒車、正車、韋車、栂轂、羊車。「正車」即曾侯乙簡中的「政車」，「栂轂」亦見於曾侯乙簡（一作「端轂」）。長臺關簡有圓軒、女乘，望山簡有女乘、敗車。圓軒、敗車也都見於曾侯乙墓竹簡。

先秦馬車主要分兵車、乘車兩類。兵車用於軍事，乘車為平時乘坐。《國語 齊語》稱齊桓公「兵車之屬六，乘車之會三」。《公羊傳》僖公二十一年亦云：「宋公與楚子期以乘車之會，公子目夷諫曰：『楚，夷國也，強而無義，請君以兵車之會往。』宋公曰：『不可。吾與之約以乘車之會，自我為之，自我墮之，曰不可。』終以乘車之會往，楚人果伏兵車，執宋公以伐宋。」簡冊所記之車，如大斾、左斾、右斾、左襜（彤）斾、右彤斾、廣車、乘廣、少廣、行廣、大殿、左殿、右殿、左彤殿、右襜（彤）殿，應該都是兵車，而魚軒、圓軒、女乘、安車等則應屬於乘車。有的車性質、用途不容易判斷。如曾侯乙墓7號、137號簡所記「乘車」，與《國語》、《公羊傳》所記平時用車名稱相同，但配置有兵器甲冑，或以為是「用於戰爭的非戰爭用車」^②。又如「栂（端）轂」，我們曾以為是「輲」為出葬時運載棺柩的專用車^③，白于藍先生則讀作「短輲」，以為是兵車以外的車^④。

曾侯乙墓竹簡的兵車，從稱述和記錄順序上看，當初是有陣列

① 蕭聖中：《曾侯乙墓竹簡釋文補正暨車馬制度研究》，科學出版社2011年版，第174—185頁。

② 羅小華：《戰國簡冊所見車馬以及相關問題研究》，武漢大學2011年博士學位論文，第175頁。

③ 陳偉：《包山楚簡初探》185頁；舒之梅：〈包山簡遣冊車馬器考釋五則〉，載《容庚先生百年誕辰紀念文集（古文字研究專號）》，廣東人民出版社1998年版。

④ 白于藍：〈曾侯乙墓竹簡考釋（四篇）〉，載《中國文字》新30期，藝文印書館2005年版。

的。學者作有各種復原嘗試，我們傾向於以下構想[1]：

　　斾是前鋒，殿是後衛。《左傳》莊公二十八年記楚師伐鄭說：「子元以車六百乘伐鄭……子元、鬭御強、鬭梧、耿之不比為斾。鬭班、王孫游、王孫喜殿。」正是指的這種關係。禈、彤並疑讀為「重」。左斾為大斾之左的斾，左禈斾為第二個左斾。左殿與左彤殿，右斾與右彤斾，右殿與右禈殿，也是這種關係。乘輨、乘車、政車與少廣則是位於中心的幾輛車。

表7-1

左禈斾	左斾	大斾	右斾
輨軒		乘輨	右彤斾
	少廣	乘車	
輨軒		政車	右殿
左彤殿	左殿	大殿	右禈殿

　　在信陽簡和望山簡中，還記有一種用從「毳」之字記錄的物品。學者或以為是某種車，或讀為「橇」，以為是《史記　河渠書》、《漢書　溝洫志》所記「泥行」所乘的「毳」[2]。按望山簡所記，這種東西有軾一類的構件，其上覆蓋豹皮；有「屋」即車蓋。應該不是那種比較簡陋的「橇」。這個字，我們懷疑讀為「轎」或「橋」。俞正燮《癸巳類稿　轎釋名》指出：「轎者，車深輿無輪有後轅者也。《漢書　嚴助傳》『輿轎而隃嶺』，為『轎』字初見。注臣瓚云：『今竹輿車也。江表作竹輿以行。』下云『人跡所絕，車道不通』，蓋過山兜籠，今過嶺者多用此。……《史記　河渠書》云禹『山行即

---

① 羅小華：《戰國簡冊所見車馬以及相關問題研究》，武漢大學2011年博士學位論文，第197—202頁。
② 陳偉：〈車輿名試說（二則）〉，載《古文研究》第28輯，中華書局2010年版。

橋』，集解徐廣云：『橋，近遙反。直轅車也。』當即是轎。其或作桐，作欙。」①所云大致當是。信陽、望山簡中的從「毳」之字，大概就是這種代步工具。

表7-2

信陽 2—04	信陽 2—04	望山 2—15

在河南固始侯古堆東周大墓的隨葬坑中，發現有3乘肩輿②。這是先秦使用「轎」的實物遺存，可與以上分析相呼應。應該特別指出的是，固始侯古堆東周大墓和望山二號墓的墓主均為女性。她們都使用乘輿，大概跟性別有關。

① 俞正燮：《癸巳類稿　轎釋名》，商務印書館1957年版，第513—514頁。
② 河南省文物考古研究所：《固始侯古堆一號墓》，大象出版社2004年版，第73—79頁。

第八章　典籍（上）

　　書籍是楚簡冊中的大類，數量多，內容豐富而複雜，往往受到更多的關注。

　　由於歷史進程中的積澱和淘汰，尤其經過秦火之劫，先秦舊籍大多未能傳於後世。使得人們對於先秦書籍的撰制、傳播和影響等諸種情形，缺乏全面、具體的了解。

　　目前發現的楚書籍簡冊，開始有力地扭轉這一局面。對於先秦楚地曾經流傳的書籍種類，有了初步的認識。對於相關典籍的文本面貌，有了基本了解。對於這些文獻的學派色彩、撰纂年代、作者等問題，學者也在梳理線索，展開討論。說已經發現的書籍可以改寫先秦文獻史、學術史以及思想史，也許偏於樂觀。較之楚簡書籍發現之前，我們在這些領域的認知有了顯著的增長和改進，當是不爭的事實。

　　本章和下章，將以書籍簡冊為論述對象。本章先討論書籍類別、撰纂年代和作者國別，然後再在第九章介紹一些具體的書籍。

第一節　類別

隨著書籍數量的增長，分類之事也就應運而生。《漢書　藝文志》保存的「六略」是現存我國最早的圖書分類，與戰國時代相去未遠。學者往往引為座標，梳理簡帛古書①。我們借鑒這些經驗，鳥瞰一下楚簡冊書籍的概況。

1. 六藝

《漢書　藝文志》「有六藝略」顏師古注：「六藝，《六經》也。」實則包括易、書、詩、禮、樂、春秋、論語、孝經、小學九種。易、書、禮、春秋、論語類已見有比較系統的書卷或篇目，詩、樂目前還只有間接的發現，上海博物館購藏楚簡據說有類似《說文解字》的內容，或當屬於「小學」方面的發現。

2. 諸子

《漢書　藝文志》包括儒家、道家、陰陽家、法家、名家、墨家、縱橫家、雜家、農家、小說家十種。楚簡中比較確定的有儒家和道家文獻，上海博物館竹書《慎子》可能是法家文獻，郭店竹書《語叢四》可能是縱橫家文獻，信陽竹書和上海博物館竹書《鬼神之明》或認為是墨家文獻。

3. 詩賦

《漢書　藝文志》包括屈原賦之屬、陸賈賦之屬、荀卿賦之屬、雜賦和歌詩。上海博物館竹書《李頌》、《蘭賦》、《有皇將起》等大概可歸於賦，而《采風曲目》和《逸詩》或可歸於歌詩。

4. 兵書

上海博物館竹書《曹沫之陳》屬於此類。

---

① 李零：《簡帛古書與學術源流》，生活　讀書　新知三聯書店2004年版，第193—211頁；駢宇騫、段書安：《二十世紀出土簡帛綜述》，文物出版社2006年版，第183—294頁。

5. 術數

《漢書　藝文志》分天文、曆譜、五行、蓍龜、雜占、形法六種。
九店日書主體為擇吉術，屬於五行，《相宅》似屬形法。

6. 方技

目前楚簡中還沒有發現。

從後世學派劃分的角度看，六藝全屬儒家，諸子又有儒家。其
實，這些經籍分作兩種情形。一是儒家整理的商周舊籍，即易、書、
詩、禮、樂、春秋，也就是通常所說的「六經」。一是儒家自己的著
述，如論語、孝經和儒學其他著作，以及研習這些經籍的工具書（小
學）。

《漢書　藝文志》六藝中的「春秋」，大致相當於後世的史部。
楚簡冊中的史籍，有紀實性較強的編年體文獻，目前已知的只有清
華簡《系年》。所記史事上起西周初年，下到戰國前期。與《漢
志》春秋經以及西晉初年出土而不為《漢志》收錄的《竹書紀年》
近似[1]。

楚簡冊中的另一類史書，與《漢志》著錄的《國語》類似。
「語」作為典籍的一種，最早見稱於《國語　楚語上》「莊王使士亹
傳大子葴」章。士亹出任太子傅，向申叔時諮詢。申叔時提出的教學
計畫中說道：「教之《語》，使明其德，而知先王之務用明德於民
也。」韋昭注：「《語》，治國之善語。」韋昭在《國語解敘》中對
《國語》主旨還有更多的論述，他指出：左丘明「故複採錄前世穆王
以來，下迄魯悼智伯之誅，邦國成敗，嘉言善語，陰陽律呂，天時人
事逆順之數，以為《國語》。」楚簡中有多篇這樣的文獻。如在《昭
王毀室》篇中，昭王毀棄新建的宮室，以讓那位君子的父母合葬。
《昭王與龔之脾》記錄了昭王對在吳師入郢之役中「暴骨」的「楚邦

① 　李學勤：〈清華簡《系年》及有關古史問題〉，載《文物》2011年第3期。

之良臣」的體恤之情。《柬大王泊旱》則記載簡王君臣在大旱之前，堅持「楚邦」之「常故」，克己奉公的故事。其他講述楚國故事的竹書如《莊王既成》、《君人者何必安哉》，以及講述晉、齊之事的《苦成家父》、《鮑叔牙與隰朋之諫》，也大致類似。這樣的內容，無論比之申叔時所說的「先王之務用明德於民」，還是韋昭注所說的「治國之善語」，或者韋昭《國語解敘》所說的「邦國成敗，嘉言善語」，均相吻合。

李零教授已經指出：上海博物館藏楚竹書中《昭王毀室》一類文獻，屬於「語」的範疇。他指出：「『語』以『事』為主，是掌故類的史書（也叫『事語』）……過去我們的印象，古代史書，『春秋』最重要，但從出土發現看，『語』的重要性更大。因為這種史書，它的『故事性』勝於『紀錄性』，是一種『再回憶』和『再創造』。」①

比較而言，對於所謂「事語」類史書的命名，「語」應該比「事語」要合適。我們知道，以「事語」名書，見於劉向《戰國策書錄》：「所校中《戰國策》書，中書餘卷，錯亂相糅莒。又有國別者八篇，少不足。……中書本號，或曰《國策》，或曰《國事》，或曰《短長》，或曰《事語》，或曰《長書》，或曰《修書》。臣向以為戰國時，遊士輔所用之國，為之策謀，宜為《戰國策》。」「事語」只是西漢末年皇家藏書中《戰國策》類古書若干題名的一種，並且未被劉向所採用。「語」之為書，《楚語》中有申叔時的稱說，《國語》被《史記》一再稱引②，出現的時間比較早，來歷也比較清楚。而「語」的含義，由於韋昭的解說和《國語》這一實例，相對比較明確。大致是言說或者講述的意思，可以比較放心地使用。

---

① 李零：《簡帛古書與學術源流》，生活　讀書　新知三聯書店2004年版，第202頁。
② 見《史記》之〈十二諸侯年表序〉、〈太史公自序〉。

「國語」的「國」，可能是指文獻按國別組織①，也可能是指所述為邦國事務。韋昭《國語解敘》云「邦國成敗，嘉言善語」，《楚語》注說「治國之善語」，看來後一種可能性更大。劉向所見《戰國策》類古書有名為「國策」、「國事」的，原有國別者只有八篇。這些「國」字應該不是指國別而當指國事，與「國語」之名相應。出土於長沙馬王堆三號墓、被整理者命名為《春秋事語》一書不按國別排列②，亦可輔證。《國語　楚語上》記申叔時說：「教之《語》，使明其德，而知先王之務用明德於民也。」這個「語」應該就是指「國語」。

提起「國語」類文獻，人們容易聯想到古代史官的記言傳統。王樹民先生就指出：「『語』原是古代一種記言的史書。《禮記　玉藻》云：『動則左史書之，言則右史書之。』反映了古代史書原有記言和記事二種形式。其中記言之書，因內容性質不同而有多種名目。《楚語上》記申叔時論教導太子云：『教之令，使訪物官。教之語，使明其德而知先王之務用明德於民也。教之故志，使知廢興者而戒懼焉。教之訓典，使知族類行比義焉。』所謂『令』、『語』、『故志』、『訓典』，都是有關記言的書。……『志』和『語』是貴族統治者認為重要的事件與當時人的言論，由近侍之臣隨時為之記載，存之以備參考，既能記事，亦能記言，大致『語』以記言為主，『志』則言與事並重。所記之『語』，著重於富有教育意義，故能『明其德』，在政權穩定文化發達的各國，大概都有這一類的書。……在春秋時期，各國的《語》還是由各國的統治者直接控制，到戰國時期，

① 王樹民先生云：「把當時流傳的各國的《語》集合起來，編成一書，便為《國語》，即列國之語的意思。」見所撰〈國語的作者和編者〉，載《國語集解》，中華書局2002年版，第602頁。
② 馬王堆漢墓帛書整理小組：〈馬王堆漢墓出土帛書《春秋事語》釋文〉載《文物》1977年第1期；張政烺：〈《春秋事語》解題〉，載《文物》1977年第1期。

逐漸流入民間，因而有了不同的傳本。」[①]其實，古人心目中的史官記言，乃是《尚書》之類。如《禮記　玉藻》鄭玄注即云：「其書，《春秋》、《尚書》其存者。」《漢書　藝文志》也說：「左史記言，右史記事，事為《春秋》，言為《尚書》，帝王靡不同之。」至於《國語》，韋昭在《國語解敘》中，不但不言史官所記，反而特別解釋說：「實與經藝並陳，非特諸子之倫也。」早期的「語」是否史官所記，目前難以置論。若就《國語》和竹書中的「國語類」文獻而言，主要應是後人根據傳聞所記，而不是當時實錄。其史料的可靠性不應無保留地相信。比如拿竹書《苦成家父》與《左傳》成公十七年所記三郤之難相比，事件的起因、經過和結局，多有不同。它們哪一種更可靠？抑或由於多處重要歧異的存在，二者都不能輕信？這是需要深思的。

上博楚竹書《容成氏》，清華楚竹書《楚居》，大概可算作楚簡冊史書的另外一類。前者講遠古至商周王朝的更嬗，後者講季連、鬻熊至悼王楚君所居所徙之地。二者均應有一定的史跡依憑，但又有明顯的傳說成分，不當皆以為史實。

第二節　撰纂年代

楚簡冊古書撰纂年代的推定，是一個比較複雜的問題。古書的形成往往經過很長的過程，對撰纂年代的推測，可能是對這一過程起始年代的討論，也可能是對過程中某一關節點的討論。

從墓葬出土的書籍，可以根據墓葬年代確定其下限，即不晚於入

---

① 　王樹民：〈國語的作者和編者〉，載《國語集解》，中華書局2002年版，第601—602頁。

葬之時。長臺關一號墓約下葬於戰國中期偏晚①，郭店一號墓下葬年代約在西元前300年②，所出竹書的年代當不晚於各墓的下葬年代。先前有學者懷疑《老子》的形成年代晚至秦漢，郭店竹書《老子》的出土表明，至遲在西元前300年之前，《老子》已有比較成熟的形態。馬王堆帛書《五行》是西漢早期的遺物。在郭店竹書中發現《五行》，說明這篇文獻在西元前300年之時即已形成。

對於某篇文獻的具體形成年代，只能仔細地尋找證據，推敲求證。而像上海博物館藏竹書、清華竹書這樣的流散文物，如果各批簡冊出土於同一個單位（這種可能性比較大），那麼同一批竹書中最晚的篇目，可以視為該批書籍的年代下限。

竹書中有關人物、事件的記述，是推定其年代的關鍵性依據。據《史記 六國年表》，魯穆公西元前407年即位，西元前377年去世。郭店竹書《魯穆公問子思》的形成，當在西元前407年之後，最可能在西元前377年之後。上博竹書中記敘的人物，關於孔子及其弟子的篇目最多，凡有《孔子詩論》、《民之父母》、《子羔》、《魯邦大旱》、《中弓》、《季康子問於孔子》、《君子為禮》、《弟子問》、《孔子見季桓子》、《子道餓》、《顏淵問於孔子》。這些竹書的形成，自當在孔子成年（約西元前520年）之後，最可能在孔子去世（西元前479年）之後。上博竹書對楚國君臣的記載亦多。按楚王的在位順序，第六冊中的《莊王既成》和第七冊中的《鄭子家喪》在先，其次是第六冊中的《申公臣靈王》與《平王問鄭壽》、《王子木蹠城父》，然後是第四冊中的《昭王毀室》和《昭王與龔之脽》，最後是第四冊中的《簡大王泊旱》。這些竹書的形成時間，可能與楚王在位的順序相應，也可能相反，還有可能形成於大致相同的年代。根

① 彭浩：〈楚墓葬制初論〉，載《中國考古學會第二次年會論文集》，文物出版社1982年版。
② 彭浩：〈郭店一號墓的年代及相關的問題〉，載《本世紀出土思想文獻與中國古典哲學研究論文集》，輔仁大學出版社1999年版。

第八章 典籍（上）

據目前的資料和認識，很難作具體探究。

有的竹書記載的人物，年代不夠清晰，只能試加揣測。上博竹書《慎子曰恭儉》中的慎子，我們猜測是《戰國策 楚策二》所見擔任楚頃襄王傅之人，與慎到有別。竹書的寫作年代，大概是在楚懷王之世（前328年—前299年）或者頃襄王即位至東遷之前（前298—前279年）。竹書中所說「苟得用於世，均分而廣施」一類的話，似乎與太子的身分有關。因而最可能寫於他任太子傅之時，即西元前300年以前的一段時間①。上博竹書第八冊中《命》所記，整理者以為楚惠王世之事；《王居》之楚王，整理者以為昭王。《命》篇記葉公子高之子與令尹子春對話。令尹子春稱子高為「先大夫」，葉公子高之子則自稱其父為「亡僕（父）」。《左傳》中，子高最後見載於哀公十七年（前478年），當楚惠王十一年。惠王在位57年，說《命》篇記惠王時事，大致可從。《命》篇記葉公子高之子對令尹子春說「今視日為楚令尹」，應在子春任令尹後不久。這樣，同樣記有令尹子春的《王居》之「王」也就只能是惠王，而不可能是惠王之父昭王。

上博楚竹書第七冊中的《君人者何必安哉》記范戊以「白玉三回」取譬，進諫君王。整理者認為：「本篇事件發生在楚昭王時期。因第九簡稱楚靈王為『先君』，而『楚靈王』西元前540年至西元前529年在位，可見本篇事件當在西元前529年之後。又，第四簡：『君王有楚，侯子三人，一人土（杜）門而不出。』楚靈王之後有三子者，以楚昭王與本篇事蹟相合。……文中所稱的『君王』應為楚昭王，西元前515年至西元前489年在位。」「文中的『范乘』即歷史上的『范無宇』，楚大夫。『范乘』，是經歷郟敖、靈王、平王、昭王等四朝的楚國老臣，一位很有政治影響的人物。」②整理者指出故事上限為文

---

① 陳偉：《新出楚簡研讀》，武漢大學出版社2010年版，第291—293頁。

② 馬承源主編：《上海博物館藏戰國楚竹書（七）》，上海古籍出版社2008年版，第191—192頁。

中明確提到的靈王，這完全可以確認。然而，這位進諫者與曾見於史載的范無宇或者申無宇之間，缺乏任何直接的聯繫。同時，「侯子三人」存在不同的理解，歷代楚王之子的人數，也多無記載。因而，說竹書「君王」即昭王，缺乏必要的證據。劉信芳先生從竹書內容著手分析，他說：該楚王看來不是一位昏君，因約束自己，被「人」（貴族）貶稱為「敖」，而他不能對威脅王室的貴族下手，應是楚王室處於微弱時期的一位楚王。「君王唯（雖）不長年，可也」，可能是在位時間不長的一位楚王。能滿足以上條件者，目前所能見到的文獻不足徵。僅就相對弱勢及在位時間較短的條件來看，靈王而後，平、昭、惠、簡以及宣、威、懷的可能性不大，其在聲、悼、肅三楚王之間乎[①]？對於缺少人物身分、事件年代等要素的作品，內容分析幾乎是探討其時代的唯一路徑。我們希望指出的是，就竹書而言，這位「君王」很難說只是在「約束自己」；其所作所為，也不一定是「微弱」所能概括的。范戊指陳的「三回」，前二事只涉及君王的私生活，即不近樂舞、女色，第三事則屬於重要的習俗或重大的祭祀。因而，簡文所示的節儉，並不僅僅是君王個人事務，而屬於國家行為。范戊隨後上升到「安邦」、「利民」的高度，正是因為這個原因。這使我們想到，當時楚王應該正在推行重大的變革。而就現存資料來看，這位元君王很可能是任用吳起、厲行變法的悼王。《韓非子 和氏》：「昔者吳起教楚悼王以楚國之俗曰：『大臣太重，封君太眾，若此則上逼主而下虐民，此貧國弱兵之道也。不如使封君之子孫三世而收爵祿，絕滅百吏之祿秩，損不急之枝官，以奉選練之士。』悼王行之期年而薨矣，吳起枝解於楚。」《淮南子 道應訓》：「吳起為楚令尹，適魏，問屈宜若曰：『王不知起之不肖，而以為令尹。先生試觀

① 劉信芳：〈竹書《君人者何必安哉》試說（之二）〉，載復旦大學出土文獻與古文字研究中心網站2009年1月6日。

起之為人也。』屈子曰：『將奈何？』吳起曰：『將衰楚國之爵而平
其制祿，損其有餘而綏其不足，砥礪甲兵，時爭利於天下。』屈子
曰：『宜若聞之，昔善治國家者，不變其故，不易其常。今子將衰楚
國之爵而平其制祿，損其有餘而綏其不足，是變其故，易其常也，行
之者不利。宜若聞之曰：『怒者，逆德也；兵者，兇器也；爭者，人
之所本也。』今子陰謀逆德，好用兇器，始人之所本，逆之至也。且
子用魯兵，不宜得志於齊，而得志焉。子用魏兵，不宜得志於秦，而
得志焉。宜若聞之，非禍人，不能成禍。吾固惑吾王之數逆天道，戾
人理，至今無禍。差須夫子也。」這些記載，或與竹書所云相似。就
范戍對君王指責的內容及其激烈程度而言，只有放在吳起變法的大背
景下，才好作合適解釋。楚悼王在位21年（前401年—前381年）。據楊
寬先生考訂，吳起去魏入楚，約在西元前390年，即楚武侯六年、楚悼
王十二年前後①。這樣，本篇竹書描寫的年代，就應是楚悼王後期，即
約十二年至二十一年（前390—前381年）之間。

如果上述猜測不誤，就目前所刊上博竹書而言，《慎子曰恭儉》
是記敘年代最晚的一篇。其形成年代（西元前300年以前的一段時
間）可以看作整個上博竹書的撰著、抄寫年代的下限。這與郭店竹書
類似。

第三節　作者國別

竹書作者，也是饒有興味但令人不勝困惑的議題。對於學術史上
關係重大的一些篇目，學者多有討論卻難於定讞，比如郭店竹書《五
行》、上博竹書《孔子詩論》。就多數竹書而言，考察作者國別而不

---

① 楊寬：《戰國史》，上海人民出版社1998年增訂3版，第193—196頁。

一定是作者本人，應該說是一個同樣具有意義而更有可能努力實現的目標。

我們說的楚簡，包括文書、卜筮禱祠記錄、遣策和書籍。前三者比較確定為楚人製作，後者的情形則比較複雜，其初始作者可能是楚人，也可能是楚國以外的人。

我們先來看抄寫在一起的上博竹書《昭王毀室》、《昭王與龔之脽》二篇。這二篇竹書的主要人物都是楚昭王。《昭王毀室》開頭說：「昭王為室於死沮之滸。」即楚昭王在「死沮之滸」這個地方修建宮室。《昭王與龔之脽》開頭說：「昭王蹠逃寶。」即楚昭王前往「逃寶」這個地方。竹書的整理者認為：「『昭王』，即楚昭王。」這當然是正確的。在《昭王毀室》一篇中，出現了在楚國司法簡中往往可見的「視日」這一用語。在包山楚簡和江陵磚瓦廠307號墓出土竹簡中，由於送呈「視日」的訴狀很快得到楚王的處理。「視日」的確切含義待考，大致是楚國高級官員的某種敬稱。在《昭王與龔之脽》中，昭王說：「吳王挺至於郢。楚邦之良臣所暴骨，吾未有以憂其子。」[1]這直接顯示昭王作為楚君的身分。

與《昭王毀室》、《昭王與龔之脽》類似，《柬大王泊旱》篇開頭便說「柬大王」。整理者指出：柬大王「即楚簡王」。對這個問題的詳細考證參看早先朱德熙、裘錫圭、李家浩先生對望山一號墓竹簡的釋文與考釋。望山一號墓10號簡記：「為悼固與禱柬大王、聖……」《考釋》指出：「88號、110號、111號諸簡皆有『聖王、悍王』之文，109號簡又稱『聖逗王、悍王』。……聖逗王當是聖王的全稱。柬大王、聖王、悍王當為先後相次的三個楚王。《史記 楚世家》：『惠王卒，子簡王中立。……簡王卒，子聲

① 暴，從陳劍先生讀，見〈上博竹書《昭王與龔之脽》和《柬大王泊旱》讀後記〉，載簡帛研究網2005年2月15日。昭王這段話所述的背景，是西元前506年吳師入郢之役。詳看《左傳》定公四年、《史記 楚世家》昭王十年。

第八章 典籍（上）

王當立。聲王六年，盜殺聲王，子悼王熊疑立。』『柬』『簡』二字古通。柬擇之『柬』（《說文》『柬，分別擇之也』），古書多作『簡』。『聲』、『聖』二字古亦通，如《左傳》文公十七年《經》『聲姜』，《公羊》作『聖姜』；《史記　衛世家》『聲公訓』，索隱引《世本》作『聖公馳』；《史記　管蔡世家》蔡聲侯，《戰國策　楚策四》作『蔡聖侯』。『惡』字從『心』，『卲』聲，不見字書。『卲』本從『刀』得聲，古音與『悼』極近，『惡』當即『悼』字異體（參看考釋6）。所以簡文柬大王、聖王、惡王即《楚世家》的簡王、聲王、悼王，是無可懷疑的。壽縣楚王墓所出曾姬壺稱『聖趄之夫人曾姬無恤』，『趄』、『逗』應為一字異體。劉節以為『聖趄夫人即聲桓夫人』（《古史考存》133頁），蓋以為『聖』指聲王，所見甚是。柬大王亦稱簡王，與聖逗王亦稱聖王同例。古書中，楚頃襄王亦稱襄王。《墨子　貴義》：『子墨子南游於楚，見楚獻惠王，獻惠王以老辭。』蘇時學謂『獻惠王即楚惠王也。蓋當時已有兩字之謚』。《文選》注引《墨子》及《渚宮舊事》皆作『獻書惠王』，蓋後人因不知惠王本稱獻惠王而臆改。』[1]新蔡葛陵簡甲21號記：「祈福於昭王、獻惠王、柬大王……」[2]簡王為昭王孫、惠王子[3]。這從另一個方向證實了朱德熙等先生對於「柬大王」即是古書所見「簡王」的分析。

值得注意的是，在這三篇竹書中，都是直接稱「昭王」或者「簡大王」，而沒有在前面冠以國名。這顯然是在以本國人的身分講述本國的事情。上文已經引述望山楚簡、新蔡楚簡對楚國昭、惠（獻惠王）、簡（柬大王）、聲（聖王）、悼（惡王）諸王的稱述。在新蔡

---

① 湖北省文物考古研究所、北京大學中文系：《望山楚簡》，中華書局1995年版，第90—91頁考釋24。
② 河南省文物考古研究所：《新蔡葛陵楚墓》，大象出版社2003年版，第187頁。
③ 楚王世系，參看《史記　楚世家》。獻惠王即惠王，參看《望山楚簡》91頁引述蘇時學說。

楚簡中，提到的楚國先王還有文王、平王（競坪王）。在包山楚簡中，提到的楚國先王在昭王外，還有武王、肅王、宣王和威（愄）王。其中，包山楚簡中的肅、宣、威（愄）三王，見稱於楚國的官方文書；其他楚國先王則見稱於楚貴族的卜筮禱祠記錄。這些都是楚人自己稱述其先王，所以直呼諸王諡號，而無需在前面附加國名。《昭王毀室》等三篇竹書對昭、簡二王的稱述，與望山、包山、新蔡楚簡中的稱述完全一致，正好說明其作者與後者一樣，也當是楚人。

在後來陸續刊佈的上博竹書中，這種情形反復重現。如第六冊中的《莊王既成》、《申公臣靈王》、《平王問鄭壽》和《王子木蹠城父》，第七冊中的《鄭子家喪》、《君人者何必安哉》，第八冊中的《命》與《王居》。其中《命》篇還4次出現「視日」這一楚人的特殊稱謂，可驗證前文的推定。

在上海博物館藏戰國楚竹書中，還記有其他一些國家的故事，其中也有對其國君的稱呼。可以幫助我們進一步了解這個問題。

我們先看《鮑叔牙與隰朋之諫》。這是一篇記載齊桓公事蹟的文獻。整理者本來分作兩篇，分別稱為《競建內之》和《鮑叔牙與隰朋之諫》①。陳劍先生將其合作一篇看待，統稱為《鮑叔牙與隰朋之諫》②，當是。這一篇的第一簡（原《競建內之》1號簡）上端殘壞，大約缺去二字，第三字則保留下邊一橫畫。整理者將第三字看作「王」，疑指周莊王。本篇始終與周王無涉，其說不可從。整理者又述「或曰」云：「時周王衰，列國皆僭王自立。」似以此「王」指齊侯。由於下文明稱齊侯為「公」，此說顯然也不可取。我們懷疑這個僅存下邊一橫畫的字是「二」字，其下第四字「杢」讀為「睦」。二

① 馬承源主編：《上海博物館藏戰國楚竹書（五）》，上海古籍出版社2005年版，圖版第17—39、釋文考釋第163—191頁。
② 陳劍：〈談談《上博（五）》的竹簡分篇、拼合與編聯問題〉，載武漢大學簡帛網2006年2月19日。

字與下文連讀，即「二睦隰朋與鮑叔牙從」。在這種情形下，已殘去的第一、第二字疑當是「公□」。無論如何，在這第一支簡的簡首，出現「齊□（諡號）公」三字的可能性應該說是不存在的。也就是說，在這篇竹書中，對於齊桓公的稱謂，是直接叫「公」，而未曾加上國名。例如《競建內之》1號簡說「公問二大夫」[①]，《競建內之》3號簡說「公曰」，《鮑叔牙與隰朋之諫》7號簡說「公乃身命祭有司」[②]。除了沒有諡號之外，這與前面討論的《昭王毀室》等三篇竹書一樣，不在國君的稱謂之前加稱國名，應當屬於齊人講述齊事。

同樣在《上海博物館藏戰國楚竹書》第五冊中，還有一篇《姑成家父》[③]。在其開頭敘述說：「姑成家父事厲公，為士。予行，尚迅強，以見惡於厲公。」[④]如同整理者指出的那樣，姑成家父即《左傳》和《國語》中的苦成叔，厲公即晉厲公，竹書記載的是晉三郤之難。稱厲公而不言「晉」，與上述《昭王毀室》等三篇稱昭王、簡大王而不言「楚」一樣，當是出於晉人述晉事的緣故。

在郭店竹書和上博竹書中，還有幾處提到魯君。郭店竹書《魯穆公問子思》章，開頭一句說：「魯穆公問子思。」[⑤]上博竹書《曹沫之陳》開頭也說：「魯莊公將為大鐘。」[⑥]在這二篇中，首次出現魯君之稱時，其前冠以國名。隨後才使用「公」、「莊公」的稱呼。這與上揭講述楚、齊、晉之事的情形有異，大概是因為作者為魯國以外的

---

① 二，何有祖博士以為「士」字，可備一說。見所撰〈上博五楚竹書《競建內之》劄記五則〉，載武漢大學簡帛網2006年2月18日。

② 「有司」原釋文屬下讀。句讀改變的理由，參看拙文〈《鮑叔牙與隰朋之諫》零識（續）〉，載武漢大學簡帛網2006年3月5日。

③ 馬承源主編：《上海博物館藏戰國楚竹書（五）》，上海古籍出版社2006年版，圖版第69—78頁，釋文考釋第239—249頁。

④ 「迅」字之釋，見沈培：〈上博簡《姑成家父》一個編聯組位置的調整〉，載武漢大學簡帛網2006年2月22日。其他與原釋文不同的處理，參看小文〈《苦成家父》通釋〉，載武漢大學簡帛網2006年2月26日。

⑤ 荊門市博物館：《郭店楚墓竹簡》，文物出版社1998年版，第141頁。

⑥ 馬承源主編：《上海博物館藏戰國楚竹書（四）》，上海古籍出版社2004年版，第243頁。

人，或者經過魯國以外人的加工而致①。

上博竹書第六冊中的《景公虐》1號簡云：「齊景公疥且虐，逾歲不已。」景公之前交待國名，與《鮑叔牙與隰朋之諫》形成對比而與上揭《魯穆公問子思》、《曹沫之陳》類似。應出自齊人的寫筆。

無論從習慣、還是從需要來講，處在某一環境之中的人，指稱這個環境中的人或事物，通常會採取一種親近的立場，因而可以省略某些區別此環境與彼環境的修飾語。反之亦然。類似情形在《國語》中也可看到。比如魯成公，《魯語上》「晉人殺厲公邊人以告」章徑稱「成公」，《周語中》「簡王八年魯成公來朝」章則稱為「魯成公」；魯襄公，《魯語下》「襄公如楚」等章稱「襄公」，《晉語八》「魯襄公使叔孫穆子來聘」章則稱為「魯襄公」；晉文公，《晉語四》「文公在狄十二年」等章徑稱「文公」，「元年春公及夫人嬴氏至自王城」章徑稱「公」，《魯語上》「晉文公解曹地以分諸侯」章則稱為「晉文公」；楚恭王，《楚語上》「恭王有疾」章徑稱「恭王」，《晉語六》「厲公六年伐鄭」章則稱為「楚恭王」。同一個人在稱謂上的這種差別，無論出於各章的作者抑或後來的編者，其基本原因也當是各國之語是站在各國立場上的記述②。這可以佐證對於竹書稱謂意義的上述推測。

---

① 《魯邦大旱》篇開頭說：「魯邦大旱，哀公謂孔子」（馬承源主編：《上海博物館藏戰國楚竹書（二）》，上海古籍出版社2002年版，第204頁）。情形與《魯穆公問子思》和《曹沫之陳》有異。因為前面已出現「魯邦」，隨後用「哀公」之稱可能是承前省略了「魯」字（即作者非魯人），也可能是作者本來就習稱「哀公」（作者為魯人）。

② 《吳語》、《越語》的稱謂與此不同。如《吳語》「吳王夫差起師伐越」章稱「吳王夫差」，《越語上》「越王句踐棲於會稽之上」章稱「越王句踐」，似與他國之語來源有異。姚鼐指出：「又其略載一國事者，周、魯、晉、楚而已。若齊、鄭、吳、越，首尾一事，其體又異。輯《國語》者，隨所得繁簡收之。」（《惜抱軒文集》卷五《辯鄭語》）王樹民先生更認為：「大致周、魯、晉、鄭、楚各語多為當時人所記，其時代較早；齊、吳、越三語為後人追記之筆，當為戰國中前期時人所寫。」（《國語集解》「前言」，中華書局2003年版）

第八章　典籍（上）

第九章　典籍（下）

　　這裡選取一些楚簡書籍篇章的釋文，輔以簡要的說明，以展示這些故籍的面貌。有類似傳世典籍者，或逐錄於次，以資對比。順序為儒家文獻、道家文獻、其他學派文獻、國語類文獻和日書。

第一節　儒家文獻之一

1.　《金縢》

　　本篇刊於清華竹書第一輯①。用14枚簡抄寫，除8、10號簡頭端略殘，其餘完好。簡文與《尚書　金縢》略同，最後一簡背面書有「周武王有疾周公所自以代王之志」等字，為當時標題。以下釋文以整理者所作為基礎，參考了陳民鎮先生集釋所收相關學者的成果②。

　　武王既克殷三年，王不豫，有遲。二公告周公曰：「我其為王穆

---

① 李學勤主編：《清華大學藏戰國竹簡（壹）》，中西書局2010年版，圖版第75—84頁、釋文注釋第157—162頁。

② 陳民鎮：〈清華簡《金縢》集釋〉，載復旦大學出土文獻與古文字研究中心網站2011年9月20日。

313

第九章　典籍（下）

卜。」周公曰：「未可以 1 戚吾先王。」周公乃為三壇，同墠；為一壇於南方，周公立焉，秉璧植珪。史乃冊，2 祝告先王曰：「爾元孫發也，穀（遘）害虐疾，爾毋乃有備子之責在上？惟爾元孫發也，3 不若旦也，是年（佞）若巧，能多才多藝，能事鬼神。命於帝庭，尃有四方，以定爾子 4 孫於下地。爾之許我，我則厭璧與珪。爾不我許，我乃以璧與珪歸。」周公乃納其 5 所為工自以代王之說於金縢之匱，乃命執事人曰：「勿敢言。」就。後武王力，成王由 6 幼在位，管叔及其群兄弟乃流言於邦曰：「公將不利於孺子。」周公乃告二公曰：「我之 7 □□□□無以複見於先王。」周公石東，三年，禍人乃斯得，於後，周公乃遺王詩 8 曰《周鴞》，王亦未逆公。是歲也，秋大熟，未穫。天疾風以雷，禾斯偃，大木斯拔。邦人 9 □□□□弁，大夫綴，以啟金縢之匱。王得周公之所自以為工以代武王之說。王問執 10 事人，曰：「信。殹公命我勿敢言。」王捕書以泣，曰：「昔公勤勞王家，惟余沖人亦弗及 11 知，今皇天動威，以彰公德，惟余沖人其親逆公，我邦家禮亦宜之。」王乃出逆公，12 至郊。是夕，天反風，禾斯起，凡大木之所拔，二公命邦人盡複築之。歲大有年，秋 13 則大穫。14

　　周武王有疾周公所自以代王之志。14 背

　　命，請求之意。俞樾《諸子平議　管子六》「特命我曰」條云：「特者，人名也。命猶告也。《禮記　緇衣篇》鄭注曰：『傅說作書以命高宗。』是古者上下不嫌同詞。以君告臣謂之命，以臣告君亦謂之命也。」包山120號簡「小人命為瞀以傳之」，138號簡「陰人舒緄命證」，上博竹書1號簡「命為君王戔之」，諸「命」字與此用法類似①。

────────────

① 劉信芳：〈竹書《君人者何必安哉》試說（之一）〉，載復旦大學出土文獻與古文字研究中心網站2009年1月5日。

厭，享神。《禮記　曾子問》「攝主不厭祭」，鄭玄注：「厭，厭飫神也。」孔穎達疏：「厭是厭飫，凡厭是神之歆饗。」陳民鎮先生以為「厭」訓閉藏，指瘞埋①，亦備一說。

工，工祝。《詩經　小雅　楚茨》「工祝致告」，《楚辭　招魂》「工祝招君」，是祈禱儀式中的主要角色。竹書中，周公立於南方之壇，並親自祝告，即「為工」。包山224號簡記「工執事人」，葛陵甲三211號簡記「工逾而厭之」。

說，即祝告之辭。楚卜筮禱祠記錄中，多有「以其故說之」。

就，成、集，指儀式順利完成。

由，以。

石，讀為「宅」。望山一號墓卜筮禱祠記錄「東石公」，或作「東宅公」。也可能讀為「蹠」，到、至義。包山128號簡、上博竹書《昭王與龔之脽》、《平王與王子木》（即《王子木蹠城父》）以及九店日書《叢辰》寫作「迠」。

附《尚書　金縢》：

既克商二年，王有疾，弗豫。二公曰：「我其為王穆卜。」周公曰：「未可以戚我先王。」公乃自以為功，為三壇同墠。為壇於南方，北面，周公立焉，植璧秉圭，乃告大王、王季、文王。史乃冊祝曰：「惟爾元孫某，遘厲虐疾。若爾三王，是有丕子之責於天，以旦代某之身。予仁若考，能多材多藝，能事鬼神。乃元孫不若旦多材多藝，不能事鬼神。乃命於帝庭，敷佑四方，用能定爾子孫於下地，四方之民罔不祗畏。嗚呼！無墜天之降寶命，我先王亦永有依歸。今我即命於元龜，爾之許我，我其以璧與圭歸俟爾命；爾不許我，我

---

① 陳民鎮：〈清華簡《金縢》集釋〉，載復旦大學出土文獻與古文字研究中心網站2011年9月20日。

乃屏璧與圭。」乃卜三龜，一習吉。啟籥見書，乃並是吉。公曰：「體，王其罔害。予小子新命於三王。惟永終是圖。茲攸俟，能念予一人。」公歸，乃納冊於金縢之匱中。王翼日乃瘳。武王既喪，管叔及其群弟乃流言於國，曰：「公將不利於孺子。」周公乃告二公曰：「我之弗辟，我無以告我先王。」周公居東二年，則罪人斯得。於後，公乃為詩以貽王，名之曰《鴟鴞》。王亦未敢誚公。秋，大熟，未穫，天大雷電以風，禾盡偃，大木斯拔，邦人大恐。王與大夫盡弁，以啟金縢之書，乃得周公所自以為功代武王之說。二公及王乃問諸史與百執事。對曰：「信。噫！公命我勿敢言。」王執書以泣，曰：「其勿穆卜。昔公勤勞王家，惟予沖人弗及知。今天動威，以彰周公之德。惟朕小子其新逆，我國家禮亦宜之。」王出郊，天乃雨，反風，禾則盡起。二公命邦人，凡大木所偃，盡起而築之。歲則大熟。

2. 《周易》（節錄）

上博竹書《周易》簡是迄今所見最早的《周易》。存58枚簡，涉及34卦，共1800多字、25個卦畫。完整的竹簡長44公釐，有上中下三道編繩。一卦書寫二至三簡。竹書卦畫以「一」表示陽爻，「八」表示陰爻。每卦由卦名、卦辭、爻題、爻辭組成，字句與馬王堆西漢帛書本和傳世本或有不同。在卦名、卦辭之間以及爻辭之後，使用紅黑色符號。這裡節取比較完整的13個卦，釋文參考陳仁仁先生的《戰國楚竹書〈周易〉校注》①。

䷅訟：有孚，憶悤，中吉，終凶。利用見大人，不利涉大川。初六：不出御事，少有言，終吉。九二：不克訟，歸遄，其邑人三４四戶，亡告。六三：食舊德，貞厲，終吉；或從王事，亡成。九四：不克訟，復

---

① 陳仁仁：《戰國楚竹書〈周易〉研究》，武漢大學出版社2010年版，第233—279頁。

即命，渝，安貞吉。九五：訟，元吉。上九：或賜鞶帶，終5朝三褫之。6

憵惡，今本作「窒惕」。
出，今本作「永」。御，今本作「所」。清華竹書《金縢》
「許」從「御」聲，這裡疑當讀為「許」。許、所音近義通。
四，今本作「百」。
渝，簡文作「愈」。
鞶，簡文從「糸」從「畔」。

䷆師：貞丈人吉，亡咎。初六：師出以聿（律），不牸凶。
九二：在師中，吉，亡咎。王三賜命。六三：師或舉屍，凶。六四：
師左次，亡咎。六7五：畋有禽，利執言，亡咎。長子率師，弟子舉
屍，貞凶。上六：大君子有命，啟邦承家，小人勿用。8

不，今本作「否」。牸，今本作「臧」。
次，簡文作「宋」。

䷇比：原筮，元兼貞，吉，亡咎。不寧方來，後夫凶。初六：
有孚比之，亡咎。有孚盈缶，終來有它吉。六二：比之自內，吉。
六三：比之9非人。六四：外比之，亡不利。九五：顯比，王三驅，失
前禽，邑人不戒，吉。上六：比亡首，凶。10

原，簡文作「備」，為「邍（原）」字省文。
盈，原釋文作「海」，季旭昇先生認為字從「水」從「及」，為
「盈」之本字①。

―――――――――

① 季旭昇：〈上博三周易比卦「有孚盈缶」、「盈」字考〉，載簡帛研究網2005年8月15日。

第九章 典籍（下）

317

非，今本作「匪」。

䷏ 余（豫）：利建侯行師。初六：鳴余（豫），凶。
六二：介於石，不終日，貞吉。六三：可余（豫）悔，
遲有悔。九四：猷余，大有得。母疑，朋故蚕。六五：14
貞疾，互不死。上六：冥余（豫），成有愈，亡咎。 15

豫，簡文本作「余」。
介，簡文從「矢」作。
可，今本作「盱」，阜陽漢簡本作「歌」。
猷余，今本作「由豫」。
母，疑當讀為「莫」。今本作「勿」。
故蚕，今本作「盍簪」，帛書本作「甲讒」。
冥，李零先生釋為「楳」，讀為「冥」①。

䷐ 隨：元卿利貞，亡咎。初九：官有愈，貞吉。出門交有工。
六二：系少子，失丈夫。六三：系丈夫，失少子。隨求有得，利尻
貞。九四：隨有16獲，貞工。又孚在道，已明，何咎。九五：孚於
嘉，吉。上六：系而拘之，從乃曬之。王用享於西山。17

工，今本作來「功」。
隨求有得，今本作「隨有求得」。
尻，今本作「居」。
「貞工」之「工」，今本、帛書本均作「凶」。
何，簡文作「可」。

---

① 李零：〈讀上博楚簡《周易》〉，載《中國歷史文物》2006年第4期。

疇，今本作「維」。

☰☰大竺（畜）：利貞，不家而食，吉，利涉大川。初九：有厲，利巳。九二：車敚複。九三：良馬由，利堇貞。曰班車衛，利有卣往。六四：僮牛之梏，元 22 吉。六五：芬豕之牙，吉。上九：何天之衢，亨。 23

車，今本作「輿」。敚，今本作「說」。複，今本作「輹」。
由，今本作「逐」。
堇，今本作「艱」，帛書本作「根」。
芬，今本作「豶」。

☰☰頤：貞吉。觀頤，自求口實。初九：舍爾靈龜，觀我敚頤，凶。六二：曰顛頤，弗經於北洍，征凶。六三：弗頤，貞凶，十年勿 24 用，亡卣利。六四：顛頤，吉，虎視融融，其猷攸攸，亡咎。六五：弗經，尻貞，吉，不可涉大川。上九：繇頤，厲吉，利涉大川。 25

敚，今本作「朵」，帛書本作「掝」，阜陽漢簡本作「端」。疑「敚」為「敵」字之誤，從而與「端」、「掝」相通。
北，帛書本同，今本作「丘」。洍，今本作「頤」。
融融，今本作「眈眈」。
猷，今本、阜陽漢簡本均作「欲」。攸攸，今本作「逐逐」。
繇，今本作「由」。

☰☰恆：亨，利貞，亡咎。初六：叡恆，貞凶，亡卣利。九二：悔亡。九三：不恆其德，或丞其羞，貞吝。九四：畋亡禽。六五：恆其

德，貞婦人吉，夫28子凶。上六：叡恆，貞凶。29

叡，今本作「浚」。

羞，簡文從「心」、「頪」聲。

☷☶遯：亯，少利貞。初六：遯其尾，厲，勿用又卣往。六二：戉用黃牛之革，莫之乘⬚。九三：系遯，有疾，厲，畜臣妾，吉。九四：好遯。君30子吉，小人否。九五：嘉遯，吉。上九：肥遯，亡不利。31

遯，簡文作「豚」。

戉，今本作「執」。

⬚，今本作「說」，帛書本作「奪」。

☵☶訐（蹇）：利西南，不利東北，利見大人。初六：往訐來譽。六二：王臣訐訐，非今之故。九三：往訐來反。六四：往訐來連。九五：大訐不來。35上六：往訐來碩，吉，利見大人。36

不，今本作「朋」。

☶☴敂（姤）：女藏，勿用取女。初六：系於金柅，貞吉。有卣往，見凶。嬴豕孚是蜀。九二：橐有魚，亡咎，不利賓。九三：誫亡40膚，其行綷疋，厲，亡大咎。九四：橐亡魚，已凶。九五：以芭橐苉，含章，又憂自天。上九：敂其角，吝，亡咎。41

藏，今本作「壯」。

是蜀，今本作「蹢躅」。

棗，今本作「包」。

詖，今本作「臀」。

縷疋，今本作「次且」。

巳，今本作「起」。

苽，帛書本同，今本作「瓜」。

含，簡文從「今」從「玉」從「欠」。

憂，今本作「隕」。

䷯井：改邑不改井，亡喪亡得，往來井井。氣至，亦母井，贏其缾，凶。初六：井替不食，舊井亡禽。九二：井浴射犿，佳敝44縷。九三：井杒不食，為我心寒，可以汲，王明，並受其福。六四：井隫，亡咎。九五：井洌，寒泉食。上六：井杒勿寞，有孚元45吉。46

井，簡文從「水」作。

氣，今本作「汔」。

母，疑當讀為「莫」。今本作「未」。▨，今本作「繘」。

贏，簡文從「角」。

浴，今本作「穀」，犿，今本作「鮒」。

佳，今本作「甕」，帛書本作「唯」。縷，今本作「漏」，帛書本作「句」，阜陽本作「屚」。

杒，今本作「渫」。

寞，今本作「惻」，帛書本作「塞」。

隫，今本作「甃」。

䷸渙：享。王假於廟，利見大人，利涉大川。初六：拯馬藏，吉，悔亡。九二：渙走其尻，悔亡。六三：渙其躳，亡咎。六四：渙其群，元吉。渙54其丘，非台所思。九五：渙其大號，渙其尻，亡

咎。上九：渙其血欿易出。55

渙，簡文從「睿」從「爰」從「廾」。

利見大人，今本、帛書本均無此四字。

藏，今本作「壯」。

走，今本作「奔」，帛書本作「賁」。尻，今本作「機」，帛書本作「階」。

台，今本作「夷」。

其，今本、帛書本均作「王」。尻，今本、帛書本均作「居」。

攼，今本、帛書本均作「去」。

第二節　儒家文獻之二

1.　《六德》

本篇出自郭店竹書。按整理者處理，共49枚，其中39枚完整，10枚殘斷。竹書談論六位、六職、六德，其基本觀念見於傳世的儒家典籍，但類似篇目則是第一次發現。學者對釋文、編連的見解不盡一致。今依我們的理解處理①，並參照《楚地出土戰國簡冊〔十四種〕》②。篇題為整理者所擬。

此可謂六德：聖、智也，仁、義也，忠、信也。聖與智就矣，1
仁與義就矣，忠與信就【矣】。作禮樂，制刑法，教此民黎使2之有
向也，非聖智者莫之能也。親父子，和大臣，寢四鄰3之抵牾，非仁

---

① 陳偉：《郭店竹書別釋》，湖北教育出版社2002年版，第109—134頁。

② 陳偉主編：《楚地出土戰國簡冊〔十四種〕》，經濟科學出版社2010年二印本，第235—244頁。

322

義者莫之能也。聚人民，任土地，足此民爾**4**生死之用，非忠信者莫之能也。君子不偏如道。道人之**5**君子，如欲求人道**6**……人民，小者以修其身。為道者必由**47**……【不】由其道，雖堯求之弗得也。生民**7**……六位也。有率人者，有從人者；**8**有使人者，有事人【者；有教】者，有學者：此六職也。既有**9**夫六位也，以任此【六職】也。六職既分，以□六德。六德者**10**……賞慶焉，知其以有所歸也，材**11**此新舊遠近，唯其人所在。得其人則舉焉，不得其人則止也。**48**雖在草茅之中，苟賢……**12**……【諸】父兄，任諸子弟。大材設諸**13**大官，小材設諸小官，因而施祿焉，使之足以生，足以死，謂**14**之君，以義史使人多。義者，君德也。非我血氣之親，畜我如其**15**子弟。故曰：苟濟夫人之善施，勞其股肱之力弗敢憚也，**16**危其死弗敢愛也，謂之【臣】，以忠事人多。忠者，臣德也。知可**17**為者，知不可為者；知行者，知不行者，謂之夫，以智率人多。**18**智也者，夫德也。能（一）與之齊，終身弗改之矣。是故夫死有主，終**19**身不嫁。謂之婦，以信從人多也。信也者，婦德也。既生畜之，**20**又從而教誨之，謂之聖。聖也者，父德也。子也者，會埠長材**21**以事上，謂之義，上共下之義，以奉社稷，謂之孝，故人則為**22**□□【謂之】仁。仁者，子德也。故夫夫，婦婦，父父，子子，君君，臣臣，六者各**23**行其職，而獄犴亡由作也。觀諸詩、書則亦在矣，觀諸**24**禮、樂則亦在矣，觀諸易、春秋則亦在矣。親此多也，密此多【也】，**25**美此多也。人道竦止。仁，內也。義，外也。禮、樂，共也。內位父、子、**26**夫也，外位君、臣、婦也。疏斬布絰杖，為父也，為君亦然。疏衰**27**齊牡麻絰，為昆弟也，為妻亦然。袒免，為宗族也，為朋友**28**亦然。為父絕君，〔48〕不為君絕父。為昆弟絕妻，不為妻絕昆弟。為**29**宗族麗朋友，不為朋友麗宗族。人有六德，三親不斷。門內**30**之治恩弇義，門外之治義斬恩。仁類柔而束，義類恜**31**而絕，仁柔而容，義剛而簡。容之為言也，猷容容也，少而**32**軫多也。逸其志，求養親

之志，蓋亡不以也。是以容也。男女33辨生言，父子親生言，君臣義生言。父聖，子仁，夫智，婦信，君義，34臣宜〈忠〉。聖生仁，智率信，義使忠。故夫夫，婦婦，父父，子子，君君，臣臣，此六者各35行其職，而獄犴蔑由作也。君子言信言爾，言煬言爾，設外36內皆得也。其反，夫不夫，婦不婦，父不父，子不子，君不君，37臣不臣，昏所由作也。君子不諦，明乎民微而已，有以知38其一矣。男女不辨，父子不親。父子不親，君臣亡義。是故先王之39教民也，始於孝弟。君子於此一偏者亡所廢。是故先40王之教民也，不使此民也憂其身，失其偏。孝，本也。下修其41本，可以斷獄。生民斯必有夫婦、父子、君臣。君子明乎此42六者，然後可以斷獄。道不可遍也，能守一曲，焉可以違43其惡，是以其斷獄速。凡君子所以立身大法三，其繹之也44六，其覬十又二。三者通，言行皆通。三者不通，非言行也。45三者皆通，然後是也。三者，君子所生與之立，死與之徽也。46

生，故曰民之父母。親民易，使民相親也難。49

就，就近。

民黎（原作「爾」），猶黎民。

堯，疑非古帝之名，而應讀為「僥」，求取義。

材，似應讀為「裁」，指取捨裁定。

危，疑讀為「委」，委託、交付之意。

獄犴，爭訟之事。

麗，《郭店楚墓竹書》裘錫圭先生按語釋為「瑟」，疑當讀為「殺」，指省減。

言，疑當讀為「焉」。

民，似應讀為「萌」，指發端，與「微」連言。

一偏，猶如43號簡「一曲」，指一小局部，41號簡逕作「偏」。

簡書中具體指「孝悌」。

覼，簡文從「竹」作，疑即《說文》訓作「並視」的「覼」字。並視，蓋指合併觀之。

徹，疑當讀為「斃」，僵倒之意，與「立」相對。

49號簡，《郭店楚墓竹簡》裘錫圭先生按語疑不屬本篇。

2.《顏淵問於孔子》（節錄）

本篇出自上博竹書第八冊。復旦大學、吉林大學古文字專業研究生聯合讀書會對整理者的釋文、編連，作有重要修訂 ①。本篇不見於傳世典籍，篇題為整理者擬定。從現存簡文看，講述內事、內教、至名三事。這裡節取保存較好的前二章。

顏淵問於孔子曰：「敢問君子之內事也有道乎？」孔子曰：「有。」顏淵：「敢問何如？」孔子曰：「敬有位而1【先】有司，老老而慈幼，豫（舍）絞而收貧，祿不足則請，有餘則辭。12A敬有位，所以為緩也；先2B【有】司，所以2A得青焉；老老而慈幼，所以處仁也；豫（舍）絞而收貧，所以取11親也；祿不足則請，有餘12B則辭，所以揚信也。蓋君子之內（入）事（仕）也如此矣。」

顏淵曰：「君子之內事也，回既聞命矣，敢問5君子之內教也有道乎？」孔子曰：「有。」顏淵：「敢問何如？」孔子曰：「修身以先，則民莫不從矣；前6以博愛，則民莫遺親矣；導之以儉，則民知足矣；前之以讓，則民不爭矣；又由而教7之以能，賤不肖而遠之，則民知禁矣。如進者勸行，退者知禁，則其於教也不遠矣。」……9

內事，讀作「入仕」，指入朝任職。

---

① 復旦吉大古文字專業研究生聯合讀書會：〈《上博八　顏淵問於孔子》校讀〉，載復旦大學出土文獻與古文字研究中心網站2011年7月17日。

位，劉信芳先生釋[1]。有位，指居官之人。

絞，疑讀為「饒」，指富裕。「舍饒」與「收貧」對應。

緩，疑讀為「援」，指舉薦或幫助。

青焉，簡文作「青」之合文。疑「青」讀為「靖」，安定義。合文之另一字疑是「丹」，讀為「焉」。

內教，疑讀作「入教」，指使教化深入人心。

由，簡文作「迪」。由而，猶「從而」。

以能，簡文作「能」字合文。

第三節　道家文獻

1. 《老子》（丙組）

《老子》出土於郭店一號墓。現存71枚簡，1750字，不足今本《老子》的五分之二。依形制和契口位置的不同，整理者分作甲、乙、丙三組。甲組39枚，簡長32.3公釐。乙組18枚，簡長30.6公釐。丙組14枚，簡長26.5公釐。

　　太上下知有之，其次親譽之，其次畏之，其次侮之。信不足，安1有不信。猶乎，其貴言也。成事遂功，而百姓曰我自然也。
　　故大2道廢，安有仁義。六親不和，安有孝慈。邦家昏【亂，安】有正臣。3
　　設大象，天下往。往而不害，安平大。樂與餌，過客止。故道□□□，4淡可其無味也。視之不足見，聽之不足聞，而不可既也。5
　　君子居則貴左，用兵則貴右。故曰兵□□□□□6得已而用之。

---

① 劉信芳：〈上博藏八試讀五則〉，載武漢大學簡帛網2011年9月9日。

銛纏為上，弗美也。美之，是樂殺人。夫樂□□□[7]以得志於天下。故吉事上左，喪事上右。是以偏將[8]軍居左，上將軍居右，言以喪禮居之也。故【殺】□□，[9]則以哀悲位之；戰勝則以喪禮居之。[10]

為之者敗之，執之者失之。聖人無為，故無敗也；無執，故□□□。[11]慎終若始，則無敗事矣。人之敗也，恆於其且成也敗之。是以□[12]人欲不欲，不貴難得之貨；學不學，複眾之所過。是以能輔萬物[13]之自然，而弗敢為。[14]

《老子》丙組相當於傳世本《老子》第十七、十八、三十五、三十一、六十四章。以下按此順序抄錄王弼本五章的文本：

太上下知有之，其次親而譽之，其次畏之，其次侮之。信不足，焉有不信焉。悠兮其貴言。成功事遂，百姓皆謂我自然。（十七章）

大道廢，有仁義。慧智出，有大偽。六親不和，有孝慈。國家昏亂，有忠臣。（十八章）

執大象，天下往。往而不害，安平太。樂與餌，過客止。道之出口，淡乎其無味，視之不足見，聽之不足聞，用之不可既。（三十五章）

夫佳兵者，不祥之器。物或惡之，故有道者不處。君子居則貴左，用兵則貴右。兵者不祥之器，非君子之器。不得已而用之，恬惔為上，勝而不美，而美之者，是樂殺人。夫樂殺人者，則不可以得志於天下矣。吉事尚左，凶事尚右。偏將軍居左，上將軍居右，言以喪禮處之。殺人之眾，以哀悲泣之。戰勝，以喪禮處之。（三十一章）

其安易持，其未兆易謀，其脆易泮，其微易散。為之於未有，治之於未亂。合抱之木，生於毫末；九層之臺，起於累土；千里之行，始於足下。為者敗之，執者失之。是以聖人無為，故無敗；無執，故無失。民之從事，常於幾成而敗之。慎終如始，則無敗事。是以聖人

欲不欲，不貴難得之貨。學不學，複眾人之所過。以輔萬物之自然，而不敢為。（六十四章）

2.《太一生水》

本篇出於郭店一號楚墓，共14枚簡，完簡、殘簡各半，整簡長26.5公釐，現存305字。講述宇宙生成，為道家佚文。竹簡形制、字體與《老子》丙組相同，原來可能合編於一卷。篇名為整理者所擬。釋文、編次參看拙著《郭店竹書別釋》①。

太一生水，水反補（薄）太一，是以成天。天反補（薄）太一，是以成地。天【地複相補（薄）】1也，是以成神明。神明複相補（薄）也，是以成陰陽。陰陽複相補（薄）也，是以成四時。四時2複【相】補（薄）也，是以成寒熱。寒熱複相補（薄）也，是以成濕燥。濕燥複相補（薄）也，成歲3而止。故歲者，濕燥之所生也。濕燥者，寒熱之所生也。寒熱者，四時4【之所生也。四時】者，陰陽之所生。陰陽者，神明之所生也。神明者，天地之所生也。天地5者，太一之所生也。是故太一藏於水，行於時，周而又□，□□□6萬物母。〔8〕一缺一盈，以紀為萬物經。此天之所不能殺，地之所7不能釐，陰陽之所不能成。君子知此之謂……8

下，土也，而謂之地。上，氣也，而謂之天。道亦其字也，請問其名。以10道從事者必托其名，故事成而身長。聖人之從事也，亦托其11名，故功成而身不傷。天地名字並立，故過其方，不思相【尚。天不足】12於西北，其下高以強。地不足於東南，其上……13天道貴弱，削成者以益生者，伐於強，責於……9者，有餘於下；不足於下者，有餘於上。14

---

① 陳偉：《郭店竹書別釋》，湖北教育出版社2002年版，第23—32頁。

楠，整理者讀為「輔」。疑當讀為「薄」，為迫近、交接之意。

寒，簡文作「倉」。

思，使、令義。尚，據殘畫、文意擬釋。

第四節　其他學派文獻

1.　《語叢四》

本篇出自郭店一號墓，共有27枚簡，簡長15.1—15.2公釐，現存403字，其中27號簡背面寫有14字。簡文為輯錄成辭而成，主要講進言、謀略。篇名為整理者所擬，釋文、簡次參考《楚地出土戰國簡冊〔十四種〕》[①]。

言以詞，情以舊。非言不讎，非德亡複。言1而苟，牆有耳。往言傷人，來言傷己。2口不慎而戶之閉，惡言複己而死無日。4

凡說之道，級者為首。既得其級，言必有及，及5之而弗惡，必盡其故。盡之而恔，必忟鈴之。15鈴之而不可，必文以訛，莫令知我。破邦亡6將，流澤而行。7

山無墮則阤，城無蓑則阤，士亡友不可。君有22謀臣，則壤地不削。士有謀友，則言談不23勺。雖勇力聞於邦不如材，金玉盈室不24如謀，眾強甚多不如時，故謀為可貴。一25言之善，足以終世。三世之福，不足以出芒。3

竊鉤者誅，竊邦者為諸侯。諸侯之門，義士8之所廌。9

車轍之蛬酤，不見江湖之水。匹婦愚夫，10不知其向之小人、君

---

① 陳偉主編：《楚地出土戰國簡冊〔十四種〕》，經濟科學出版社2010年二印本，第262—268頁。

子。食韭惡知終其年。11早與賢人，是謂輔行。賢人不在側，是12謂迷惑。不與智謀，是謂自欺。早與智謀，是13謂重基。邦有巨雄，必先與之以為朋，雖難14其興。如將有敗，雄是為割。利木陰者，不折16其枝。利其渚者，不塞其溪。善使其下，若17蚳蝎之足，眾而不割，割而不僕。善事其上18者，若齒之事舌，而終弗噬。善□□□19者，若兩輪之相轉，而終不相敗。善使20其民者，若四時一遣一來，而民弗害也。21家事乃有暇，三雄一雌，三骭一莖，一王母26保三嬰婗。聽君而會，視朝而入。入之又入之，至之又至之，至而27亡及也已。27背

詞，疑讀為「殆」。舊，疑讀為「咎」非，讀為「靡」，「無」的意思。

級，裘錫圭先生按語疑當讀為「急」。也可能讀為「及」，為至、達到之意。悗，整理者讀為「疑」。也可能讀為「喜」。莫，簡文作「母」。破，簡文作「皮」，整理者讀為「彼」。流澤，或讀作「絡繹」，指連續不斷的樣子。

墮，傾圮。阤，崩塌。裒，讀為「衰」，指城牆寬度從下至上衰減。勻，裘錫圭先生按語讀為「弱」。也可能讀為「約」，「不約」亦「不窮」之意。芒，整理者讀為「亡」。

坴酳，似讀作「鮒鰍」。鮒是一種小魚。鰍，通作「鰍」，通常指泥鰍。向，整理者讀為「鄉」。食韭，疑讀作「屍鳩」，見《法言　寡見》，指凡庸之輩。割，疑讀為「介」，有佐助、依憑義。渚，疑讀為「潴」，陂塘之類。

至之又至之，簡文作「至之又至之之」，衍一「之」字。

2. 《鬼神之明》

本篇刊於《上海博物館藏戰國楚竹書》第五冊，與《融氏有成氏》合書於一卷，共存8枚簡。本篇從第1簡抄起，至第5簡上半段結

束。然後以墨塊區別，接著再抄下一篇。內容是討論鬼神是否有明的問題，整理者因而擬定篇題。整理者和多位研究者認為是墨家文獻，但也有不同意見①。釋文參考祝升業所作集釋②。

今夫鬼神有所明，有所不明，則以其賞善罰暴也。昔者堯舜禹湯，仁義聖智，天下法之。此以貴為天子，①富有天下，長年有舉，後世述之。則鬼神之賞，此明矣。及桀受幽厲，焚聖人，殺諫者，賊百姓，亂邦家。此以桀折於鬲山，而受首於岐社，身不沒，為天下笑。則鬼②【神之罰，此明】矣。及伍子胥者，天下之聖人也，鴟夷而死。遷孟公者，天下之亂人也，長年而沒。如以此詰之，則善者或不賞，而暴③【者或不罰。故】吾因加鬼神不明則必有。固其力能至安焉而弗為乎，吾弗知也。抑其力固不能至安（焉）乎，吾又弗知也。此兩者歧。吾故④【曰：「鬼神有】所明，有所不明。」此之謂乎！⑤

「不明」至「則以」之間，削去約8字，留空未書。

諫，簡文作「訐」。

「此以桀折於鬲山，而受首於岐社」，書於2號簡背面。該簡正面「邦家」之下，相當於「此」的地方有一墨節，應是表示簡背有文句。

遷孟公，整理者疑即「榮夷公」、李家浩、楊澤生先生以為秦穆公③。

① 李承律：〈上博楚簡《鬼神之明》鬼神論與墨家世界觀研究〉，載《文史哲》2011年第2期；李銳：〈論上博簡《鬼神之明》篇的學派性質——兼說對文獻學派屬性判定的誤區〉，載《湖北大學學報》2009年第1期。
② 祝升業：《上博（五）〈鮑叔牙與隰朋之諫〉等五篇竹書集釋》，武漢大學2007年碩士學位論文，第110—121頁。
③ 李家浩、楊澤生：〈讀上博竹書《鬼神之明》中的「送孟公」〉，《簡帛》第4輯，上海古籍出版社2009年版。

抑，簡文作「意」。這裡讀為「抑」，抑或、還是的意思。

第五節　國語類文獻

1.　《王子木蹠城父》

本篇主體部分刊於《上海博物館藏戰國楚竹書》第六冊，凡5簡。
1號簡簡首一字「智」，沈培先生認為上接《平王問鄭壽》第6簡①。凡
國棟博士將5號簡移於1、2號簡之間②。上博第八冊刊佈後，沈培先生
又指出其中《志書乃言》8號簡即最後一簡，實為本篇之末③。今以此
為序抄錄簡文，釋文參看小書《新出楚簡研讀》④。整理者擬題「平王
與王子木」，既不是取自篇首簡文，也未能反映竹書內容。現擬篇名
是節取首句而來。

　　競平王命王子木蹠城父。過申，煮食於狌搜。城公幹遇，1坐於
疇中。王子問城公：「此何？」城公對曰：「疇。」王子曰：「疇何
以為？」5曰：「以種麻。」王子曰：「何以麻為？」對曰：「以為
衣。」城公愬曰：「臣將有告。吾先君2莊王蹠河雍之行，煮食於狌
蒐，酪菜不蘴。王曰：『醢不盍。』先君3知醢不盍，酪不蘴，王子不
知麻。王子不得君楚邦，又不得4楚邦。志8

　　競平王，即楚平王。

① 沈培：〈《上博（六）》中《平王問鄭壽》和《平王與王子木》應是連續抄寫的兩篇〉，載
　武漢大學簡帛網2007年7月12日。
② 凡國棟：〈《上博六》楚平王逸篇初讀〉，載武漢大學簡帛網2007年7月9日。
③ 沈培：〈《上博（六）》和《上博（八）》竹簡相互編聯之一例〉，載復旦大學出土文獻與
　古文字研究中心網站2011年7月17日。
④ 陳偉：《新出楚簡研讀》，武漢大學出版社2010年版，第280—286頁。

王子木即太子建，見於《左傳》哀公十六年。

遇，簡文作「藕」。

跑，簡文從「辵」從「己」，整理者讀為「起」。

附《說苑　辨物》：

　　王子建出守於城父，與成公幹遇於疇中。問曰：「是何也？」成公幹曰：「疇也。」「疇也者何也？」曰：「所以為麻也。」「麻也者何也？」曰：「所以為衣也。」成公幹曰：「昔者莊王伐陳，舍於有蕭氏，謂路室之人曰：『巷其不善乎！何溝之不浚也？』莊王猶知巷之不善，溝之不浚；今吾子不知疇之為麻，麻之為衣；吾子其不主社稷乎？」王子果不立。

2. 《苦成家父》

　　本篇刊於《上海博物館藏戰國楚竹書》第五冊，共10枚簡，記述晉國三郤之亂，與《左傳》有異。篇題為整理者所擬。這裡簡序根據沈培先生的意見作有調整①，釋文參看小書《新出楚簡研讀》②。

　　苦成家父事厲公，為士。予行，尚迅強，以見惡於厲公。

　　厲公無道，虐於百豫，百豫反之。苦成家父以其族三郤征百豫，不思反。躬與士處館，旦夕治之，思有君1臣之節。

　　三郤中立，以正上下之訛，強於公家。欒書欲作難，害三郤，謂苦成家父曰：「為此世也從事，何以如是？其疾與哉！於言有之：『顧領以至於今哉！6無道正也，伐是恬適。』吾子圖之。」苦成家父曰：「吾敢欲顧領以事世哉？吾特立徑行，遠慮圖後。雖不當世，苟

①　沈培：〈上博簡《姑成家父》一個編聯組位置的調整〉，載武漢大學簡帛網2006年2月22日。
②　陳偉：《新出楚簡研讀》，武漢大學出版社2010年版，第228—241頁。

義毋咎，立死何傷哉！」欒書7乃退，言於厲公曰：「三郤家厚聚主君之眾以不聽命，將大害。」公懼，乃命長魚矯8……

郤錡聞之，告苦成家父曰：「以吾族三郤與2□□□□於君，幸則晉邦之社稷可得而事也，不幸則取免而出。諸侯畜我，誰不以厚？」苦成家父曰：「不可。君貴我而授我眾，以我為能治。今3吾無能治也，而因以害君，不義，刑莫大焉。雖得免而出，以不能事君，天下為君者，誰欲畜汝諸哉？初，吾強立治眾，欲以長建主君而禦4難。今主君不恬於吾，故而反惡之。吾毋有它，正公事，雖死，焉逃之？吾聞為臣者必使君得志於己而有後請。」苦成家父乃甯百豫，不思從5已菦於廷。

長魚矯策自公所，敏人於百豫以入，囚之。苦成家父搏長魚矯，梏諸廷，與其妻，與其母。公忍，無告。告強門大夫，強門大夫曰：「諾。出內庫之囚，回而除之兵。」9強門大夫率，以釋長魚矯，賊三郤。郤錡、郤至、苦成家父立死，不用其眾。

三郤既亡，公家乃弱，欒書弒厲公。10

苦，簡文皆作「姑」。苦成家父即郤犨。士，卿。
百豫，邑落或部族名。思，使、令。
害，畏懼、顧忌。顧頷，憂鬱、憤懣。當世，隨順世俗。
附《左傳》成公十七年記載：

晉厲公侈，多外嬖。反自鄢陵，欲盡去群大夫而立其左右。胥童以胥克之廢也，怨郤氏，而嬖於厲公。郤錡奪夷陽五田，五亦嬖於厲公。郤犨與長魚矯爭田，執而梏之，與其父母妻子同一轅。既，矯亦嬖於厲公。欒書怨郤至，以其不從己而敗楚師也，欲廢之。使楚公子茷告公曰：「此戰也，郤至實召寡君，以東師之未至也，與軍帥之不具也，曰：『此必敗。吾因奉孫周以事君。』」公告欒書，書

曰：「其有焉！不然，豈其死之不恤而受敵使乎？君盍嘗使諸周而察之？」郤至聘於周，欒書使孫周見之。公使覘之，信。遂怨郤至。屬公田，與婦人先殺而飲酒，後使大夫殺。郤至奉豕，寺人孟張奪之，郤至射而殺之。公曰：「季子欺余！」屬公將作難，胥童曰：「必先三郤，族大，多怨。去大族，不逼；敵多怨，有庸。」公曰：「然！」郤氏聞之，郤錡欲攻公，曰：「雖死，君必危。」郤至曰：「人所以立，信、知、勇也。信，不叛君；知，不害民；勇，不作亂。失茲三者，其誰與我？死而多怨，將安用之？君實有臣而殺之，其謂君何？我之有罪，吾死後矣。若殺不辜，將失其民，欲安，得乎？待命而已。受君之祿，是以聚黨。有黨而爭命，罪孰大焉？」壬午，胥童、夷羊五帥甲八百，將攻郤氏。長魚矯請無用眾，公使清沸魋助之，抽戈結衽，而偽訟者。三郤將謀於樹。矯以戈殺駒伯、苦成叔於其位。溫季曰：「逃威也。」遂趨。矯及諸其車，以戈殺之，皆屍諸朝。

第六節　其他

1.　《桐》

本篇刊於上海博物館藏戰國楚竹書第八冊，為楚辭類作品。主體部分書於1號簡正面、背面和2號簡正面。3號簡背面所書與2號簡下半所書相關，其正面則是另一篇（《蘭賦》）。整理者擬題《李頌》。復旦吉大古文字專業研究生聯合讀書會指出：從新釋文可以看出，整篇簡文與「李」無關，而是詠「桐」的一篇小賦[1]。今徑名為

---

① 復旦吉大古文字專業研究生聯合讀書會：〈上博八《李頌》校讀〉，載復旦大學出土文獻與古文字研究中心網站2011年7月17日。

「桐」。釋文參考了復旦吉大古文字專業研究生聯合讀書會校讀。

相吾館樹，桐且怡可。剸外罡中，眾木之紀可。旃冬之祁寒，喿其方茖可。鳳鳥之所集，竢時而作可。木斯獨生，榛棘之間可。亟植速成，[illegible]其不還可。深利1[illegible]豆，誇其不貳可。亂本曾枝，浸毀丨可。嗟嗟君子，觀吾樹之容可（兮）。豈不皆生，則不同可。謂群眾鳥，敬而勿集可。索府宮李，木異類可。願歲之啟時，思吾1背樹秀可。豐華重光，民之所好可。守物強幹，木一心可。愇與佗木，非與從風可。是故聖人束此和物以李人情，人因其情則樂其事，遠其情2

氏（是）古（故）聖人束此3

館（簡文作「官」），住宅、宮館。可，整理者讀為「兮」。

旃，疑讀為「捍」，抵禦、抗拒。

喿其方茖，疑讀作「操其旁格」。操，執持。旁，廣博。格，枝條。

鳳，簡文作「鵬」。

亟植速成，大概是說桐樹容易種，長得快。

敬，疑讀為「驚」。

「是故」以下，整理者以為評論性文字。李，整理者以為李樹，復旦吉大古文字專業研究生聯合讀書會讀為「理」。

2. 《告武夷》

本篇出自九店56號墓，用2簡抄寫。大概是用於兵死的祝禱文辭。篇題為整理者所擬。釋文參考《楚地出土戰國簡冊〔十四種〕》。

□敢告□繿之子武夷：「爾居複山之配，不周之野，帝謂爾無事，命爾司兵死者。今日某將欲食，某敢以其妻□妻汝，43【聑】肖芳糧以譴犢某於武夷之所：君向（饗）受某之肖譴芳糧，思某來歸食故

囗。」44

囗繪、武夷，神靈名。

複山，山名。不周，山名。見於《楚辭　離騷》、《山海經　大荒西經》。

兵死者，死於兵刃者。見於包山241號簡。

3.　《四時十干宜忌》

本篇出自九店56號墓，屬於擇吉用的《日書》。抄於37—40號簡上欄與41、42號簡。篇題據內容擬定。釋文參考小文《九店楚日書校讀及其相關問題》[①]。

【凡春三月】，甲、乙、丙、丁不吉，壬、癸吉，庚、辛成日。37壹

【凡夏三月】，丙、丁、庚、辛不吉，甲、乙吉，壬、癸成日。38壹

凡秋三月，庚、辛、壬、癸不吉，丙、丁吉，甲、乙成日。39壹

凡冬三月，壬、癸、甲、乙不吉，庚、辛吉，丙、丁成日。40壹

凡成日，利以娶妻、嫁女、冠，利以成事，利以入邦中，利以納室，利以納田邑，利以入人民利。凡吉日，利以祭祀、禱祠。凡不吉日，41利以見公王與貴人，利以取貨於人之所，毋以舍人貨於外。42

---

①　陳偉：〈九店楚日書校讀及其相關問題〉，載《人文論叢》1998年卷，武漢大學出版社1998年版。

參 考 文 獻

一、資料著錄

1. 河南省文物考古研究所：《新蔡葛陵楚墓》，大象出版社2003年版。

2. 河南省文物研究所：《信陽楚墓》，文物出版社1986年版。

3. 湖北省博物館：《曾侯乙墓》，文物出版社1989年版。

4. 湖北省荊沙鐵路考古隊：《包山楚簡》，文物出版社1991年版。

5. 湖北省荊沙鐵路考古隊：《包山楚墓》，文物出版社1991年版。

6. 湖北省荊州地區博物館：〈江陵天星觀一號楚墓〉，載《考古學報》1982年第1期。

7. 湖北省文物考古研究所、北京大學中文系：《九店楚簡》，中華書局2000年版。

8. 湖北省文物考古研究所、北京大學中文系：《望山楚簡》，中華書局1995年版。

9. 湖北省文物考古研究所：《江陵九店東周墓》，科學出版社1995年版。

10. 湖北省文物考古研究所：《江陵望山沙塚楚墓》，文物出版社1996年版。

11. 湖南省博物館、湖南省文物考古研究所、長沙市博物館、長沙市文物考古研究所：《長沙楚墓》，文物出版社2000年版。

12. 黃岡市博物館、黃州區博物館：〈湖北黃岡兩座中型楚墓〉，載《考古學報》2000年第2期。

13. 荊門市博物館：《郭店楚墓竹簡》，文物出版社1998年版。

14. 荊門市博物館：〈荊門郭店一號楚墓〉，載《文物》1997年第7期。

15. 李學勤主編：《清華大學藏戰國竹簡（壹）》，中西書局2010年版。

16. 李學勤主編：《清華大學藏戰國竹簡（貳）》，中西書局2011年版。

17. 馬承源主編：《上海博物館藏戰國楚竹書（一）》，上海古籍出版社2001年版。

18. 馬承源主編：《上海博物館藏戰國楚竹書（二）》，上海古籍出版社2002年版。

19. 馬承源主編：《上海博物館藏戰國楚竹書（三）》，上海古籍出版社2003年版。

20. 馬承源主編：《上海博物館藏戰國楚竹書（四）》，上海古籍出版社2004年版。

21. 馬承源主編：《上海博物館藏戰國楚竹書（五）》，上海古籍出版社2005年版。

22. 馬承源主編：《上海博物館藏戰國楚竹書（六）》，上海古籍出版社2007年版。

23. 馬承源主編：《上海博物館藏戰國楚竹書（七）》，上海古籍出版社2008年版。

24. 馬承源主編：《上海博物館藏戰國楚竹書（八）》，上海古籍出版社2011年版。

參考文獻

25. 中國科學院考古研究所：《長沙發掘報告》，科學出版社1957年版。

二、研究性著作（附學位論文）

1. 曹建國：《楚簡與先秦〈詩〉學研究》，武漢大學出版社2010年版。

2. 陳仁仁：《戰國楚竹書〈周易〉研究》，武漢大學出版社2010年版。

3. 陳斯鵬：《簡帛文獻與文學考論》，中山大學出版社2005年版。

4. 陳偉：《包山楚簡初探》，武漢大學出版社1996年版。

5. 陳偉：《郭店竹書別釋》，湖北教育出版社2002年版。

6. 陳偉：《新出楚簡研讀》，武漢大學出版社2010年版。

7. 陳偉等：《楚地出土戰國簡冊〔十四種〕》，經濟科學出版社2009年版。

8. 池田知久：《郭店楚簡老子的新研究》，（日本）汲古書院2011年版。

9. 崔仁義：《荊門郭店楚簡〈老子〉研究》，科學出版社1998年版。

10. 丁四新：《郭店楚墓竹簡思想研究》，東方出版社2000年版。

11. 丁四新：《郭店楚竹書〈老子〉校注》，武漢大學出版社2010年版。

12. 丁原植：《郭店竹簡老子釋析與研究》，萬卷樓圖書有限公司1998年版。

13. 馮勝君：《郭店簡與上博簡對比研究》，線裝書局2007年版。

14. 工藤元男：《占與中國古代社會》，（日本）東方書店2011年版。

15. 顧史考：《郭店楚簡先秦儒書宏微觀》，學生書局2006年版。

16. 郭沂：《郭店竹簡與先秦學術思想》，上海教育出版社2001年版。

17. 郭永秉：《帝系新研楚地出土戰國文獻中的傳說時代古帝王系統研究》，北京大學出版社 2008年版。

18. 韓祿伯：《簡帛老子研究》，學苑出版社2002年版。

19. 何琳儀：《戰國文字通論》（訂補），江蘇教育出版社2003年版。

20. 黃人二：《上海博物館藏戰國楚竹書（一）研究》，高文出版社2002年版。

21. 季旭昇主編《〈上海博物館藏戰國楚竹書（一）〉讀本》，萬卷樓圖書股份有限公司2004年版。

22. 季旭昇主編《〈上海博物館藏戰國楚竹書（二）〉讀本》，萬卷樓圖書股份有限公司2003年版。

23. 季旭昇主編《〈上海博物館藏戰國楚竹書（三）〉讀本》，萬卷樓圖書股份有限公司2005年版。

24. 季旭昇主編《〈上海博物館藏戰國楚竹書（四）〉讀本》，萬卷樓圖書股份有限公司2007年版。

25. 李承律：《郭店楚簡儒教的研究——以儒系三篇為中心》，（日本）汲古書院2007年版。

26. 李家浩：《著名中年語言學家自選集　李家浩卷》，安徽教育出版社2002年版。

27. 李零：《李零自選集》，廣西師範大學出版社1998年版。

28. 李零：《郭店楚簡校讀記》（增訂本），北京大學出版社2002年版。

29. 李零：《簡帛古書與學術源流》，生活　讀書　新知三聯書店2004年版。

參考文獻

30. 李零：《上博楚簡三篇校讀記》，中國人民大學出版社2007年版。

31. 李明曉：《戰國楚簡語法研究》，武漢大學出版社2010年版。

32. 李天虹：《郭店竹簡〈性自命出〉研究》，湖北教育出版社2002年版。

33. 李學勤：《中國古代文明十講》，復旦大學出版社2003年版。

34. 廖名春：《新出楚簡試論》，臺灣古籍出版有限公司2001年版。

35. 廖名春：《郭店楚簡老子校釋》，清華大學出版社2003年版。

36. 廖名春：《出土簡帛叢考》，湖北教育出版社2004年版。

37. 劉國勝：《楚喪葬簡牘集釋》，科學出版社2011年版。

38. 劉樂賢：《戰國秦漢簡帛叢考》，文物出版社2010年版。

39. 劉信芳：《荊門郭店竹簡老子解詁》，藝文印書館1999年版。

40. 劉信芳：《簡帛五行解詁》，藝文印書館2000年版。

41. 劉信芳：《包山楚簡解詁》，藝文印書館2003年版。

42. 劉信芳：《楚系簡帛釋例》，安徽大學出版社2011年版。

43. 劉釗：《郭店楚簡校釋》，福建人民出版社2003年版。

44. 劉釗：《出土簡帛文字叢考》，臺灣古籍出版有限公司2004年版。

45. 劉釗：《古文字考釋叢稿》，嶽麓書社2005年版。

46. 龐樸：《竹帛（五行）篇校注及研究》，萬卷樓圖書有限公司2000年版。

47. 彭浩：《郭店楚簡〈老子〉校讀》，湖北人民出版社2000年版。

48. 彭裕商、吳毅強：《郭店楚簡老子集釋》，巴蜀書社2011年版。

49. 濮茅左：《楚竹書〈周易〉研究》，上海古籍出版社2006

年版。

50. 裘錫圭：《中國出土古文獻十講》，復旦大學出版社2004年版。

51. 商承祚：《戰國楚竹簡彙編》，齊魯書社1995年版。

52. 史樹青：《長沙仰天湖出土楚簡研究》，群聯出版社1955年版。

53. 宋華強：《新蔡葛陵楚簡初探》，武漢大學出版社2010年版。

54. 魏啟鵬：《楚簡〈老子〉柬釋》，萬卷樓圖書有限公司1999年版。

55. 魏啟鵬：《簡帛〈五行〉箋釋》，萬卷樓圖書有限公司2000年版。

56. 吳良寶：《戰國楚簡地名輯證》，武漢大學出版社2010年版。

57. 蕭聖中：《曾侯乙墓竹簡釋文補正暨車馬制度研究》，科學出版社2011年版。

58. 蕭毅：《楚簡文字研究》，武漢大學出版社2010年版。

59. 徐少華：《荊楚歷史地理與考古探研》，商務印書館2010年版。

60. 晏昌貴：《巫鬼與淫祀——楚簡所見方術宗教考》，武漢大學出版社2010年版。

61. 楊澤生：《戰國竹書研究》，中山大學出版社2009年版。

62. 虞萬里：《上博館藏楚竹書〈緇衣〉綜合研究》，武漢大學出版社2009年版。

63. 曾憲通：《古文字與出土文獻叢考》，中山大學出版社2005年版。

64. 鄭剛：《楚簡道家文獻辨證》，汕頭大學出版社2004年版。

65. 中山大學古文字研究室楚簡整理小組：《戰國楚簡研究（一）》，1975年油印本。

參考文獻

66. 中山大學古文字研究室：《戰國楚簡研究（二）》，1977年油印本。

67. 中山大學古文字研究室：《戰國楚簡研究（三）》，1977年油印本。

68. 中山大學古文字研究室：《戰國楚簡研究（四）》，1977年油印本。

69. 中山大學古文字研究室：《戰國楚簡研究（五）》，1977年油印本。

70. 中山大學古文字研究室：《戰國楚簡研究（六）》，1977年油印本。

71. 朱德熙：《朱德熙古文字論集》，中華書局1995年版。

72. 程鵬萬：《簡牘帛書格式研究》，吉林大學2006年博士學位論文。

73. 單育辰：《楚地戰國簡帛與傳世文獻對讀之研究》，吉林大學2011年博士學位論文。

74. 廣瀨薰雄：《包山楚簡所見戰國時代的訴訟》，（日本）東京大學2001年碩士學位論文。

75. 黃儒宣：《九店楚簡研究》，臺灣師範大學國文研究所2003年碩士論文。

76. 雷黎明：《楚簡新見字義研究》，華東師範大學2010年博士學位論文。

77. 劉嬌：《西漢以前古籍中相同或類似內容重複出現現象的研究》，復旦大學2009年博士學位論文。

78. 田河：《出土戰國遣冊所記名物分類匯釋》，吉林大學2007年博士學位論文。

79. 王明欽：《湖北江陵天星觀楚簡的初步研究》，北京大學1989年碩士學位論文。

80. 王穎：《包山楚簡詞彙研究》，廈門大學2004年博士學位論文。

81. 魏宜輝：《楚系簡帛文字形體訛變分析》，南京大學2003年博士學位論文。

82. 文炳淳：《包山楚簡所見楚官制研究》，臺灣大學中國文學研究所1997年碩士學位論文。

83. 巫雪如：《包山楚簡姓氏研究》，臺灣大學中國文學研究所1996年碩士學位論文。

84. 謝映蘋：《曾侯乙墓鐘銘與竹簡文字研究》，臺灣中山大學1994年碩士論文。

85. 禤健聰：《戰國楚簡字詞研究》，中山大學2006年博士學位論文。

86. 顏世鉉：《包山楚簡地名研究》，臺灣大學中國文學研究所1997年碩士論文。

87. 于成龍：《楚禮新證——楚簡中的紀時、卜筮與祭禱》，北京大學2004年博士學位論文。

88. 袁國華：《包山楚簡研究》，香港中文大學1994年博士論文。

89. 袁金平：《新蔡葛陵楚簡字詞研究》，安徽大學2007年博士學位論文。

90. 張富海：《郭店楚簡〈緇衣〉篇研究》，北京大學2002年碩士學位論文。

91. 張靜：《郭店楚簡文字研究》，安徽大學2002年博士學位論文。

92. 張新俊：《上博楚簡文字研究》，吉林大學2005年博士學位論文。

93. 朱曉雪：《包山楚墓文書簡、卜筮祭禱簡集釋及相關問題》，吉林大學2011年博士學位論文。

94. 莊淑慧：《曾侯乙墓出土竹簡考》，臺灣師範大學1995年碩士

參考文獻

論文。

三、工具書

1. 白于藍：《簡牘帛書通假字字典》，福建人民出版社2008年版。

2. 程燕：《望山楚簡文字編》，中華書局2007年版。

3. 何琳儀：《戰國古文字典》，中華書局1998年版。

4. 李守奎：《楚文字編》，華東師範大學出版社2003年版。

5. 石泉主編：《楚國歷史文化辭典》，武漢大學出版社1996年版。

6. 滕壬生：《楚系簡帛文字編（增訂本）》，湖北教育出版社2008年版。

7. 張光裕、黃錫全、滕壬生：《曾侯乙墓竹簡文字編》，藝文印書館1997年版。

8. 張光裕、袁國華：《望山楚簡校錄》，藝文印書館2004年版。

9. 張光裕：《郭店楚簡研究第一卷文字編》，藝文印書館1999年版。

10. 張光裕主編、袁國華合編：《包山楚簡文字編》，藝文印書館1992年版。

11. 張守中：《包山楚簡文字編》，文物出版社1996年版。

12. 張守中：《郭店楚簡文字編》，文物出版社2000年版。

13. 張新俊、張勝波：《新蔡葛陵楚簡文字編》，巴蜀書社2008年版。

後　記

　　寫一部有關楚簡冊概論性的小書，起意已久。2001年底，學校組織編寫研究生教學用書，我即申報撰寫《戰國楚系簡牘概論》的計畫。那時，《包山楚簡初探》（武漢大學出版社1996年）出版不久，《郭店竹書別釋》（湖北教育出版社2002年）臨近定稿。當時即是想主要利用這兩部小書的心得為之。不過，2003年楚簡攻關專案立項，上海博物館藏戰國楚竹書也在陸續刊佈，還有秦漢簡牘接踵而出，一直不能定下心來做這件事，最終不了了之。

　　2007年3—5月，承夏含夷（Edward L. Shaughnessy）教授之邀，在芝加哥大學東亞系講學。聽課的主要是夏含夷教授和夏德安（Donald Harper）教授的研究生（令人感動的是，二位夏教授也堅持到堂並參與討論），課名叫「戰國楚簡導論」。因為課程共十周，每週講一個專題，所以也叫「戰國楚簡十講」。大約當年春節後即開始備課，在芝加哥一邊講還在一邊備。遺憾的是，這個講義只存於電腦中，後來竟不知所終。

　　這次蒙劉玉堂學兄邀約，在《世紀楚學》中撰寫《楚簡冊概論》。在由於忙碌中平添一事而焦慮的同時，也隱約有幾分情願。因為這畢竟是一個早已有之的念想。在玉堂兄和出版社方面孫豔魁兄的敦促之下，終於勉強完工，而沒有半途而廢。

後
記

小書的主要部分，依然是個人歷年的研讀體驗。比起十年前，自己在楚簡冊領域做有更多的探索。將這些心得整合起來，固然比白手起家好得多，但也絕非易事。一則楚簡冊內涵繁富，想全面把握，幾乎沒有可能。二則隨著資料不斷積累和海內外學者的共同推進，對簡文的釋寫、解讀日新月異，想全面了解、體現，也極其困難。在這部小書中，我們只能盡力而為。

　　從1991年開始研習包山簡，至今整整20年。這部小書，也算是為自己研讀楚簡冊作一個小結。

作者識於辛卯歲秋